남도 시문학의 어제와 오늘

고요아침
叢書
----
0 3 7

남도 시문학의 어제와 오늘

김선태 평론집

고요아침

머리말

/

나의 문학적 장소성과 '남도'

정년을 앞두고 그간 여기저기에 발표했던 남도 시문학에 관한 글들을 하나로 묶는다. 필자는 남도에서 나고 자랐으며, 지금도 살고 있는 남도 토박이다. 필자가 남도에 사는 이유는 직장 때문에 어쩔 수 없어서가 아니라 남도에 대한 뿌리 깊은 애정 때문이다. 필자는 남도가 한국인의 본향이라는 생각을 신앙처럼 품은 사람이다. 그 정도로 우리문화의 원형이 살아남아 있고, 생태·환경적으로 덜 훼손된 곳이 남도라고 판단하기 때문이다.

따라서 필자의 문학적 장소성도 당연히 남도이다. 필자는 지금껏 9권의 시집을 통해 남도의 정서와 정신을 일관되게 육화해 왔다. 남들이 낡고 촌스럽다고 손사래를 쳐도 아랑곳하지 않았다. 연구도 남도 출신 작가를 중심에 놓았다. 「영랑 시에 나타난 남도적 특성」으로 석사학위를, 「김현구 시 연구-김영랑 시와의 대비를 중심으로」로 박사학위를 받았다. 학위논문을 준비하는 대학원생들에게도 최대한 남도 출신 시인들을 연구 대상으로 삼을 것을 권유했다. 또한 이번에 출간하는 『남도 시문학의 어제와 오늘』 외에도 『목포문학사와 전남시단사』를 체계적으로 정리하여 출간하였으며, 공저로 『광주·전남 현대시문학 지도』와 『남도문학기행』을 펴냈다.

'남도'라는 말은 좁게 말하면 전라남도라는 특별한 지역의 명칭이자, 전라남도만이 지닌 고유한 문화의 통칭이다. 그냥 '전남'이라 하지 않고 굳이 '남도'라고 칭하는 것도 이 말이 지닌 문화적 속성 때문이다. 따라서 '남도 시문학'이라 함은 다른 지역과 구별되는 남도만의 정체성과 독자성을 지닌 시문학을 뜻한다.

예로부터 남도는 '예향' 혹은 '문향'으로 불러왔다. 이는 문학을 비롯한 남도만의 예술적 전통이 오늘에까지 면면히 살아 숨쉬기 때문일 것이다. 온난한 기후와 비옥한 토양의 지리적 여건으로 인해 남도인들은 풍부한 감수성이라는 예술적 기질을 갖추게 되었고, 오랫동안 정치적 주변부에 속해 있었던 역사적 여건은 남도인의 예술적 태도를 민중 체험에 기반하게 하였다. 이러한 여건에 따라 문학예술도 논리적이고 설명적인 서사(산문)보다 즉흥적이고 감성적인 서정(운문)의 성향이 강했다.

남도의 전통적인 문학정신은 풍류정신과 저항정신으로 양분할 수 있는데, 이는 남도에 많이 자생하는 '대竹'에 빗대어 설명할 수 있다. 즉, 대나무가 태평세월에는 피리(악기)가 되지만, 난세에는 죽창(무기)이 된다는 것이다. 이러한 대나무의 정신은 인심이 후하고 풍류를 좋아하되, 불의를 보면 못 참는 남도인의 기질과도 직결된다. 판소리와 창·민요·무가·산다이로 대표되는 남도의 풍류 가락과 여순민중항쟁과 5·18광주민중항쟁으로 대표되는 남도의 저항운동이 그 좋은 본보기라고 할 수 있다. 남도문학은 이 양대 문학정신의 전통을 면면히 이어받아 오늘에 이르렀다고 할 수 있다.

그리하여 남도는 반도의 끄트머리인 변방에 자리한 지정학적 여건의 불리함에도 불구하고 뛰어난 작가를 다수 배출하여

기념비적인 작품을 창작함으로써 한국문학 발전의 견인차 역할을 해왔다. 특히 남도문학이 지닌 문학정신과 독특한 로컬리티는 한국현대문학의 넓이와 깊이를 더하는 데 크게 기여하였다. 또한 시대와 사회의 변화에 따라 문학의 양식적 변화를 도모한 강력한 진원지 역시 남도라 할 수 있다.

    이 책은 성격상 4부로 나누었다. 제1부는 남도 근대문학의 출발점이었던 김우진을 비롯한 박용철, 송수권, 최하림, 한승원의 시인론과 작품론을 다루었다. 제2부에서는 남도에 산재한 섬에 대한 공간적 인식과 의미를 비롯하여 「어부사시사」를 비롯한 낚시와 관련한 시적 사유, 남도의 젖줄 영산강을 형상화한 시와 노래, 남도가 낳은 저항시의 대명사인 김지하 시인을 옹호하는 변론을 실었다. 제3부는 남도문학의 도도한 맥을 소지역으로 나누어 짚었다. 호남 시문학의 출발점인 강진을 비롯한 목포, 신안, 영암, 완도가 그것이다. 제4부는 담양 출신 최두석의 신작 시집평과 남도의 신예 시인들이 출간한 시집의 해설을 실었다.

    어느덧 필자의 나이도 이순 중반에 이르렀다. 남도문학에 관한 연구서 혹은 평론집 출간은 어쩌면 이번이 마지막일지도 모른다. 필자는 평소 여러 지면을 통해 정년 이후엔 남도의 외딴섬에 우거를 마련하고, 좋아하는 바다낚시를 하며, 마지막으로 『자산어보』를 시로 써보고 싶다는 소망을 밝힌 바 있다. 그러기를 진심으로 바란다. 끝으로 기꺼이 이 책을 출간해 주신 고요아침 이지엽 시인께 감사의 마음을 전한다.

2024년 가을
김선태

차례

/

머리말 04

제1부

근대의 해협을 건너려다 난파한 배
— **김우진론** 12

용아 박용철의 시세계와 한계
— **박용철론** 21

남도 3대 정신의 시적 형상화
— **송수권론 · 1** 35

남도 정서와 정신의 지킴이
— **송수권론 · 2** 53

초기시에 나타난 '바다' 이미지
— **최하림론** 64

성속을 넘나드는 사랑의 만다라
— **한승원론** 72

제2부

한국 현대시에 나타난 '섬'의 공간적 인식과 의미   88

낚시에 대한 시적 사유와 창작방법론   112

남도의 젖줄 영산강의 문학과 노래   134

김지하 시인에 대한 회고와 변명   154

제3부

풍류정신과 저항정신의 도도한 맥
  — **남도문학**   164

1930년대 시문학파의 요람
  — **강진문학**   185

해조음이 키운 뮤즈의 사도들
  — **목포문학**   206

해양문학을 향한 원대한 꿈
  — **신안문학**   220

월출산이 배태한 시가문학
  — **영암문학**   225

격절과 소외의 유배문학
  — **완도문학**   233

제4부

생명의 가치와 여여한 삶
- **최두석 시집,『숨살이꽃』**
- **양문규 시집,『여여하였다』** 258

섬세한 감각과 건강한 상상력
- **김성태 시집,『봄을 그리다』** 266

고전의 계승과 남도문화의 숨결
- **이윤선 시집,『아무 글자든 쓰거라』** 281

시간의 반추와 생태적 사유
- **김충경 시집,『타임캡슐』** 307

일상의 성찰을 통한 깨달음
- **박금희 시집『물들다』** 327

제1부

근대의 해협을 건너려다 난파한 배
— 김우진론

1. 목포문학의 태동과 김우진

수산水山 혹은 초성焦星 김우진(金祐鎭, 1897~1926)은 목포 최초의 근대 지식인자 문학인이라고 할 수 있다. 그는 1897년 전남 장성에서 당시 군수였던 김성규[1]의 장남으로 태어났으나 1907년(11세) 무안감리로 발령받은 아버지를 따라 목포시 북교동 46번지(당시 무안현) 성취원으로 이주함으로써 일찌감치 목포와 인연을 맺었다. 이후부터 1926년(29세) 가수 윤심덕과 현해탄에서 투신할 때까지 약 20년 동안 목포를 근거지로 문학 활동을 펼쳤다.

김우진은 목포공립보통학교(현 북교초등학교)를 졸업한 후, 일본 구마모또(熊本) 농업학교를 거쳐 1924년 와세다대학 영문

---

[1] 무안감리를 지내고 목포의 유지로서 뿌리를 내렸던 김성규에게는 세 명의 아들이 있었다. 이 세 사람은 근대화의 소용돌이 속에 각기 너무나 다른 삶을 살았다. 둘째인 김철진은 목포신간회운동에 참여했으며, 1934년부터 유명한 문예지『호남평론』을 발간한 인물이다. 한때는 조선공산당 목포지부 책임자로 활동하였으나, 1930년대 이후는 우파 성향의 사업가로 변모하였다. 셋째인 김익진은 중국 혁명군에 가담했을 정도로 사회주의에 투철한 사상가였다. 훗날 천주교에 귀의한 그는 자신이 물려받은 유산 전부를 소작인들에게 무상 분배하고, 대구에서 평생을 종교인으로서 사회봉사를 하며 살았다. 천주교계에서 김익진을 "한국의 성프란체스카"로 평가할 정도로 봉사하는 지식인의 삶을 살았다. 목포는 근대화가 가장 빨리 이루어진 도시 중 하나이고, 근대성에 대한 고민과 문화충돌이 발생했던 곳이다. 그러한 문화사적 특성이 김우진 삼형제의 인생에 고르게 투영되어 있다는 점이 무척이나 흥미롭다(최성환, 「남도사람 남도문화」, ≪목포대신문≫ 제458호 참조).

과를 졸업[2]한 목포 최초의 일본 유학생이었다. 1915년 농업학교 시절 시작에 심취하면서 문학에 입문했고, 대학 시절부터 연극에 관심을 보이기 시작한 그는 대학을 졸업하고 목포로 귀향하여 아버지[3]가 물려준 영농사업체인 상성합명회사 사장으로 일하면서 시 48편, 희곡 5편, 소설 3편, 문학평론 20여 편을 남겼다. 습작기를 포함한 문학창작 활동기간이 10여 년(1915~1926)에 불과한 것을 보면 대단한 작품 편수이다. 또한 'Societe Mai'(오월회)라는 목포지역 최초의 문학동인회를 결성하여 리더로 활동하기도 했다.

김우진이 남긴 대표작 「難破」를 비롯한 5편의 희곡(「正午」, 「李永女」, 「두데기 詩人의 幻滅」, 「難破」, 「山돼지」)은 시대적·가정적 고통을 담고 있어 자전적 성격이 강하다. 그중에서 특히 「李永女」는 "목포 유달산 밑 판자촌"을 무대로 창작한 작품이다. 1924년 여름부터 1925년 겨울에 이르는 작품 속의 시간은 그가 북교동 자택에 설치된 상성합명회사의 사장으로 일하고 있었던 때와 일치하기 때문에 목포 특히 작품의 무대인 양동[4]지역이 직접 눈으로 보는 것처럼 선명하게 그려져 있다. 주인공 이영녀는 자식들을 양육하기 위해 자신의 성을 파는 매춘부이다. 따라서 표층적으로 이 작품은 동시대의 피해자로서 여성을 조명

---

[2] 일본의 명문 와세다대학 영문과를 마칠 무렵 김우진은 버나드 쇼의 「인간과 초인, 그 철학적 비판」(1924)이라는 졸업 논문을 썼으며, 던세니의 「찬란한 문」 등 희곡을 번역한 바 있다.
[3] 김우진의 아버지 김성규는 목포 제1의 부호였다.
[4] '양동'이라는 지명은 서양 선교사들이 많이 살았던 동네(洋洞)라는 뜻에서 유래했다고 한다. 제14회 목포세계마당페스티벌에서 (사)행복누리 주부연극단이 최초로 공연(2014년 7월 25일)한 연극 「이영녀」에서는 작품의 무대를 '온금동'으로 설정하고 있는데, 이는 오류이다. 이 작품은 (사)행복누리 주부연극단에 이어 올해 국립극단(2015년 5월 12일)에 의해 무대에 올려졌다.

하고 있다. 그러나 이 작품은 매춘에 있어 환전의 주체가 바로 이영녀 자신이라는 사실을 놓치지 않는다. 따라서 이영녀의 죽음, 다시 말해 매춘행위의 소진은 남성중심사회와 그 이데올로기를 허물어뜨리는 의미 기재로 작용한다. 그러므로 「李永女」는 어둡고 빈궁한 삶 속에서도 주체적인 삶을 영위하다 죽어간 여주인공에 대한 진지한 보고서이자, 남성 본위 중심문화의 폐해를 정면으로 공박한 의미 있는 작품이라고 할 수 있다.

이렇듯 김우진은 근대 목포문학의 제1세대이자 출발점이다. 그가 뿌려놓은 문학의 씨앗이 싹이 터서 박화성, 차범석, 천승세, 김현, 김지하, 최하림 등 한국문학을 대표하는 기라성 같은 문인들이 줄줄이 꽃으로 피어났던 것이다.

2. 김우진과 1920년대 목포문학

목포문학이 근대문학으로서 면모를 갖추기 시작한 시기는 한국근대문학의 출발과 겹친다고 할 수 있다. 그 출발점은 목포 최초의 근대문인인 김우진이고, 장르는 소설이다. 그는 일찍이 1913년(16세) 소설 「공상문학」(미발표)을 탈고했는데, 이는 창작 시기로만 보면 우리나라 최초의 근대소설인 이광수의 『무정』(1917)보다 4년이나 앞선다. 또한 구마모또농업학교 시절인 1915년에는 일문시日文詩 「아아 무엇을 얻어야 하나」(미발표)라는 근대자유시를 창작했다. 이 역시 창작 시기로만 본다면 우리나라 최초의 근대자유시로 알려진 김억의 「봄은 간다」(『태서문예신보』, 1918)와 주요한의 「불놀이」(『창조』, 1919)보다 3~4년이나 앞선다. 이는 목포의 근대문학이 그저 한국근대문학의 뒤를 따라간 것이 아니라 앞장서 끌고 갔다는 이야기가 된다. 목포문학이 호남근대문학의 출발점 혹은 거점 역할을 담당했다는 주장도 여기에 근거하고 있다. 이렇듯 목포문학이 일찍부터 발달할 수밖에 없었던 요인은 목포항의 개항에 따른 근대문화의 유입과 더불어 일본 유학을 다녀온 근대 문인들이 타 지역에 비해 상대적으로 많았으며, 이들이 일찍부터 문학 활동을 펼쳤기 때문이다.

1910년대가 예열의 시기였다면 목포문학이 본격적으로 태동·출발한 시기는 1920년대에 들어와서부터이며, 그 문을 활짝 열어젖힌 장본인들은 김우진, 박화성, 김진섭이다. 각각 '한국 극예술의 선구자', '한국여성소설의 대모', '한국 수필문학의 비조'로 불리는 이들은 '목포문학의 1세대'이자 '한국 근대문학의 선구자'들이라고 할 수 있다. 이들이 있었기에 목포의 근대문학은 시작부터 그 탄탄한 기반을 형성할 수 있었다. 따라서 목포문학사에서 1920년대를 '3인 문단시대'라고 일컬어도 무방하겠다. 그러나 이 시기에 박화성이나 김진섭이 목포를 떠나 타 지역에서 활동한 반면, 김우진은 귀향하여 목포에서 창작 활동을 펼쳤던 만큼 1920년대 목포문학사에서 실질적으로 부각되는 문인은 김우진이라고 하겠다.

3. 김우진의 작품세계와 문학사적 위상

전술한 바대로, 김우진은 1915년 구마모또 농업학교 시절 처음으로 시를 쓰기 시작했는데, 이때 그는 극작가보다는 시인이 되려고 했다고 한다. 그리고 와세다대학 영문과 재학시절부터 연극에 관심을 보이기 시작하였다. 1920년 조명희, 홍해성, 고한승, 조춘광 등 유학생과 함께 연극연구단체인 극예술협회를 조직하였고, 1921년에는 동우회 순회연극단을 조직하여 국내 순회공연을 다녔다. 그가 본격적으로 문학창작에 열을 올리게 된 시기는 1924년 대학을 졸업하고 목포에 내려와 상성합명회사 사장으로 일하면서부터 1926년 작고할 때까지이다. 그는 2~3년이라는 짧은 시간 동안 불꽃 같은 창작열을 보였다.

김우진은 보수적인 유교적 가정에서 성장했지만, 서구의 근대사상을 철저하게 탐닉했다. 그는 자신의 사상적 바탕이 된 니체라든가 마르크스 같은 철학자는 물론 러시아혁명 이후의 사회주의에도 깊이 빠져 있었다. 이러한 급진적 사상은 연극에서 스트린드베리(Strindberg J.A.)의 표현주의와 전통 부정 정신, 버나드쇼우(Shaw G.B.)의 개혁사상을 받아들이게 했으며, 전통 인습을 송두리째 부정하는 자세를 갖도록 만들었다. 이러한 자세는 그의 문학작품에서 전근대와 근대의 첨예한 대립각을 형성한다.

김우진은 문학 전반에 걸쳐 다재다능한 능력을 보였지만, 아무래도 대표 장르는 희곡이라고 볼 수 있다. 처녀작 「정오正午」(1924)를 비롯한 「이영녀」(1925), 「두더기 시인의 환멸」(1925), 「산돼지」(1926), 「난파」(1926) 등 5편의 희곡은 모두 말년에 목포에서 창작된 것들로서 자전적인 성격이 매우 강하다. 또한 기존 윤리나 도덕, 가치관에 대한 강렬한 저항 의식이 드러나 있으며, 새로운 삶에 대한 추구와 극적 표현 방식에 있어 사실주의는 물론 당시 독일 연극에서 영향받은 표현주의적 요소를 도입하고 있다.

대표작으로 꼽히는 「난파」는 그가 자살한 해인 1926년 봄에 쓴 작품으로서, 복잡하게 얽힌 유교적 가족구조 속에서 현대적인 서구윤리를 지닌 한 젊은 시인이 몰락하는 과정을 그리고 있다. 매우 관념적이고 상징적인 이 작품은 그대로 그의 자서전이기도 하다. 이 작품은 우리나라 문예사상 최초의 표현주의 희곡으로서 의의가 있을 뿐만 아니라, 신파극만 존재했던 1920년대로서는 대단히 전위적인 실험극이었다.

  「산돼지」는 친구 조명희의 시 「봄 잔디밭 위에」에서 암시를 얻어 쓴 작품으로, 좌절당한 젊은이의 고뇌와 방황을 음울하게 그리고 있다. 특히 그가 지향했던 사회개혁사상이 잘 드러나 있으며, 지극히 몽환적으로 끌고 간 것이 특징이다. 그가 이 작품을 가리켜 자신의 '생의 행진곡'이라고 고백했듯이, 개화 지식인의 임상보고서로서 성격을 지니고 있다. 이 작품 역시 「난파」와 더불어 그의 대표작으로 꼽히며, 표현주의와 전위적인 실험극에 속한다.

  김우진이 남긴 48편의 시는 주로 자유의지와 생명력의 희구를 그 주제로 삼고 있다. 그의 시는 「죽엄」, 「사와 생의 이론」, 「죽엄의 이론」, 「고古의 파괴」 등에서 잘 나타나는 것처럼 다양한 서정적 자아를 등장시켜 극악한 현실을 고발하고, 고정된 기존질서를 파괴하며 인간이 자유롭게 살 수 있는 생명력의 세계를 추구했다. 이러한 그의 시적 기법은 그가 탐구한 표현주의 문학에 바탕을 두고 있다. 다음 시는 그가 얼마나 무너뜨리기 어려운 당대의 낡고 완고한 철벽을 깨부수고 새로운 세계를 건설하려 했던가를 잘 보여준다.

오 파괴여 파괴여!

장대한 힘으로 태산은 넘어진다!

(중략)

또는 인간 발전의 길인가

모든 것이 파괴된다

자기속에 장치하였던

다이나마이트는

자기 자신을

서서히 유력하게, 또 확실히

파괴시킨 후, 쉽없이

또 다시 건설한다

오 자연의 힘이여!

모든 헌(古) 것은 파괴된다.

―「고(古)의 파괴」 부분

    그는 긍정적인 차원에서 '파괴'의 힘을 믿는다. 여기서 '파괴'는 '발전'과 '건설'의 다른 이름이다. 자연을 파괴하고, 아버지를 파괴하고, 결국엔 '자기 자신'마저 파괴함으로써 새로운 세계는 탄생한다. 이렇듯 젊은 시절 고뇌와 열정, 절규와 반항 등으로 점철된 그의 시편들은 대부분 관념적 혹은 철학적이다. 또한 여과되지 않은 거친 시어들이 난무하는 등 시적으로 형상화되지 못한 약점을 지니고 있다. 그럼에도 불구하고 그의 시적 육성은 가식 없는 내출혈을 동반하고 있어서 독자의 마음을 움직이는 진폭이 크다.

    김우진은 또한 20여 편의 문학평론을 남겼는데, 그 중 「소위 근대극에 대하여」, 「자유극장 이야기」, 「사옹沙翁의 생활」, 「구미歐美 극작가론」은 탁월한 평문이다. 그리고 「쓰키지소극장築地小劇場에서 인조인간을 보고」라는 글은 연극평의 한 전범을 보여준다. 「창작을 권합네다」에서는 표현주의5)를 체계적으로 소개했으며, 전통적 인습 타파를 작품 주제로 삼은 한국 작가들에겐 표현주의가 가장 알맞은 창작방법이라고 주장하기도 했다. 또한 그는 같은 글에서 자신의 희곡창작 테마를 네 가지로 나누어 제시하고 있다. 첫째 정치적, 경제적, 사회적, 민족적, 계급적 상황에 대한 자각과 고민에서 창작이 이루어져야 하며 둘째, 윤리적으로 우리 주위의 모든 가치를 전환해야 하고 낡은 윤리가 우리의 생활에 끼친 해독을 통찰하며 생활을 변혁시키는 창작이 생겨야 한다고 주장하고 있다. 셋째는 연애, 결혼, 모성 등 여성의 경제적·사회적 문제가 테마로 되어야 하고 넷째, 인생철학, 생명, 죽음, 신, 이상 등이 취급되어야 한다는 논리를 폈

---

5) 표현주의(Expressionism)는 객관적인 사실보다는 오히려 사물이나 사건에 의해 야기되는 주관적인 감정과 반응을 표현하는 데 주력하는 예술사조이다. 물질주의·자기만족을 추구하는 중산층의 번창, 급속한 기계화·도시화 및 제1차 세계대전 이전의 유럽 사회에 만연했던 가족주의에 대한 반발로 발생했다. 표현주의는 제1차 세계대전 동안과 전쟁이 끝난 직후 독일의 지배적인 문학운동이 되었다. 표현주의 작가들은 사회에 대한 저항을 나타내는 희곡을 구성할 때 새로운 양식을 통해 그들의 생각을 전달하려고 했다. 그들의 관심은 특별한 상황보다는 일반적 진리에 있었으며, 따라서 그들의 희곡에서 완전히 발달한 개성화된 성격보다는 전형적인 상징적 유형을 탐구했다. 외부 세계의 묘사에는 별로 관심을 두지 않아 단지 개괄적으로만 나타내고 공간적·시간적으로 겨우 암시만 해놓았을 뿐인 반면, 인간 내면의 정신생활을 강조한 표현주의 희곡에서는 삶을 모방하기보다는 정신상태를 무아지경으로 환기시키는 것이 삶의 주제가 되었다. 표현주의 희곡에서 주인공은 종종 젊은이들의 정신적 불안과 구세대에 대한 반항 및 여러 가지 정치적·혁명적 치유 방법들을 파헤치고 있는 집약적·생략적이며 거의 약어적인 언어로 표현되는 긴 독백을 통해 자신의 비애를 쏟아놓는다. 주인공의 내면은 느슨하게 연결된 일련의 극적 장면들이나 역할을 통해 파헤쳐지며 그 과정에서 그는 전통적인 가치관에 반발해 좀 더 높은 정신적 생활관을 추구한다(『브리테니커 백과사전』참조).

다. 게다가 대단히 진솔한 문학관을 가지고 있어서 「이광수류李光洙類의 문학을 매장하라」, 「아관我觀 계급문학階級文學과 비평가」 등을 통해 계몽적 민족주의와 인도주의를 신랄하게 비판하기도 했다.

　이렇듯 김우진은 자신이 겪은 시대고를 적절히 희곡 속에 투영함으로써 당시 계몽적 민족주의를 비롯한 인도주의나 감상주의에 머물렀던 기성문단을 훨씬 뛰어넘은 선구적 극작가였으며, 특히 표현주의를 직접 작품으로 실험한 점에 있어서는 유일한 극작가였다. 또한 해박한 식견과 외국어 실력, 선구적 비평안을 가지고 당대 연극계와 문단에 탁월한 이론을 제시한 평론가이며, 최초로 신극운동을 일으킨 연극운동가로 평가된다. 비록 가정문제·애정문제에 휘말려 윤심덕과 현해탄에서 짧은 생을 마감[6]했지만, 전근대의 답답한 틀을 빠져나오기 위해 몸부림치는 삶을 살았던 선각자요 천재였다. 따라서 그의 문학과 인생을 한마디로 표현하면 '근대의 해협을 건너다 난파한 배'라고 할 수 있겠다.

---

6) '현해탄의 정사'와 관련하여 시신이 끝내 발견되지 않아 한참 후까지 두 사람이 죽음을 위장해 실제는 외국에서 생활하고 있다는 소문이 끊이지 않았다.

용아 박용철의 시세계와 한계
— 박용철론

1. 들어가는 말

용아 박용철은 영랑 김윤식과 더불어 1930년대 시문학파 창단을 주도한 시인이자, 시문학파 순수시 운동의 이론적 기반을 뒷받침한 평론가이며, 외국의 문학작품과 문학이론을 번역·소개함으로써 한국문학의 현대화에 기여한 번역가이다. 또한 극예술연구회의 회원으로 활동한 연극인이며, 지역적으로는 같은 시문학파였던 김영랑·신석정·김현구와 더불어 호남 현대시문학의 출발을 알린 시인이기도 하다.[1]

이렇듯 다방면에서 한국문학의 발전에 기여하였으며, 특히 1930년대『시문학』을 비롯한『문예월간』·『문학』의 발간에 절대적인 역할을 하였음에도 불구하고 지금껏 그의 시문학에 대한 연구나 재조명은 상대적으로 미약했던 게 사실이다. 이는 그동안 그가 시인보다 평론가로서의 위상이 더 부각되었기 때문이다. 그만큼「시적 변용에 대하여」등 그가 쓴 시론에 대한 논의가 활발히 진행되어왔다. 게다가 시 쪽에서는 시문학파를 대표

---

1) 시문학파는 평론가 김현이 '강진시파'라 명명할 정도로 좁게 보면 강진(김영랑, 김현구), 넓게 보면 전라도(광주 송정리의 박용철, 전북 부안의 신석정) 출신 시인들이 주축을 이루고 있다. 그러나 이들에 의해 출발한 호남의 근대시문학은 문학의 순수성 즉 일체의 목적성을 배제한 것이었다는 점에서 후에 참여문학의 본산이 되었던 이 지역의 문학적 컬러와는 상반된 것이어서 흥미롭다.

하는 김영랑·정지용 시인의 위상이 워낙 큰 탓도 있다. 실제로 그의 시는 이들 두 시인이 이룩한 시적 성과에 비해 질적으로 못 미친다는 평가가 많기 때문이다.

그리고 그에 대한 광주지역 문단의 관심도 다소 부족했던 게 사실이다. 이는 그의 태생지인 광산군 송정리가 광주광역시로 편입된 지 40여 년에 가까움에도 불구하고 광주의 문인들이 그를 진정한 광주 출신 문인으로 받아들이기를 주저했다는 말이 된다. 광주지역이 배출한 최초의 근대시인인데도 아직껏 그를 기념하는 문학관 하나 없다는 점이 이를 증명한다. 근래에 이르러서야 광산구 중심으로 '용아문학제'가 열리고, 용아기념사업회 발족과 함께 '박용철문학상'이 제정·시상되고 있는 등 활발한 움직임을 보이고 있어 참 다행스럽다.[2]

이에 이 글은 지금부터라도 본격적으로 용아 박용철의 문학에 대한 관심을 제고시키자는 차원에서 그의 생애와 문단 활동을 소개하고, 상대적으로 논의가 미진했던 시세계와 그 한계를 지면 관계상 간략히 살펴보고자 한다. 아울러 그를 기념하는 사업 추진과 관련한 한 가지 제안도 곁들이고자 한다.

2. 생애와 문단 활동

용아 박용철은 1904년 광산군 송정읍 소촌리(현 광주광역시 광산구 송정공원로 47번길)에서 충주 박씨[3] 박하준의 셋째 아

---

[2] 이는 강진이 시문학파기념관을 건립하고 영랑기념사업회가 영랑시문학상과 영랑문학제를 시행해오는 것과는 좋은 비교가 된다. 또한 오래전부터 충북 옥천에서 정지용 시인을 기념하는 사업을 벌여온 것도 마찬가지다.

[3] 그는 조선 중종 때 문신이자 호남 사림의 비조였던 눌재 박상의 후손이다. 송순, 김

들로 태어났다. 일찍 두 형이 죽는 바람에 4남매 중 장자가 된 그는 1911년 광주공립보통학교를 거쳐 1916년 휘문의숙에 입학하였다가 배재고보로 전학하여 다니던 중 1921년 동경의 청산학원 중등부 4년에 편입(이때 문학할 것을 권유했던 김영랑과의 운명적인 만남이 이루어진다)하였으나, 그해 관동대지진으로 인해 학업을 중단하고 귀국했다. 다시 연희전문학교에 입학하였으나 반년 만에 중퇴하고 문학 등 책을 닥치는 대로 읽으며 세월을 보냈다.

1919년 12월 당시 16세 소년으로 아버지의 강요에 따라 1살 연하 김희숙과 원치 않는 결혼을 한 그는 신학문을 접하지 못한 부인에게 실망, 합방하지 않고 15년을 지내다가 이혼했다. 1년 뒤 1931년 5월 누이동생 봉자의 이화여자전문학교 친구였던 임정희와 재혼했다. 이때부터 스스로 방황에서 벗어나 눈부신 문학 활동을 전개했다.

1929년 시 전문지 『시문학』 창간을 준비했으나 광주학생독립운동으로 중단되었으나, 이듬해인 1930년 김영랑·정지용 등과 함께 창간했다. 이때 그와 김영랑은 무명의 시인이었던 관계로 지명도가 있는 정지용·정인보 등을 얼굴마담으로 끌어들였다. 그는 사재를 털어 넣을 만큼 잡지 발간에 열성적이었다. 그러나 『시문학』은 3호로 끝을 맺고, 1931년 11월 종합문예지인 『문예월간』을 창간하기에 이른다. 이때 순수 창작시만을 고집

인후, 임억령, 정만종 등이 모두 박상의 문하생들이다. 또한 박상의 아우인 박우의 아들로 태어나 명종 때 영의정까지 지낸 사암 박순도 그의 가문 사람인바, 삼당시인으로 불렸던 백광훈, 최경창, 이달이 그 문하생들이다. 그러니까 일본 청산학원 재학시절 수학의 천재로서 문학과는 거리가 멀 것 같았던 그에게도 선조들의 문학적 피가 흐르고 있었던 셈이다.

했던 김영랑과 마찰을 빚게 된다(김영랑은 『문예월간』에 단 한 편의 시도 발표하지 않았다). 그는 이 두 잡지에 많은 서평과 번역시를 발표하면서 연극에도 눈을 돌려 극예술연구회에 입회하여 기획부 간사를 맡기도 했다. 1934년에는 『문학』을 간행하였다.

1935년에는 시문학파의 문학적 성과물로 『정지용 시집』과 『김영랑 시집』을 시문학사에서 발간하였다. 이렇듯 그는 잡지 발간에 헌신적이고 열성적이었으나, 정작 자신의 시집은 내지 못하고 1938년 서울에서 후두결핵으로 아깝게 타계했다. 1939년 유고로 우리나라 최초의 개인 전집인 『박용철 전집』이 발간되었다. 광산구 소촌동에 생가가 보존되어 있고, 유해는 생가 뒷산에 안장되어 있다. 1970년 광주의 후배 시인 손광은 등의 힘으로 광주사직공원에 영랑 시비와 함께 대표시 「떠나가는 배」가 새겨진 시비가 세워져 있다.

3. 시세계의 특성 조명

『박용철 전집』(시문학사, 1939)에 따르면, 박용철은 8년여에 걸친 창작 활동을 통해 모두 74편의 시를 쓴 것으로 알려져 있다. 그러나 박용철의 아내가 원고를 정리하고, 김영랑 등 시문학파의 일원들이 주축이 되어 간행한 해당 전집은 원전 확정에 있어서 많은 문제점을 안고 있다. 그것은 전집 발간 당시 편집자들의 무리한 작품 발굴과 등재에 기인한다.[4] 앞으로 그의 시의

---

4) 이는 전집 2부와 3부에 실린 몇몇 작품들이 "완성된 것인지, 창작해 보아 만 것인지 모르는 것들…그의 글씨로 쓰인 글이면 주위 모은 것이라 혹은 남의 글을 사랑하여

원전 확정에 대한 보다 엄정한 검증 절차가 필요한 이유이다. 따라서 여기에서는 지면 관계상 대표작 2편을 중심으로 그의 시세계가 지닌 특성만을 간략히 살피고자 한다.

3-1. 고향상실과 비애의식

박용철의 시적 출발은 김영랑의 영향권 안에서 형성된 것으로 보인다. "내가 시문학을 하게 된 것은 영랑 때문이여"5), "윤식이가 나를 오입(誤入)시켰다"6)는 진술에서 보듯이, 박용철은 김영랑의 권유로 문학의 길에 들어섰으며, 자작시의 대부분을 창작할 때도 김영랑에게 자문을 받았다. 『시문학』 1호에 발표한 그의 대표작으로 고향상실로 인한 비애의식을 노래하고 있는 다음 시도 마찬가지였다.

나두야 간다
나의 이 젊은 나이를
눈물로야 보낼 거냐
나두야 가련다.

아늑한 이 항군들 손쉽게야 버릴 거냐

베껴둔 것까지 수습된 것"(박용철, 『박용철 전집 1』(영인본), 현대사, 1963, 751쪽.)이라는 아내 임정희의 간행사를 통해 알 수 있다. 더욱이 「눈은 나리네」, 「달밤 모래우에서」, 「어느 밤」은 이장희의 작품일 가능성이 높다는 의견까지 제시되고 있기 때문이다(김학동, 「박용철 전집의 문제성」, 『한국문학』 1997년 4월호와 남진숙, 「박용철 시 접집에 대한 재검토」, 『한국문학이론과비평』 45, 한국문학이론과비평학회, 2009 참조).
5) 박용철, 『박용철 전집 2』(영인본), 현대사, 1963.
6) 김영랑, 「조사」, 『박용철 전집 1』(영인본), 현대사, 1963.

안개같이 물 어린 눈에도 비최나니
골짜기마다 발에 익은 묏부리 모양
주름살도 눈에 익은 아 사랑하는 사람들.

버리고 가는 이도 못 잊는 마음
쫓겨가는 마음인들 무어 다를 거냐
돌아다보는 구름에는 바람이 희살짓는다[7)]
앞 대일 언덕인들 마련이나 있을 거냐.

나두야 가련다.
나의 이 젊은 나이를
눈물로야 보낼 거냐
나두야 간다.

―「떠나가는 배」 전문

  이 시는 정든 항구의 사랑하는 사람들을 떠나 새로운 세계로 나아가겠다는 의지를 표방하고 있다. 항구를 떠나는 이유는 그곳에 머물면 '젊은 나이를/눈물로' 보낼 수밖에 없기 때문이다. 눈물로 보낼 수밖에 없는 항구는 희망이 부재하고 절망만 가득한 공간이다. 이는 곧 고향상실 나아가 나라와 주권을 빼앗긴 식민지 시대의 암울한 상황을 의미한다고 볼 수 있다. 여기에서 박용철 시의 비애의식이 싹튼다. 이 비애의식은 3·1운동의 실패로 인한 1920년대 초반의 암울한 분위기를 떠올리게 한다. 그러니까 박용철의 시 의식은 그가 순수시론에서 주장한 것과는 달

---

7) 희살짓는다 : 훼방을 놓는다는 뜻으로 '헤살짓는다'의 전남 방언.

리 1920년대의 감상적 낭만주의에 여전히 머물러 있었던 것이다.

　게다가 어딘가를 지향하는 '떠남'은 자발적인 의지에 따른 것이 아니라 '쫓겨가는 마음'과 다를 바 없으며, '앞 대일 언덕'조차 마련하지 못한 불안을 품고 있다. 여기에서 우리는 박용철 시에 나타나는 비애의식이 시대의 현실이나 삶의 유랑의식과 관련이 있다 할지라도 자아의 무력감과 좌절을 선험적 조건으로 하여 출발하고 있음을 짐작할 수 있다. 말하자면 박용철은 처음부터 자아와 현실 사이에 장애를 설정하고, 그 두 세계의 정태적 대립을 자기 침식의 슬픔으로 수용하였던 것이다. 이러한 의지와 불안의 대립은 시의 율격적 호흡에도 잘 나타나 있다. '나 두 야 간다'에서 의도적으로 띄어쓰기의 파격을 구사한 것은 조사들을 붙여 썼을 경우의 급박함보다는 띄어 썼을 때의 이중적 효과가 불가피하게 쫓겨가는 자의 급박함과 스스로 떠나는 자의 의지를 동시에 반영하는 것이라고 볼 수 있는 것이다.

　이러한 '떠남'의 속성은 다른 초기 시편인 「이대로 가랴마는」에서는 떠나야만 하는 상황에 저항하는 듯하면서도 동시에 그 상황을 운명적으로 받아들이며, 결국 "차마 흐르지 못한 눈물이 온 가슴에 젖어나리네"라면서 그 '떠남'의 필연성과 속절없음을 감상적 체념으로 수용하게 된다. 이렇듯 박용철의 초기 시편들이 찾고자 했던 출구는 낭만주의적 '떠남(탈출)' 혹은 '떠돎(유랑)'의 욕구와 깊이 연관되어 있다. '지금 여기'의 현실이 아닌 불안과 미지의 성격을 동반한 '먼 저기'를 동경하고 지향하는 것도 그러한 태도가 함축된 결과이다.[8]

---

[8] 유성호, 「박용철 시 연구」, 『한국시학연구』 제10호, 한국시학회, 2004, 230쪽.

3-2. 밝음과 어둠의 대립

이러한 박용철 시의 감상적 낭만주의는 '밝음/어둠'의 전형적인 대립 구도를 형성하게 된다. 어둠을 지양하고 밝음을 긍정하는 이 같은 원형적 대상 인식의 태도는 시적 화자가 겪는 경험적 구체성을 박탈하면서 현실적 지반에서 더욱 멀어지는 힘으로 작용한다.

> 2.
> 밖을 내어다보려고, 무척 애쓰는
> 그대도 설으렷다.
> 유리창 검은 밖에 제 얼굴만 비쳐 눈물은
> 그렁그렁하렷다.
> 내 방에 들면 구석구석이 숨겨진 그 눈은
> 내게 웃으렷다.
> 목소리 들리는 듯 성그리는 듯 내 살은
> 부대끼렷다.
> 가는 그대 보내는 나 그저 아득하여라.
>
> 3.
> 얼어붙은 바다에 쇄빙선같이 어둠을
> 헤쳐 나가는 너.
> 약한 정 뿌리쳐 데고 다만 밝음을
> 찾아가는 그대.
> 부서진다 놀래랴 두 줄기 궤도를

타고 달리는 너.
죽음이 무서우랴 힘 있게 사는 길을
바로 닫는 그대.
실어가는 너 실려가는 그대 그저 아득하여라.

―「밤기차에 그대를 보내고」 부분

　김영랑으로부터 극찬을 받은 바 있는 이 시에서 화자는 대상과의 헤어짐으로 인한 비애와 우수를 근간으로 한 감상적 낭만주의 태도를 견지하고 있다. 차창에 비쳐 어른거리는 것은 눈물로 얼룩진 '그대'의 얼굴이다. 하지만 화자와 대상의 이별이 어디에서 무엇 때문에 비롯되었는지 가려져 있거나 생략되어 있다. 그래서 '밤기차'를 매개로 하는 이별의 정황은 구체적인 경험적 진실이 아니라 박용철 시가 채택하고 변형한 원형적 구성물에 불과하다.

　'온전한 어둠'은 눈보라 치는 '밖'에서 나타난다. 그래서 그대는 '어둠을 헤쳐나가' '밝음을 찾아'간다. 그 어둠과 밝음이 어떤 구체적 문맥을 보여주지 않는다는 점에서 이 작품은 원형적인 긍정과 부정의 세계를 나눈 뒤 한쪽을 긍정하고 한쪽을 부정하고 있는 것이다. 이러한 구도는 '눈물/웃음', '아득함/헤쳐감' 등 대립적 이미지들을 연속으로 거느리면서 끊임없이 확산된다. 따라서 이 시는 대상의 상실로 인한 "비애의 자기 침식"[9]과 함께 낭만주의가 지향하는 이상적이고 원형적인 태도를 극명하게 보여준다. 이처럼 '어둠/밝음'의 대립은 박용철 시학을 핵심적으로 규정하는 이미지[10]라 할 수 있을 것이다.

---

9) 김명인, 「밀실과 절망의 순수의식」, 박용철, 『떠나가는 배』, 미래사, 1991, 128쪽.

이처럼 박용철의 시에는 1920년대의 감상적 낭만주의 혹은 상징적 유미주의 계열의 시가 속악한 현실을 벗어나고자 하는 갈망을 제재로 삼았던 것처럼 현실은 어두운 밤과 불투명한 미래에 닿아 있고 그것을 벗어나기 위한 여정이 자주 등장한다. 그러나 이 시에서 보듯이 그것은 현실의 어두움을 타개하려는 시도로 연결되지는 않는다. 결국 상실의 아픔과 번뇌에 쌓인 자아가 귀환해 가는 곳은 현실과 차단된 고립된 공간이었던 것이다.

초기 시편들을 창작하고 발표하는 과정에서 스스로 시적 한계를 절감한 박용철은 시 창작보다는 시론가로서 변모를 꾀하고 번역과 연극 활동에 심혈을 기울인다. 간간이 썼던 그의 후기 시편들은 초기 시편들과는 다소 다른 면모를 보여준다. 그것은 모더니즘 기법을 통한 인생론적 자기 성찰의 시편들이다.[11] 초기 시편들에 나타난 대립의 양상들이 낭만적 화해를 모색하는 그의 후기 시편은 그러나 안타깝게도 그가 시론을 통해 그토록 강조했던 "시적 완결성에 싸늘하게 반비례하면서 시사의 문맥에서 소진"[12]된다.

4. 시론과 창작의 괴리

순수 시향과 낭만주의적 세계관의 결합과 분리는 박용철의 시가 뿌리내리는 데 가장 결정적인 취약점으로 작용한 것으로

---

10) 유성호, 앞의 글, 235쪽.
11) "용철의 모더니즘에 대한 관심은…아주 약하기는 하지만, 말하자면 근대성에서 현대성에로, 주정성에서 주지성에로, 노래하는 시에서 보는 시에로 얼마간 기울어진 것이다."(정태용, 『한국현대시인연구』, 어문각, 1976, 136쪽).
12) 유성호, 앞의 글, 244쪽.

많은 연구자들은 지적하고 있다. 그의 시는 식민지 시대라는 어두운 상황을 배경으로 하면서도 그것을 경험적 구체성이 아니라 선험적 조건으로 받아들임으로써 예술의 현실 지향성과 심미적 완결성을 놓치게 되었다.

그러면서도 박용철은 창작과는 달리 시론에서는 초지일관 순수 서정의 옹호자였다. '시문학파'의 시사적 특성을 "첫째는 순수 서정시에 대한 뚜렷한 의식을 가지고 있었던 점과 둘째로 시어에 대한 자각을 구체화했다는 점"13)이라고 할 때 그의 창작 시편들은 주관적 내면세계의 상실과 비애가 그 주제였을 뿐 특별한 언어의 조탁이나 미적 자율성에 대한 남다른 천착의 성과를 보여주지는 못했다. 이는 같은 비애의식을 주제로 하면서도 이른바 애이불비의 미학이라 할 수 있는 '촉기'로 무장하고 언어의 조탁에 심혈을 기울였던 김영랑의 시와 좋은 대비가 된다. 결국 그가 주장했던 순수시론과 창작 시의 괴리가 초기 시편의 감상적 낭만주의와 후기 시편의 경험적 현실의 문맥에서 벗어난 낭만적 화해의 시풍을 불러온 원인이었던 것이다. 그러나 그가 시 창작에 있어서 음악성 그러니까 운율을 중시하면서 시어 선택에 남다른 주의를 기울였고, 다른 시인들의 시편에도 매우 열려 있는 태도를 취했던 점만은 부인할 수 없는 사실이다.

5. 나오는 말-재평가와 제언

지금까지 살핀 바대로, 용아 박용철은 식민지 시대의 암울한

---

13) 한계전, 「1930년대 시문학의 일반적 경향」, 이선영 편, 『1930년대 민족문학의 인식』, 한길사, 1990, 42쪽.

상황을 배경으로 고향상실로 인한 비애의식과 밝음과 어둠의 대립을 노래한 시인으로 요약된다. 특히 그의 시적 활동은 초기시에 집중되어 있는데, 낭만주의적 시관을 충실하게 구현한 측면과 슬픔, 절망, 허무 등에 대한 탐닉과 소박한 동경으로 인해 정작 자신이 펼쳤던 순수시론과는 현저하게 어긋나는 측면을 동시에 지니고 있다. 따라서 그의 시세계는 "시가 언어의 예술이라는 점을 내세워 언어의 조탁과 전통적인 시가 율격에 기초한 시의 음악성 회복에 특별한 관심을 보임으로써 한국어의 시적 아름다움을 극대화"[14]했다는 평가를 받아온 시문학파의 일급 시인들(특히 김영랑, 정지용)의 그것과는 다소 거리가 있다고 할 수 있다.

그럼에도 불구하고 다음 몇 가지 점에서 그가 우리 근대문학사에 기여한 공적은 지대하다 아니할 수 없다.

첫째, 1930년대 시에서 매우 중요한 위치를 점하고 있는 시문학파의 결성과 『시문학』 등 문예지 발간, 순수시 운동을 실질적으로 주도했다는 점이다.

둘째, 시론「시적 변용에 대하여」 등을 통하여 시문학파의 이론적 바탕을 마련하였으며, 언어의 예술로서 시가 지니는 내밀한 창작 체험의 원리를 최초로 제시하였다는 점이다.

셋째, 수많은 번역 활동을 통해 해외문학작품을 소개함으로써 우리문학의 시각을 한껏 넓혔다는 점이다.

넷째, 비록 김영랑이나 정지용에는 못 미치지만, 구체적인 시작 활동으로 순수의식을 고양하는 작품을 남겼다는 점이다.

---

14) 오성호,「순수시의 탈역사성」, 김재용 외,『한국근대민족문학사』, 한길사, 1993, 568쪽.

다섯째, 김영랑·신석정·김현구와 함께 호남 현대시문학의 첫 주자였으며, 특히 호남 평론문학의 비조 역할을 하였다는 점이다.

이러한 공적을 감안할 때 그는 시인보다는 평론가로서의 위상이 현저하다고 할 수 있다.

앞으로 용아기념사업회 등이 그를 기리는 사업을 펼칠 때 이 점이 중요하게 고려되어야 한다. 이와 관련하여 필자는 용아문학상에 대한 한 가지 제언을 덧붙이고자 한다.

현재 광주광역시 예술상 문학 부문에 용아 박용철문학상이 포함되어 있는 줄 안다. 매년 광주광역시에 거주하고 있는 문인을 대상으로 공모하여 공적이 뛰어난 시인 1명에게 시상하는 이 상은 그러나 많은 문제점이 내재해 있다고 한다. 홍보 부족으로 인한 지명도 있는 시인들의 응모가 부족하다는 점, 주관자가 지자체인 관계로 인해 상금이 전무하다는 점, 엄격한 심사 기준의 부재 등이 그것이다. 한마디로 유명무실한 상으로 전락했다는 것이다. 무릇 문학상이라 함은 해당 문인의 문학세계를 계승·발전시키는 데 기여한 사람을 격려하는 차원에서 제정·시상하는 것이라고 볼 때 이는 바람직하지 않다. 박용철의 문학적 위상을 대외로 확장시키는 게 아니라 협소한 공간에 가두는 결과라고 할 수밖에 없다. 따라서 광주광역시 문화예술상은 전라남도 문화상처럼 각 부문별로 나누어 시행하고, 박용철문학상은 따로 분리하여 독립적으로 운영할 필요가 있다. 이를테면, 강진군에서 영랑문학제와 영랑시문학상을 (사)영랑기념사업회에 위탁·운영하는 방식처럼, 광산구청이 주최가 되어 용아문학제와 용아문학상을 (사)용아기념사업회에 위탁·운영할 필요가 있다는 것이다. 그렇게 되면 문학제 예산 및 문학상 상금 지급에 따른 문제가 쉽게 해결되리라 본다. 용아문학관 건립 문제도 마찬가지가 될 것이다. 단, 용아문학상을 새로 제정할 때 반드시 고려해야 할 점은 그의 문학적 위상을 제대로 반영해야 한다는 점이다.

지금까지는 주로 시인으로만 인식해왔지만 이 글에서도 살폈듯이 그는 평론가로서의 위상이 보다 두드러진 사람이다. 따라서 시상 부문을 2분하여 시와 평론으로 나눌 필요가 있다. 그리고 영랑시문학상이나 지용문학상처럼 수상 대상자를 광주광역시 문인에 한정할 것이 아니라 전국적으로 확대해야 한다. 심사 혹은 수상자 선정 기준은 그해에 출간된 시집이나 평론집 중 용아가 추구했던 시세계와 순수시론을 계승·발전시키는 데 기여하였다고 판단되는 것을 고르면 된다. 그래야만 용아 박용철의 이름과 문학적 권위가 제대로 살아나면서 그의 문학에 대한 재평가 작업도 활발해지게 될 것이다.[15]

---

[15] 참고로 이 글을 썼던 당시와는 달리 지금은 (사)용아박용철기념사업회가 발족하여 박용철문학상(상금 2,000만원)을 제정·시상하고 있는 것으로 안다.

남도 3대 정신의 시적 형상화
― 송수권론 · 1

I. 서론

   송수권(1940~2016)은 1975년 『문학사상』에 「산문에 기대어」 등이 당선되어 등단한 이래 평생토록 자신이 나고 자란 '남도'에 시적 뿌리를 내리고 그 정서와 정신을 천착한 시인이다. 그리고 거기서 더 나아가 우리 국토와 민족 전체로까지 시세계를 확대함으로써 물질문명의 위세와 온갖 실험적 경향들이 난무하는 작금의 문학 풍토에 아랑곳하지 않고 꿋꿋이 우리의 전통 서정을 현대적으로 계승·발전시킨 보기 드문 시인이다. 그런 의미에서 그는 김소월→김영랑→서정주→백석→박목월→박재삼으로 이어지는 한국전통서정시의 백두대간을 잇고 있다고 할 수 있다. 백두대간에서도 어쩌면 마지막 봉우리인 지리산에 해당한다고 볼 수 있다.

   주지하다시피 송수권이 문단에 나온 1970년대는 산업화로 인해 농촌사회가 붕괴되기 시작한 시기이다. 특히 농촌의 근대화 전략의 일환으로 벌어진 새마을운동은 수천 년 동안 이어져 내려온 한국전통문화의 단절을 가져왔다.[1] 이에 대한 위기의식

---

[1] 당시 유럽 등 선진국에서는 '새마을운동'을 '한국의 전통문화 말살운동'이라고 혹평했다. 실제로 이때부터 우리의 전통정서인 '한'을 바탕으로 한 시들은 거의 자취를 감추었다.

으로 출간된 시집이 서정주의『질마재 신화』(1975)라고 할 수 있는데, 송수권의 시적 출발은 이와 맥락을 함께 하고 있다. 다시 말해 그의 전통서정시는 근대화로 인해 파괴되어가는 우리 문화의 원형과 그 생명력을 현대적으로 계승하겠다는 전략적 차원에서 비롯되었다고 볼 수 있다. 송수권은 이 시기에 탈서정화의 경향으로 많은 시인들이 도시로 이주해가고, 새로운 시의 형태를 모색하였으며, 독재적 현실과 정면으로 맞서 싸우고자 했을 때, 그들이 남기고 떠난 공간을 우직하게 지키면서 그 안에 깃든 한국적 정서와 정신을 노래함으로써 한국전통서정의 새로운 경지를 열고자 했던 것이다.

우리 시단에서 송수권만큼 시적 아우라가 넓은 시인도 드물 것이다. 오세영은 송수권이 지금껏 추구해온 시세계의 다양성을 평가하면서 크게 1) 자연, 2) 전통으로 2분한바 있다. 그리고 1)을 다시 ① 애니미즘, ② 생활공간, ③ 생태 환경으로 2)를 ① 민속, ② 민중으로 나누었다. 또한 2)의 항목을 다시 고전, 역사, 민속, 설화, 향토생활, 무속과 불교로 세분하였다. 그리고 이 모든 세계의 기저에는 생명존중사상이 깔려 있다고 진단했다.[2] 첫 시도임에도 불구하고 상당히 공감이 가는 분류라고 생각한다. 필자의 생각도 이와 다르지 않다. 다만 전통의 세부 항목으로 시인이 최근에 관심을 기울였던 ① 풍류, ② 음식을 추가할 필요가 있다.

이렇듯 송수권의 시세계는 그 폭이 광범위하다. 이를 한마디로 압축한다면 한국적 전통과 자연의 세계라고 할 수 있을 것이다. 그리고 이를 좀 더 압축하면 '남도'[3]라는 지리적 공간(장소

---

[2] 오세영,「토속적 세계관과 생명존중의 시」,『불교문예』, 2004년 겨울호 참조.

성)이 중심에 자리하고 있다. 전술한 바대로, 그는 평생토록 태생지인 남도를 떠나지 않고 시를 써온 토박이 시인이다.[4] 그에게 있어서 남도는 그 무엇으로도 대체할 수 없는 절대 신앙에 가깝다. 남도야말로 일개 지역을 넘어서 한국인의 가장 보편적인 정서의 원형이 살아 숨 쉬는 본향이요 황폐한 현대인의 정신을 구원해줄 수 있는 하나의 구원처라는 믿음 때문이다.[5]

그리하여 그는 스스로 '남도의 3대 정신'을 표방하며 시를 썼다. 그가 '국토의 3대 정신'이라고 확대하여 부르기도 했던 그것은 '황토의 정신', '대나무의 정신', '뻘의 정신'이다.[6] 남도의 토양과 식생을 대표하는 이들 3가지 상징적 이미지 혹은 아이콘은 그대로 그의 시 정신(혹은 정서)이자 시론으로 통해왔다.[7] 앞에

---

[3] '남도(南道)'는 경기도 이남지역(충청도, 전라도, 경상도, 제주도)을 두루 이르는 말이지만, 일반적으로 전라도를 지칭한다(『민중에센스국어사전』, 민중서림, 1990 참조).
[4] 필자는 송수권처럼 풍모와 시가 행복하게 일치하는 시인을 지금껏 본 적이 없다. 실제로 그의 생김새는 남도라는 이미지와 완벽하게 합치한다. 물론 그의 시가 남도에서 나고 자란 체험적 정서를 밑바탕으로 깔고 있지만, 그 체험만으로는 안 되는, 어쩌면 생래적인 기질을 타고났다고 말할 수밖에 없는 점들이 많다.
[5] 그는 "남도에 태어나지 않았으면 결단코 시를 쓰지 않았을 것이다."라고 했다. 그러나 다음 질문의 답엔 순간 침묵이 흐른다. 남도가 아닌 지역의 정서로는 한민족의 정서를 제대로 표현하기 어렵다고 한 때문이다. 또한 "남도의 연기는 진양조 가락으로 들판 대숲마을을 휘돌아서 땅을 휘돌아서 피어난다."고 했다. 오직 남도의 가락만이, 남도의 원형문화만이, 민족의 원형적 감각만이 이와 같다고 말한다. 표준어에는 없는 감각이다. 그래서 남도의 언어만이 가능하다(박해림, 「지리산 뻐꾹새 울음 울던 에움길에 새로 쓰는 아리랑」, 『시와소금』, 2012년 가을호 참조).
[6] 홍영, 「자연적인 삶과 생명의 아이콘」, 『송수권 시인 정년기념문집』, 나남, 2005, 677쪽. 김강태, 「남도정신과 뻘의 정신」, 위의 책, 639~640쪽. 송수권, 「나의 시와 지형학」, 위의 책, 2005, 567~573쪽 참조.
"전 여러 지면에서 '국토 3대 정신'이 내 시의 지형학임을 말해 왔어요. 첫째는 황토의 정신(「저 언덕의 늙은 솔바람 소리」), 둘째는 대(竹)의 정신, 셋째는 뻘의 정신입니다. 모두가 산수정신이며 선(仙), 불(佛), 유(儒)로 습합된 정신입니다."

서 언급한 시세계의 세부 항목들도 넓게 보면 이 3가지 안에 모두 수렴된다고 보아도 무리가 없다. 따라서 이 글은 말로만 언급된 이 3대 정신이 송수권의 시에서 어떻게 구현되는지를 약식으로 살펴보는 첫 시도가 될 것이다.[8]

II. 남도 3대 정신의 시적 형상화

1. 황토 : 남도의 원초적 생명정신

남도 토양의 아이콘은 '황토'[9]이다. 황토는 주로 한반도 서남쪽에 분포하고 있지만, 유독 전라도 그것도 전라남도에 집중되어 있다. 전라남도에서도 붉은 황토가 있는 곳은 바로 송수권의 고향 고흥 쪽이다. 한하운 시인이 숨 막히는 더위 속에 고흥을 거쳐 소록도로 가면서 쓴 시「전라도길」의 첫 구절이 "가도 가도 붉은 황토길"로 시작되는 것이 이해가 될 정도이다.[10]

---

7) 혹자는 남도의 3대 정신이 후기에 와서야 정립된 것이라고 주장하기도 하지만, 그의 시는 처음부터 이에 입각하여 창작되었음을 부인할 수 없다. 오히려 후기에 와서 그가 일관되게 추구해온 시 정신을 정리했다고 해야 보다 정확할 것이다. 그리고『통』이 이들 정신이 가장 잘 발현된 시집이라는 주장도 일리는 있지만, 그것은 시인이 의도한 바일 뿐 초기부터 이들 정신에 따라 시를 써 왔다고 보아야 타당하다. 한마디로 이 3대 정신은 초기부터 후기에 이르기까지 송수권의 시세계를 관통하는 중심 화두인 것이다.

8) 이 논의가 보편성과 설득력을 얻기 위해서는 남도의 3대 정신이 구현된 작품 전체에 대한 다각적인 검토가 필요할 것이다. 그러나 그렇게 하자면 지나치게 방대한 작업이 될 것이므로 여기에서는 그 밑그림에 해당하는 첫 시도라는 점에서 대표작 중심으로 제한한다. 미진한 부분은 차후로 미룬다.

9) 황토는 단단한 암석이 분해된 풍화토를 말하며, 석영, 장석, 일라이트, 고령토, 스메타이트, 녹니석, 질석, 산화철광물 등이 두루 섞여 있는 흙이다. 빗물 속의 석회질을 모아 땅이 비옥하고 부드러워서 농경 생활을 하기에는 아주 적합하다고 한다(『위키백과』).

황토는 농사짓기에 적합하여 남도 사람들이 매우 중요하게 여기는 흙이다. 약효가 있어서 객토할 때 반드시 황토를 쓴다. 특히 밭곡식이 잘 자란다. 해남의 고구마, 무안의 양파가 유명한 것도 이 황토에서 자란 농산물이기 때문이다. 이덕무의 『청장관고』에 따르면 황토에서 자라 구황식救荒食으로 쓰였던 식물만도 150여 가지였다고 한다. 어린 시절 피가 나면 황토를 발라 지혈을 했던 것도, 근래 들어 적조 오염 퇴치에 활용하는 것도 모두 이 흙이 지닌 효능 때문이다. 이렇듯 황토는 농도인 전라도의 농경문화와 불가분의 관계가 있다. 따라서 모든 생명을 먹여 살리는 건강한 황토야말로 남도의 원초적 토속문화를 배태한 원천이 아닐 수 없다. 송수권이 남도 3대 정신의 맨 앞에 황토를 내세운 것도 이 때문이다.

송수권의 초기시는 주로 이 황토의 정신을 바탕으로 창작된다. 이 황토의 정신으로 길어 올린 시들은 근대화 이전의 민속, 설화, 토속적인 삶, 무속, 불교 등과 밀착되어 있다. 그는 어린 시절의 체험을 바탕으로 이미 사라졌거나, 사라져가는 것들의 원형을 전통서정의 언어로 재현해낸다. 그의 시가 구현해내는 황토의 정신은 남도의 토속정신 곧 원초적 생명력이다.

우리의 신神은 콩꽃 속에 숨어 있고
듬뿍 떠 놓은 오동나무 잎사귀

---

10) 송수권은 황토의 땅 고흥에서 나고 자랐다. 황토 위에서 뒹굴며 놀고, 황톳길을 걸어 학교에 다녔으며, 황토밭에서 농사도 거들었을 것이다. 그런 만큼 황토는 그의 의식 속에 지울 수 없는 고향의 색깔로 각인되었을 터이다. 김지하를 비롯한 전라도 출신 시인들의 시에 유독 황토가 많이 나오는 것도 이러한 연유에서이다.

들밥 속에 있고

냉수 사발 맑은 물 속에 숨어 있고

형벌처럼 타오르는 황토밭 길 잔등에 있다

바랭이풀 지심을 매는 어머니 호미 끝에

쩌렁쩌렁 울리는 땅

얼마나 감격스럽고 눈물 나는 것이냐

캄캄한 숲 너머

모닥불빛 젖어 내리는 서북항로

아그라, 아그라

내 사는 조그만 마을

왔다메!

문둥아 내 문둥아 니 참말로 왔구마

그 말 듣기 좋아

그 말 너무 서러워

아 가만히 불러 보는 어머니

솥단지 안에 내 밥그릇 국그릇

아직 식지 않고

처마끝 어둠 속에 등불을 고이시는 손

그 손끝에 나의 신(神)은 숨쉬고

허옇게 벗겨진 맨드라미

까치 대가리

장독대 위에 내리는 이슬

정화수 새로 짓고

나의 신(神)은 늙고 태어나고

새 새끼처럼 조잘댄다.

— 「아그라 마을에 가서」 부분

'아그라'는 타지마할이 있는 인도의 작고 가난한 시골 마을이다. 「시골길 혹은 술통」 등 황토의 정신과 관련된 시들이 많음에도 불구하고 필자가 굳이 외국의 마을을 배경으로 한 이 시를 인용한 것은 시인이 잃어버린 고향의 원형이 생생하게 드러나 있을 뿐만 아니라 황토의 정신 또한 잘 구현되어 있다는 판단 때문이다.

따라서 이 시에 나오는 '아그라' 마을은 '내 사는 조그만 마을'이라는 구절에서도 알 수 있듯이 화자의 고향마을과 겹친다. 이유는 '아그라' 마을의 낡고 퇴락한 모습과 마을 사람들의 살아가는 모습이 화자의 옛 고향마을의 그것과 흡사하기 때문이다. 이에 화자는 마치 잃어버린 고향에 온 듯 '아그라' 마을을 통해서 옛 고향마을을 재현해낸다.

그렇다면 화자가 살았던(지금은 그 원형이 상실된) 남도의 고향마을은 어떤 곳인가. 그곳은 1연에서 보듯, 애니미즘이나 범신론적으로 말하면 만물에 '신神'이 깃들어 있어서 원초적 생명력이 살아 숨 쉬는 공간이다. 즉 신이 콩밭의 '꽁꽃 속에 숨어 있고', 콩밭 메다가 먹는 '오동나무 잎사귀/들밥 속에 있고', 밥 먹은 다음 목을 축이는 '냉수 사발 맑은 물속에 숨어 있고', 땡볕에 '형벌처럼 타오르는 황토밭 길 잔등에' 있다. 또한 3연에서도 보듯, '솥단지 안에 내 밥그릇 국그릇/아직 식지 않고/처마끝 어둠 속에 등불을 고이시는' 어머니의 '손끝'에 있고, '허옇게 벗겨진 맨드라미', '까치 대가리', '장독대 위에 내리는 이슬', '정화수'

에도 있다. 이는 자연과 인간이 서로 분리되지 않고 소통하며 살아가는 곳, 가난하지만 함께 나누는 인간적인 사랑이 있는 곳, '왔다메!/문둥아 내 문둥아 니 참말로 왔구마'처럼 토속적인 사투리로 반겨주는 곳, '바랭이풀 지심을 매는 어머니 호미 끝에/쩌렁쩌렁 울리는 땅'처럼 힘들고 가난하지만 생명력이 넘쳐 '감격스럽고 눈물 나는' 그런 곳이다. 곧 근대화 이전 우리들이 살았던 행복한 고향이요 황토의 정신이 살아 꿈틀대던 유토피아로서의 남도 그 자체이다. 그러나 그러한 고향은 이미 사라지고 없거나 그 원형이 심하게 훼손되어버렸다. 따라서 이 시는 '아그라' 마을을 통해서 우리가 되찾아야 할 본향을 노래하고 있는 것이다.

2. 대나무 : 남도의 풍류 · 저항정신

'대나무'[11]는 동백나무와 함께 남도를 대표하는 식생의 하나이다. 이 나무는 우리나라 전역에 분포하지만, 허균이 『도문대작』에서 "죽순은 노령 이남"이라고 했듯이 죽림 조성으로 경제성이 있는 지역은 경상북도 포항과 대구, 경상남도 거창과 함양, 전라북도 전주와 김제를 연결하는 선의 이남지역이며, 이 중에서도 특히 경상남도와 전라남도가 적합한 지역으로 알려져 있다. 특히 남도에는 대밭 없는 마을이 없을 정도로 생활환경과 밀착된 나무로서 농가 소득원에도 일조하고 있다.[12] 흔히 대나무

---

11) 대나무는 연중 최저기온이 영하 10℃를 넘지 않는, 아열대 및 열대에서 온대지방까지 널리 퍼져 있는 벼과 대나무아과에 속한 식물이다. 이 나무는 우리나라 남부지방의 농가소득 증대의 일익을 담당할 뿐만 아니라 죽세가공품의 수출에 의한 외화획득, 해태생산용 발, 어구, 비닐하우스용 자재, 펄프 원료, 죽순의 식용 등 다각적인 효용성을 가지고 있어 매우 수익성이 높다(『위키백과』).

는 매화·난초·국화와 함께 사군자(四君子)로 일컬어져 왔다. 윤선도의 「오우가」에서 보듯이 사철 푸르고 곧게 자라는 성질로 인하여 지조와 절개의 상징으로 인식되었다. 그러나 고대사회부터 전쟁 무기였던 활·화살·창이나 퉁소·피리·대금 등의 악기를 만드는 재료로 이용되기도 했다.

송수권의 시에 구현된 대나무의 정신이라 함은 지조와 절개보다 남도민의 풍류의식이나 역사의식을 상징하는 정신을 말한다. 그가 직접 설명한 바에 따르면, "수 틀리면 죽창을 깎아 외적을 막아내고, 태평한 세월엔 대금, 중금, 소금 피리소리로 뜨는 가락의 정신"(난세엔 죽창, 호시절엔 피리)[13]이다. 이러한 대나무의 정신은 인심이 후하고 풍류를 좋아하되, 불의를 보면 못 참는 남도민의 기질과 그대로 연결된다. 판소리와 민요·무가·산다이로 대표되는 남도의 풍류 가락과 동학농민전쟁과 5·18광주민중항쟁으로 대표되는 남도의 저항운동이 그 좋은 본보기라고 할 수 있다.

70년대에 등단하면서 전통 서정으로 출발했던 송수권은 80년대 광주민중항쟁의 본거지인 광주에 살면서 시대의 소명인 역사의식과 현실참여의 문제를 비껴갈 수 없었다.[14] 당시 문학적 실천의 문제로 고민을 거듭하면서 펴낸 시집이 『아도』(창작과

---

12) 특히 담양지역의 죽세가공품은 유명하다.
13) 송수권, 「극기와 내면의 풍경」, 『송수권 시인 정년기념문집』, 나남, 2005, 586쪽.
14) "저도 한때 '실천이냐 언어냐'를 놓고 매우 고민을 했던 사람입니다. 나도 투쟁을 해서 이 시대의 영웅이 되어볼까 마음먹은 적도 있었습니다. 그래서 저도 창작과비평사에서 시집도 낸 게 있습니다. 자칫 잘못했으면 저도 역사의 저편으로 함몰될 뻔했는데, 역사에 함몰되지 않고 언어로서 구제를 받았다는 데 저는 커다란 자부심을 가지고 있습니다."(박해림, 앞의 글, 참조)

비평사, 1985)와 서사시집 『새야 새야 파랑새야』(나남, 1986)이다. 이러한 역사의식이 투영된 시집 발간은 단발성에 그치지 않고 계속되는데, 민족사의 비극인 여순민중항쟁과 지리산 빨치산 이야기를 담은 장편서사시집 『달궁 아리랑』(종려나무, 2010) 및 후속시집 『빨치산』(고요아침, 2012) 그리고 제주4·3항쟁을 다룬 서사시집 『흑룡만리』(지혜, 2015)이다. 모두가 대나무의 정신을 끌어들인 시집들이다. 시 속에 역사의식과 민중의식을 끌어들인 바로 이 점이 그가 다른 전통서정시인들과 구별되는 점이라고 할 수 있다.

한편, 그는 김소월이나 김영랑 등 선배 전통서정시인들이 우리의 전통정서인 '한恨'을 나약하고 여성적으로만 노래해온 것이 식상하고 못마땅해서 이를 뒤집어 역동적이고 남성적인 한으로 바꿔놓은 시인이다. 다시 말해 소극적이고 퇴영적인 한을 적극적이고 역동적인 한으로 극복해낸 의지의 표현이 그의 시라고 할 수 있다. 이로써 우리의 한은 눈물이나 찔끔거리는 데서 벗어나 쩌렁쩌렁 울리는 한으로 업그레이드된다. 한이 한없이 억눌리거나 삭임으로 끝나지 않고 분노와 저항으로 일어서는 민중적인 한이 된다. 이러한 민중적인 한의 표출이 '죽창'으로 표상되는 남도 대나무의 정신이다.

①
눈뭉치들이 힘겹게 우듬지를 흘러내리는
대숲 속을 가만히 들여다보면
삼베 옷 검은 두건을 들친 백제 젊은 修士들이 지나고
풋풋한 망아지 떼 울음들이 찍혀 있다

연사흘 밤낮 내리는 흰 눈발 속에서
대숲 속을 가만히 들여다보면
한밤중 암수 무당들이 댓가지를 흔드는 붉은 쾌자자락들이 보이고
활활 타오르는 모닥불을 넘는
미친 불개들의 울음소리가 들린다
　　　　　　　　　　　　　　—「눈 내리는 대숲 가에서」부분

②
봉당 밑에 깔리는 대숲 바람소리 속에는
대숲 바람소리만 고여 흐르는 게 아니라요
대패랭이 끝에 까부는 오백 년 한숨, 삿갓머리에 후득이는
밤 쏘낙 빗물소리……

머리에 흰 수건 쓰고 죽창을 깎던, 간 큰 아이들, 황토현을 넘어가던
징소리 꽹과리 소리들……

남도의 마을마다 질펀히 깔리는 대숲 바람소리 속에는
　흰 연기 자욱한 모닥불 끄으름내, 몽당빗자루도 개터럭도 보리숭
년도 땡볕도
　얼개빗도 쇠그릇도 문둥이 장타령도
　타는 내음……
　　　　　　　　　　　　　　—「대숲 바람소리」부분

①은 대숲에 남도의 역사의식을 투영한 시다. 시인은 눈 쌓인 대숲을 '가만히' 관조의 자세로 바라본다. 관조의 자세로 바라본다는 것은 상상의 힘으로 사물의 내면을 들여다본다는 것이

다. 이렇게 볼 때 보이지 않는 풍경이 보이고 들리지 않는 소리가 들린다. '눈뭉치들이 힘겹게 우듬지를 흘러내리는' 모습과 소리를 통해 '삼베 옷 검은 두건을 들친 백제 젊은 修士들이 지나'가는 모습을 보고, '풋풋한 망아지 떼 울음들'을 듣는다. 여기에서 우리는 패망한 백제의 역사와 당대 민중들의 숨결, 건강한 자연의 생명력을 읽는다. 또한 한밤중에 '암수 무당들이 댓가지를 흔드는 붉은 쾌자15)자락들'을 보고, '활활 타오르는 모닥불을 넘는/미친 불개16)들의 울음소리'를 듣는다. 이는 시인이 어린 시절 경험했던 남도의 샤머니즘적인 풍경이 오버랩된 것으로서 신산한 삶과 고난의 역사를 극복하려는 민중들의 몸부림으로 읽힌다. 이러한 표현들은 시공을 초월한 역사적 안목과 경험적 인식이 있기에 가능했을 터이다.

②또한 대숲에 이는 바람소리를 통해 남도의 역사의식과 민중의 생활상을 형상화한 시다. 시인의 귀는 소리만 듣는 게 아니라 풍경을 보고 냄새까지 맡는다. 청각의 시각화요, 청각의 후각화가 동시에 있다. 이른바 공감각이다. 먼저 시골집 '봉당 밑에 깔리는 대숲 바람소리 속에'서 '대패랭이 끝에 까부는 오백 년 한숨, 삿갓머리에 후득이는/밤 쏘낙 빗물소리……', '머리에 흰 수건 쓰고 죽창을 깎던, 간 큰 아이들, 황토현을 넘어가던/징소리 꽹과리 소리들……'을 듣는다. 이는 대숲 바람소리 속에 조선 500년 민중의 희로애락의 소리와 역사가 스며 있다는 뜻이다. 특히 2연에는 동학농민전쟁의 함성소리가 스며 있다. 여기에서 대나무는 흥을 돋우는 피리 등 악기가 아니라 농민들의 싸움의

---

15) 무당들이 굿을 할 때 입는 옷.
16) 우리나라의 붉은 토종개.

도구인 '죽창'이 되고, '징소리, 꽹과리 소리' 또한 그냥 농악놀이의 도구가 아니라 싸움을 북돋우는 무기가 된다. 이른바 대나무의 정신으로서 역사의식의 발현이다. 다음으로, '남도의 마을마다 질펀히 깔리는 대숲 바람소리 속에는' 온갖 생활의 냄새가 배어 있다. '모닥불 끄으름내, 몽당빗자루도 개터럭도 보리숭년도 땡볕도/얼개빗도 쇠그릇도 문둥이 장타령도/타는 내음……'이 그것이다. 남도 민중들의 생생한 삶의 실체와 토속적인 정감이 드러나 있다.

    이뿐만이 아니다. 인용에서 빠진 이 시의 하반부를 보면 대숲 바람소리 속에서 청청한 선비정신까지를 읽고 있음을 본다. "아 창호지 문발 틈으로 스미는 남도의 대숲 바람소리 속에는/눈 그쳐 뜨는 새벽별의 푸른 숨소리, 청청한 청청한/대닢파리의 맑은 숨소리"가 그것으로서 "우리들의 맑디맑은 사랑"을 생생한 감각으로 보여주고 있다.

3. 뻘 : 남도의 질펀한 개척정신

    '뻘'은 남도의 바다생명들을 먹여 살리는 개흙이다. '뻘'은 '펄'의 전라도 방언이다. 펄이 펼쳐진 바다 벌을 '갯벌'[17]이라고 한다. 갯벌은 리아스식 해안인 우리나라 서남해안에 두루 분포하지만, 특히 전라도의 그것은 유명하다. 순천만 갯벌, 보성 벌교 갯벌, 무안 갯벌 등을 람사르 협약의 습지로 등록하여 보호할 정도이다. 전라도 바닷가에 사는 사람들은 뻘과 불가분의 관계

---

17) 갯벌은 조류로 운반되는 점토 등의 미세입자가 강의 하구나 파도가 잔잔한 해안에 오랫동안 쌓여 생긴 평탄한 지형이다(『위키백과』).

를 맺으며 살아간다. 그래서 전라도 사람들을 낮춰 부를 때 '개땅쇠' 혹은 '뻘놈'이라고 한다. '개땅'이 뻘이고, '쇠'는 '놈'으로 대신할 수 있는 비칭 접미사이니, 이를 달리 부르면 '뻘놈'이라는 욕이 맞다. 그러나 뻘이 어떤 흙인가를 알고 나면 이 호칭은 결코 욕이 아니다. 갯벌은 해양생태 먹이사슬의 근원(출발점)이다. 게, 바지락, 망둥어, 갯지렁이, 짱뚱어, 낙지 등 무려 260여 종의 바다 생명들이 서식하고 있다. 따라서 뻘이 오염되면 바다의 생태계는 파괴된다. 게다가 바다 오염 정화기능, 태풍이나 홍수의 조절 기능까지 갖추고 있다. 그래서 갯벌을 '자연의 콩팥'이라고도 부른다.

송수권이 1995년 30년의 교직 생활을 명퇴하고 전라북도의 변산 바닷가로 가서 살았던 것은 바로 이 뻘의 정신 곧 남도인의 끈끈한 생명력과 개척정신을 천착하기 위해서였다. 변산과 가까운 거리에 한국의 3대 못자리로 불리는 김제의 '벽골제', 고부의 '눌제', 익산의 '황등제'가 있고[18], 새만금의 갯벌, 곰소만의 갯벌이 펼쳐져 있기 때문이다. 앞에서 언급한 '개땅쇠'라 함은 위의 3대 못자리를 개척한 자랑스러운 사람들을 일컫는다.[19] 변산에서 뻘의 정신으로 펴낸 시집이 『수저통에 비치는 저녁노을』(시와시학사, 1998)과 산문집 『남도의 맛과 멋』(창공사, 1996), 『쪽빛 세상』(토우, 1998)이다. 온갖 갯것들의 보고인 뻘을 통해 남도의 참다운 맛과 멋을 발견한 시기도 이때다.

---

[18] 이들 저수지는 모두 갯벌을 막아 농토로 만든 호남평야의 주요 수원이다. '개땅쇠'라는 명칭도 여기에서 비롯됐다.
[19] 송수권, 「극기와 내면의 풍경」, 『송수권 시인 정년기념문집』, 나남, 2005, 587쪽 참조.

이 질펀한 뻘내음 누가 아나요
아카시아 맑은 향이 아니라 밤꽃 흐드러진
페로몬 냄새 그보다는 뭉클한
이 질펀한 뻘내음 누가 아나요

아카시아 맑은 향이야
열 몇 살 가슴 두근거리던 때 이야기지만
들찔레 소복이 피어지던 그 언덕에서
나는 비로소 살냄새를 피우기 시작했어요

여자도 낙지발처럼 앵기는 여자가 좋고
그대가 어쩌고 쿡쿡 찌르는 여자가 좋고
하여튼 뻘물이 튀지 않는 꽹과리 장고 소리보단
땅을 메다 치는 징 소리가 좋아요

하늘로는 가지 마……
하늘로는 가지 마……
캄캄하게 저물면 뒤늦게 오는 땅 울음
그 징 소리가 좋아요

저물다가 저물다가 하늘로는 못 가고
저승까진 죽어 갔다가
밤길에 쏘내기 맞고 찾아드는 계집처럼
새벽을 알리며 뒤늦게 오는 소리가 좋아요

—「뻘물」 전문

위 시는 뻘의 원초적 생명력을 노래한 것이다. 리비도적 상상력을 통해 뻘의 정신을 구현하고 있다. 1·2연의 주도어는 '뻘내음'이다. 시인은 뻘밭에서 나는 냄새를 '밤꽃 흐드러진/페로몬[20] 냄새 그보다는 뭉클'하다고 말하고 있다. 흔히 남자의 정액 냄새를 밤꽃 냄새에 비유하지만, 뻘 냄새는 그보다 더 진한 페로몬 냄새를 풍긴다는 것이다. 페로몬은 동물들이 성적 자극을 위해 내보내는 물질인 바, 이 물질이 뻘밭에 진동한다는 것은 뻘밭이 조개류, 게류, 갯지렁이류 등 온갖 생명들이 교미하고, 새끼를 낳고, 먹여 기르는 질펀한 자궁 혹은 생명의 성소라는 뜻이다. 갯벌 속에 어패류들이 들끓는 이유가 여기에 있다. 이 뻘내음은 사춘기 첫사랑을 앓던 때의 '아카시아 맑은 향'도 아니고, 수수한 '들찔레 소복이 피어지던 그 언덕에서' 비로소 피우던 '살냄새'도 아니다. 그보다는 훨씬 질펀하고 뭉클하며 진한 냄새가 '뻘내음'이다. 그래서 여자라도 '낙지발처럼 앵기는 여자가 좋고/그대가 어쩌고 쿡쿡 찌르는 여자가 좋'다고 말한다. 여자로 말하면 뻘밭은 낙지처럼 착착 감길 뿐 아니라, 밟으면 푹푹 빠져드는 흙이기 때문이다.

   3·4·5연의 주도어는 '뻘물', 그것도 뻘물이 튀는 소리다. 뻘물이 튀는 소리의 속성을 '징소리'의 그것과 연결시키고 있다. 우리 전통악기 중에 징은 그 소리의 결이 매우 낮고 유장해서 여운이 긴 게 특징이다. 그것은 뻘물이 튈 때의 질펀하고 끈끈한

---

[20] 페로몬(pheromone)이란 동물, 특히 곤충의 몸 밖으로 분비되어 같은 종류의 개체에게 어떤 신호를 보내는 물질. 주로 냄새를 통해 전달되며 동물들의 특유한 반응을 일으키는 원인이 된다. 이성을 유인하려는 성페로몬, 위험을 알리는 경계 페로몬, 자기의 영역을 표시하거나 동물 집단을 유지하려는 집합 페로몬 등이 있다(『위키백과』).

느낌을 갖고 있다. 그래서 '땅을 메다 치는 소리'이고, '캄캄하게 저물면 뒤늦게 오는 땅 울음'과 같은 것이며, 하늘로 올라가는 소리가 아니라 땅으로 무겁고 낮게 깔리는 소리이다. '하늘로는 못 가고/저승까진 죽어 갔다가' 다시 되돌아와 '새벽을 알리며 뒤늦게 오는 소리'이다. 달리 말하면 범종소리와 유사하다. 이 징소리에 비해 '꽹과리'나 '장고'의 소리는 전혀 다르다. 교회의 종소리도 마찬가지다. 이것들의 소리는 토막을 치는 듯 짧고 가볍다. 그래서 공중으로 찌를 듯 경망스럽게 퍼져나간다. 기다란 여운이 있을 리 없다. 그러니까 이 징소리와 같은 뻘물 튀는 소리는 세상의 중생을 모두 감싸듯 온갖 바다 생명들을 품는 넉넉한 소리이다. 이것이 송수권이 말하는 뻘의 정신이요 사상이다. 이 정신은 그대로 남도인의 질편한 개척정신으로 연결된다고 하겠다.

Ⅲ. 결론

지금까지 살핀 바대로, 송수권은 남도의 3대 정신을 시의 중심축으로 삼고 전통 서정과 향토적 시세계를 펼쳐왔다. 그리고 그 밑바탕에는 언제나 생명존중사상이 깔려 있음을 알 수 있다. 이들 3대 정신은 '황토-남도의 원초적 생명정신', '대나무-남도의 풍류·저항정신', '뻘-남도의 질편한 개척정신'의 시적 형상화로 요약된다. 이들 3대 정신은 후기에 와서 정립됐지만, 사실은 초기부터 밑바탕에 깔려 있었음을 부인할 수 없다. 오히려 후기에 와서 이를 체계적으로 정리했다고 해야 더 정확할 것이다. 그리고 『통』이 이들 정신이 가장 잘 발현된 시집이라는 주장도 일리는 있지만, 그것은 시인이 의도하고 창작한 것일 뿐 초기부터 이들 정신에 따라 시를 써왔다고 보아야 타당하다. 한마디로 이 3대 정신은 초기부터 후기에 이르기까지 송수권의 시세계를 관통하는 중심 화두인 것이다.

사실 송수권이 평생의 시적 화두로 내걸었던 '전통'과 '지역(남도)'은 속도의 시대인 오늘날의 관점에서 보면 시대의 흐름에 뒤떨어진 퇴락한 가치인지도 모른다. 그러나 역으로 생각해보면 바로 그러한 시대이기 때문에 오래된 여유와 영속성을 지닌 전통의 덕목은 거칠고 각박한 현대인의 가슴을 치유해줄 수 있으며, 공동체 정신이 남아 있는 지역이야말로 파편화된 개인주의를 치유할 수 있는 구원의 방식이 될 수도 있는 것이다. 그런 의미에서 전통 정신은 그저 낡고 쓸모없는 정신이 아니라 온고지신의 정신이며, 지역 정신은 현대문명의 한복판인 비정한 도시 정신이 아니라 온정과 독특한 개별성이 살아 있는 향토 정신이라고 할 수 있다.

송수권의 시는 부활과 재생의 상상력으로 노래한 등단작 「산문에 기대어」에서부터 민중의 역동적 한을 형상화한 마지막 시집 『흑룡만리』에 이르기까지 과거가 과거로만 끝나는 낡고 무가치한 시간이 아니라 혼돈과 죽임의 문화가 판치는 현재의 시간을 성찰하고 구원할 수 있는 살림의 시간임을 보여주고 있다. 이러한 시적 가치를 남도의 3대 정신을 통해 보여준 것이다.

남도 정서와 정신의 지킴이
― 송수권론 · 2

1. 들어가며-시적 계보와 위상

    2016년 4월에 작고한 평전平田 송수권(1940)은 자신이 나고 자란 '남도'라는 지역에 시적 뿌리를 내리고 시력 41년 동안 한결같이 그 정서와 정신을 천착한 시인이다. 그리고 거기에서 더 나아가 우리 국토와 민족 전체로까지 시세계를 확대함으로써 물질문명의 위세와 온갖 실험적 경향들이 난무하는 작금의 문학풍토에 아랑곳하지 않고 꿋꿋이 우리의 문학적 전통을 현대적으로 계승·발전시킨 보기 드문 시인이다. 그런 의미에서 그는 김소월→김영랑→백석→서정주→박목월→박재삼으로 이어지는 우리현대시사의 백두대간이라고 할 수 있는 전통서정시인의 계보에 속한다. 백두대간에서도 맨 마지막 봉우리인 지리산에 해당한다고 할 수 있다.

    그러나 송수권은 선배 시인들이 이룩한 기왕의 시업을 이어받는데 그치지 않고 그 장점들을 취하는 대신 단점들을 극복함으로써 그만의 새로운 전통 서정의 시세계를 열어놓았다. 나약하고 여성적인 '한'을 역동적이고 남성적인 '한'으로 끌어올린 점, 투철한 역사의식에 입각하여 민족사의 비극을 서사시로 승화시킨 점이 그것이다. 이러한 그만의 시적 특장은 같은 계보의 선배 시인들의 시에서 좀처럼 찾아보기 힘들다. 굳이 시적 영향

관계(콘텍스트)를 따진다면 서정주 시인으로부터 원초적인 말가락과 생명력을, 백석 시인으로부터 토속적 정서와 음식 정서(음식 환상)를 받아들인 것으로 보인다. 그러므로 그의 시는 그간 선배 시인들이 놓친 부분까지를 보완하여 그 깊이와 넓이를 더한 우리 전통 서정시의 완성체라고 할 만하다. 그래서 조심스럽긴 하지만 필자는 그를 '전통서정시인'에 '민족'을 더하여 '민족전통서정시인'이라고 부르고 싶다. 진정한 민족시인이라면 그 실천성도 중요하지만, 민족의 정서와 정신을 시로써 온전히 꿰뚫어야 한다는 믿음 때문이다.

2. 인간적 풍모와 삼다三多 · 삼무三無

송수권 시인의 외모는 한마디로 투박하다고 할 수 있다. 그는 비록 키는 작달막하고 피부색은 까무잡잡하지만 레슬러 김일과 복서 유재두를 배출한 전라남도 고흥 출신답게 매우 강인한 근육질 인상을 지녔다. 소탈하기 그지없을뿐더러 원로시인으로서 권위 같은 것을 전혀 내세우지 않아서 살아생전 나이 어린 제자나 문하생들까지 친구처럼 대할 만큼 스스럼이 없었다. 도대체 멋을 부릴 줄 몰라서인지 어떨 때는 들판에서 일하다 나온 농부 같았다. 성격은 솔직담백하고 꾸밈이 없었다. 하지만 호불호가 분명하고 고집이 황소(전라도 말로 뿌락대기)처럼 셌다. 시를 평할 때도 마찬가지였다. 그는 좀처럼 제자나 문하생들의 시를 칭찬하지 않기로 유명했다. 좋지 않은 시를 격려 차원에서라도 좋다고 말하기를 꺼리는 엄격한 감식안의 소유자였다.

그는 일생토록 '삼다三多'를 즐기고, '삼무三無'를 지키며 살았다. '삼다'는 담배와 커피와 낚시이다(술은 일절 먹지 않았다). 특히 담배로 말한다면 나라 안에서 두 번째 가라면 서러울 정도로 골초였다. 니코틴 도수가 높은 걸로 하루에 5갑 이상을 피웠다. 그의 작업실인 '어초장魚樵莊'을 한 번이라도 다녀간 사람이라면 책상, 서재, 부엌, 화장실은 물론 집안 도처에 담배가 놓여 있는 것을 보았을 것이다. 손만 뻗으면 담배가 있어야 했기 때문이다. 심지어는 식사 도중에도 종종 담배를 물고 있을 때가 많았다. 커피잔이나 국그릇에 무심코 담뱃재를 떨 때가 비일비재했다. 그래서인지 담배 선물을 제일 반겼다. 하지만 그토록 애연가였던 그도 뇌경색으로 쓰러진 이후 담배를 끊었다. 즐겨 마시던 양촌리 커피도 끊었고, 최후로 조력 50년의 바다낚시마저 끊었다.

'삼무'는 그가 결코 하지 않았던 것들 세 가지이다. 컴퓨터를 하지 않았고, 차 운전을 하지 않았고, 신문을 보지 않았다. 컴퓨터와 자동차는 문명의 이기여서 당연히 멀리했고, 신문은 어지러운 세상사가 싫어서였을 것이다. 이렇듯 그는 끝까지 자신이 좋아하는 것은 즐기되, 싫어하는 것을 멀리하는 삶을 살다 갔다. 외모와는 달리 손발이 유독 작고 여린 섬세한 감성의 소유자이기도 했다. 감히 말하건대, 세상에 시인은 많지만 그만큼 생김새와 성격과 시가 똑 일치하는 경우는 드물 것이다.

그는 '휴지통에서 나온 시인'이라는 등단과 관련한 재미있는 일화를 갖고 있다. 동생이 죽고 삶에 대한 회의에 빠져 있을 무렵 서울의 어느 여관에서 양면지에 갈겨 쓴 시를 '문학사상 제1회 신인문학상'에 응모하였으나 원고지도 쓸 줄 모르는 응모작이라고 하여 편집부 기자들에 의해 휴지통에 버려진다. 그런데 당시 편집주간이던 이어령 씨가 우연히 이를 꺼내어 읽어본 다음 이미 통보한 작품의 당선을 철회하고 그의 응모작을 당선작으로 결정한다. 하지만 이번엔 연락처를 몰라 1년을 수소문하다가 천신만고 끝에 지방에 내려가 있는 그를 직접 찾아가 당선을 통보하니 이것이 그의 등단작이자 대표작인「산문에 기대어」이다. 그리하여『문학사상』이 배출한 첫 시인이 된 그는 이후 '문학사상의 황태자'로 불리며 승승장구하게 된다. 게다가 시단의 주목을 받으면서 이어령이라는 든든한 배경까지 얻게 되었으니 참으로 절체절명의 위기에서 극적으로 구원받은 시인인 셈이다. 그리고 이듬해 조선일보 신춘문에 당선작이「산문에 기대어」를 표절하여 당선 취소됨으로써 그의 이름이 더욱 알려지는 계기가 되었다.

그는 생활철학인 '느림의 미학'을 실천하며 살았다. 이는 곧 그의 시학인 '곡선의 상법'으로 연결된다. 곡선은 여유와 느림을 상징한다. 이 여유와 느림이야말로 브레이크 없이 무서운 속도로 직선의 길 위를 치닫는 현대인들의 삶을 구원할 수 있는 유일한 가치요 정신이다. 그러므로 곡선의 세계 속에는 모든 정신이 들어 있다. 여유의 정신, 양보의 정신, 배려의 정신, 겸손의 정신, 온유의 정신, 사랑의 정신…노장정신, 불교정신, 산수정신, 남도정신, 생명정신 등등이 그것이다. 이는 노자의『도덕경』6장에 나오는 곡신불사(谷神不死, 골짜기의 신은 죽지 않는다)와 8장에 나오는 상선약수(上善若水, 좋은 것은 물과 같다)와도 맥을 같이 한다. 그래서인지 그의 모든 시의 정서나 정신이나 가락이 이 곡선 안에 수렴되지 않은 것이 없다. 심지어는 그의 말투, 걸음걸이, 글씨체조차도 곡선이다. 이렇듯 그는 자연의 순리에 따른 삶의 방식을 지향하며 한평생을 살다 갔다.

　그러나 그는 매우 부지런한 시인이었다. 느리게 살 뿐 결코 게으르지 않았다. 지금껏 그가 펴낸 18권의 시집과 수십 권의 저서가 이를 증명한다. 그는 비록 늦깎이로 등단했지만 누구보다 열심히 시를 썼던 시인이며, 발품을 팔아 남도는 물론 한반도 곳곳을 누비고 다녔다. 게다가 그는 해박한 지식을 갖춘 지성인이었다. 그와 대화를 나누다 보면 동서양의 고전을 비롯한 해박한 인문학적 지식과 탁견에 누구나 탄복하게 된다. 이는 당연히 엄청난 독서량에 기인한 것이다. 그가 좋은 시인이 되려면 타고난 감성뿐만 아니라 지성을 겸비해야 한다고 강조했던 이유가 여기에 있다. 따라서 그는 미당 서정주 이후 가장 부지런하고 치열하게 시와 맞선 시인 중 한 사람으로 기록될 것이다.

3. 시세계의 지형도

　전술한 바대로, 송수권 시인은 1975년 『문학사상』 신인상을 통해 등단한 이래 지금껏 첫 시집 『산문에 기대어』를 비롯한 제2시집 『꿈꾸는 섬』, 제3시집 『아도』, 제4시집 동학혁명 서사시집 『새야새야 파랑새야』, 제5시집 『우리들의 땅』, 제6시집 『자다가도 그대 생각하면 웃는다』, 제7시집 『별밤지기』, 제8시집 『바람에 지는 아픈 꽃잎처럼』, 제9시집 『수저통에 비치는 저녁노을』, 제10시집 『파천무』, 제11시집 『언 땅에 조선 매화 한 그루 심고』, 제12시집 장편서사시집 『달궁 아리랑』, 제13시집 『남도의 밤 식탁』, 제14시집 『빨치산』, 제15시집 『퉁』, 제16시집 『사구시의 노래』, 제17시집 『허공에 거적을 펴다』, 제18시집

4・3항쟁 서사시집 『흑룡만리』 등 18권의 시집과 시선집 『우리나라 풀이름 외기』, 『지리산 뻐꾹새』, 『들꽃세상』, 『여승』, 『그대 그리운 날의 시』, 『한국대표시인 101시선집-송수권』, 『시골길 혹은 술통』 등 7권, 산문집 『다시 산문에 기대어』, 『사랑이 커다랗게 날개를 접고』, 『쪽빛 세상』, 『만다라의 바다』, 『아내의 맨발』, 『소리, 가락을 품다』 등 6권, 기행산문집 『남도기행』, 『남도의 맛과 멋』, 『태산 풍류와 섬진강』, 『시인 송수권의 풍류 맛 기행』 등 4권, 비평집 『사랑의 몸 시학』, 『상상력의 깊이와 시 읽기의 즐거움』 등 2권, 기타 4권 등 총 41권에 이르는 방대한 저서를 남겼다.

그는 스스로 시세계의 지형도를 유년의 공간을 제외하고 섬 시대 10년, 광주 시대 15년, 변산 시대 3년, 지리산 시대 15년으로 구분 짓고 있다. 이 공간들은 그가 직접 이주하며 살았던 생체험의 공간이자 그의 시적 공간이 남도라는 지역에 집중되어 있다는 증거이기도 하다. 그는 이 공간 안에서 자칭 국토 3대 정신인 '대의 정신', '황토의 정신', '뻘의 정신'을 집요하게 천착했던 시인이었다.

3-1. 섬 시대

이 시기는 결혼 초기 여수 초도 생활을 비롯한 신안 지도와 순천 금당도 중학교에서의 교편생활 그리고 중등학교 교사로 명예퇴직 후 제주도 생활, 순천대 교수로 정년퇴임 후 전업 작가로서 잠깐의 신지도 생활까지를 포함한다. 따라서 어느 특정 섬에 집중되어 있다기보다 여러 섬을 떠돌던 시기이다. 시적 코드도

딱히 '섬'에 꽂혀있다기보다는 일반적인 남도 정서를 반영한 것들이 대부분이다. 굳이 이야기한다면 '황토의 정신'으로 시를 쓴 시기라고 하겠다. 제1시집 『산문에 기대어』와 마지막에 펴낸 4·3항쟁 서사시집 『흑룡만리』가 이 공간과 관련된 시집으로 볼 수 있다. 뇌경색을 앓던 기간에 쓴 『흑룡만리』는 남북분단과 좌우이념투쟁에 희생된 제주도민의 넋을 위로하는 진혼가로서 『새야새야 파랑새야』, 『달궁 아리랑』, 『빨치산』에 이은 4번째 서사시집이다. 이 시집은 비록 공간적 구분에 따라 섬의 시대로 포함하고 있지만, 창작 시기가 비슷할 뿐만 아니라 이념투쟁과 관련한 성격을 지니고 있다는 점에서 뒤에서 언급할 지리산 시대의 『달궁 아리랑』, 『빨치산』과 맥락이 닿아 있다고 볼 수 있다.

3-2. 광주 시대

1980년 광주여고 교사로 부임하여 1995년 광주학생교육원 연구관으로 명예퇴직할 때까지(제1기-약 15년)와 순천대 교수로 정년퇴임 후 2013년 다시 광주로 입성하여 현재에 이르기까지(제2기-약 2년)를 말한다. 그러니까 '광주'는 그가 살았던 중심 공간이다(사실 그는 시를 쓰기 위해 작업실만 옮겨 다녔을 뿐 본가는 늘 광주였다). 제2시집 『꿈꾸는 섬』, 광주민중항쟁을 소재로 한 제3시집 『아도』, 동학혁명을 주제로 한 제4시집 『새야새야 파랑새야』, 제5시집 『우리들의 땅』, 제6시집 『자다가도 그대 생각하면 웃는다』, 제7시집 『별밤지기』, 제8시집 『바람에 지는 아픈 꽃잎처럼』가 이곳에서 창작됐다. 주로 '황토의 정신'과 '대

竹의 정신'에 집중한 시기라고 할 수 있다.

송수권은 광주 시대를 가장 고통스러웠던 시기로 기억하고 있다. 그도 그럴 것이 처음으로 광주에 입성하자마자 5·18광주민주화항쟁이 터졌으며, 그의 삶과 시는 이로부터 결코 자유로울 수 없었다. 실제로 그는 5·18을 주제로 한 저항시「젊은 광장에서」를 전남일보 복간 지면에 발표한 것과 홍남순, 김지하 출감을 기념하는 문학행사를 개최한 죄목으로 근 2년간 수사관을 달고 살았으며, 졸지에 서광여중으로 좌천당하기도 했다. 이 시기에 그는 실천의 문제로 많은 시적 고민을 하였던 것으로 보인다. 이는 앞의 해당 시집의 제목만 보아도 충분히 짐작할 만하다. 한때는 저항시를 써서 난세의 영웅(?)이 되어볼까도 생각했다. 그러나 결국 문학의 본령을 잃지 않았던 것을 다행으로 여긴다고 술회한바 있다.

1988년 무렵에는 지역문화운동에 앞장서기도 했다. 그는 "문화의 중앙 집권화를 부수자!"라는 슬로건을 내걸고 강원도의 이성선, 충청도의 나태주, 부산의 이윤택과 연대하여『지역과 문학』이라는 무크지를 발간하기도 했다.

3-3. 변산 시대

광주학생교육원 연구관으로 명예퇴직 후 전업 작가로 살아가던 1997년 전북 부안 격포(외변산) 채석강가에 '어초장'을 마련한 뒤 2001년 다시 이 작업실을 섬진강 화개나루 건너 염창마을로 옮길 때까지(필자는 이 시기를 약 6년으로 보고 싶다)를 말한다. 그는 이때를 가장 행복했던 시기로 기억한다. 만사를 작파

하고 변산의 노을과 바다, 갯벌과 낚시에 탐닉했던 한량의 시기라고 할 수 있다. 제9시집 『수저통에 비치는 저녁노을』과 제10시집 『파천무』가 이를 토대로 창작됐다. 특히 『수저통에 비치는 저녁노을』은 이른바 '뻘의 정신'을 천착한 대표시집이라고 할 수 있다. 빼어난 변산의 풍광에 압도되어 다소 탐미적인 연애시풍과 생태시풍, 음식문화에 맛을 들인 시기이기도 하다. 이때 전국의 수많은 시인들이 어초장을 드나들었다.

3-4. 지리산 시대

1976년 구례중학교 교사로 발령받으면서부터 1978년 다시 금당도에 있는 금당중학교로 가기까지(제1기-약 2년)와 2002년 순천대 문창과 교수로 발령받으면서부터 정년퇴임 이후 줄곧 섬진강 염창마을 어초장에서 지내던 2012년까지(제2기-약 13년)를 말한다. '대竹의 정신'이 시 속에서 제대로 발현된 시기이다.

지리산과 섬진강을 끼고 살았던 이 시기는 그의 인생에 있어서 황금기로 통한다. 그도 그럴 것이 그는 1976년 이곳 지리산 노고단에서 한국 최초의 산상시화전을 열었고, 회갑을 맞이했으며, 순천대 교수로 4년간 재직한 행운과 함께 정년퇴임한 이후로도 7년간 연구실을 지키며 후학을 지도했다. 또한 그의 초기시 중 대표작인 「지리산 뻐꾹새」등이 이곳을 배경으로 창작됐고, 제11시집 『언 땅에 매화 한 그루 심고』와 장편서사시집 『달궁 아리랑』과 후속시집 『빨치산』 등을 이 시기에 출간했다. 그리고 제자와 문하생들이 정년퇴임 기념으로 그때까지 그의 시를 다룬 평문들을 집대성한 『송수권 시 깊이 읽기』(나남)가 출간 ·

봉헌됐다. 그의 호인 '평전平田'도 5월이면 철쭉꽃으로 물결치는 지리산 '세석평전細石平田'에서 따왔음을 알 수 있다. 그는 지리산을 '제2의 고향'으로 여기며 살았다.

    이 시기에 주목해야 할 시집은 단연 민족사의 한 비극을 다룬 장편서사시집 『달궁 아리랑』과 후속시집 『빨치산』이다. 이들 시집은 모두가 쉬쉬하던 여순반란사건과 지리산 빨치산의 이야기를 썼다는 점에서 시로 쓴 조정래의 『태백산맥』에 값한다고 할 수 있다. 따라서 이는 우리문학사상 좌우 이데올로기를 극복한 최초의 서사시집으로 기록될 만하다. 그가 이 시집들을 쓰게 된 배경은 젊은 시절부터 수없이 대면하게 되었던 지리산과의 인연에 기인한다. 그는 끊임없이 지리산의 속내를 들추고 싶은 열망으로 들끓었는데, 말년에 이르러서야 그간 수집한 자료들과 무수한 발품을 팔아 드디어 대작을 완성하게 된 것이다. 이 작품을 쓰기 위해 그는 작품의 중심 무대인 달궁 마을만도 20번 이상 드나들었다고 한다.

4. 나오며-한국 전통 서정시의 미래

    그렇다면 송수권 시인마저 세상을 뜬 지금 우리 전통 서정시의 미래는 어찌될 것인가. 비록 작고했지만 김소월, 백석, 서정주 시인 등의 시는 아직도 여전히 후대 시인들에게 지대한 영향을 미치고 있다. 그럼에도 불구하고 전통 서정시에 대한 전망은 어두워 보인다. 작금의 시단은 형태 파괴적이고 가락을 무시하는 실험시들이 판을 치고 있으며, 평론가들도 이러한 경향의 시들이 대세인 양 부추기고 있다. 그나마 몇몇 시인들이 전통 서정의 계보를 이으려고 나름대로 애쓰고 있지만 제대로 하고 있는지는 의문이다. 무엇보다도 우리 고유의 정서와 정신에 대한 체험의 깊이와 넓이가 부족하다는 점에서, 첨단 문명에 길들여진 젊은 시인들이 모두들 전통 서정시를 흘러간 옛 노래쯤으로나 여기고 있다는 점에서 안타깝게도 그 대가 끊길 위기에 처해 있다.

그러나 문학사를 살펴볼 때 전통서정시야말로 우리 현대시의 면면한 백두대간임을 결코 부인할 수 없다. 이를 부인한다는 것은 한국시의 정통성을 부인한다는 말이나 다름없다. 그렇다면 어떻게 하든지 그 맥을 이어가야 할 사명감이 필요하다. 전통의 계승과 창조라 함은 옛것을 그대로 답습한다는 의미는 아니다. 가치가 있는 우리 것을 이어받되 남의 것도 받아들여 그 시대에 맞는 새로운 것을 만들어 나간다는 뜻이다. 그러자면 소중한 우리 것을 공부하고 보전하는 작업부터가 우선 필요할 것이다. 그러한 각성과 노력을 배제한다면 머잖아 우리 전통 서정시는 사라질 것이고, 서구시를 모방한 어정쩡한 시만 어지럽게 굴러다닐 것이다.

송수권 시인이 고향인 고흥군 두원면 선산에 묻힌 지 벌써 8년째이다. 향년 76세는 짧다면 짧고 길다면 긴 나이다. 수십 년 동안 피웠던 담배가 그의 목숨을 빨아들였으니 세상에 공짜는 없다는 말이 실감 난다. 듣자 하니, 8회째 맞고 있는 '송수권시문학상' 상금이 원래대로 복원됐다고 한다. 천만다행이다. 그러나 고흥군이 짓기로 한 송수권시문학관 건립 소식은 아직도 요원하여 안타깝다. 문하생의 한 사람으로서 고인에 대한 송구한 마음을 금할 길이 없다.

초기시에 나타난 '바다' 이미지
— 최하림론

1. 들어가며

최하림(본명 최호남, 1939~2010)은 1964년 시「빈약한 올페의 회상」이 조선일보 신춘문예에 당선된 이후, 1974년 첫 시집『우리들을 위하여』로부터 2005년『때로는 네가 보이지 않는다』에 이르기까지 7권의 시집을 상자했다. 살아생전 '우리 시단의 보기 드문 균형주의자'로 평가받은 그는 김지하와 더불어 목포 출신으로서는 한국문학사에 기록될 만큼 빼어난 시업을 남겼다. 2010년 지병인 간암으로 일찍 타계했다.

그는 작품성에 비해 제대로 된 평가를 받지 못한 대표적인 시인 중의 한 사람으로 꼽힌다. 이는 그의 시가 참여와 순수 그 어느 쪽에도 치우치지 않는 균형주의를 추구했던 데서 기인한다. 균형주의는 중간주의라고도 할 수 있는데, 흑백논리에서 중간의 색깔은 흑색도 백색도 아닌 어중간한 회색이어서 잘 드러나지 않기 때문이다. 그래서인지 지금껏 그의 시에 대한 연구는 동시대 시인들과 비교했을 때 손으로 꼽을 만큼 드문 게 사실이다.

전남 신안군 안좌도(현 팔금도)에서 태어난 그는 1950년 무렵 섬을 떠나 1965년 상경할 때까지 약 15년 동안 목포에서 성장했다. 고등학교에 다닐 때부터 시를 습작하고 연극과 그림에 관심을 보이는 등 목포 예술계 주변을 얼쩡거렸다. 그러니까 그에게 있어서 신안은 유년 시절을 보냈던 원체험의 현장이며, 목포는 감수성이 가장 예민한 시기인 소년~청년 시절 최하림에게 문학적 자양분을 제공해준 실질적인 고향인 셈이다. 목포에 살던 무렵 최하림은 매우 가난했다. 팔금도 깨복쟁이 친구인 김제희 씨(81세)[1]에 따르면, 일찍 아버지를 여읜(10살) 그는 수업료를 내지 못해 등교하지 못하고 날마다 책가방을 맨 채 목포의 해안통을 배회하거나 헌책방에 들러 문학 서적을 읽는 일로 소일했다고 한다. 그런 가난의 허기가 그를 문학의 길로 이끌었던 것으로 보인다.

그리고 최하림은 소설가 천승세와 더불어 '목포 해양문학 1세대'로 불린다. 문청 시절인 1960년대 초반 김지하·김현과 함께 목포문학의 방향을 해양문학으로 할 것을 주장할 만큼 해양문학에 관심이 많았다. 이러한 해양문학에 대한 그의 관심은 첫 시집 『우리들을 위하여』에 오롯이 반영되어 있다. 「빈약한 올페의 회상」, 「컬럼버스여 아메리고여」, 「바다의 이마쥬」 등 초기 시의 주요 무대는 1960년대 목포 해안통과 대반동 바닷가이다. 바다에 관련된 모든 시가 이곳을 배경으로 창작되었다.

또한 그는 당시 프랑스의 상징주의 시인 발레리의 시집 『해변의 묘지』에 경도되어 있었다. 그래서인지 첫 시집에는 목포 앞바다와 닮은 지중해의 몽환적 이미지가 넘실거린다. 따라서 '바다'와 '항구'를 중심으로 한 목포 해안통의 이미지가 담긴 첫

---

[1] 팔금면 원산리에 거주하고 있는 그는 최하림 시인의 어린 시절을 기억하는 유일한 증인이다. 신안군 의회 의원을 지낸 바 있는 그는 현재 최하림 시인의 기념사업을 추진하기 위해 동분서주하고 있다.

시집을 살펴보는 일은 어둡고 불안했던 그의 젊은 시절의 내면 풍경과 현실 인식을 들여다보는 동시에 1960년대 초반 목포 바다와 항구의 풍경까지 들여다보는 의미 있는 일이 될 것이다. 또한 이는 최하림의 초기시가 품고 있는 해양문학적 성격을 밝히는 일환이 될 것이다.

2. '바다' 이미지 분석

시에 있어서 이미지는 상징과 더불어 대단히 중요한 요소이다. 옥타비오 파스에 따르면, 이미지는 진정성을 갖는다. 이미지는 시인이 본 것과 들은 것이고, 세계에 대한 시인의 비전과 경험에 대한 진솔한 표현이다. 이미지는 심리학적 차원의 진리를 다루는 것이며, 논리적인 문제와는 아무런 관계가 없다. 이미지들은 그 자체로 유효한 객관적 실재를 구성한다. 즉, 시적 이미지들은 스스로 논리를 가지며, 이미지들은 작품 그 자체로 통한다.[2]

문학에 있어서 바다는 재생과 죽음, 불안과 혼돈, 희망과 절망, 침묵과 변화 등 양가적 의미가 공존하는 원형상징적 이미지를 지니고 있다. 또한 바슐라르는 "바다는 세계이며, 세계는 나의 의지이며, 두발이며, 바다를 움직이는 것은 나와의 싸움"[3]이라고 했다.

최하림의 첫 시집에 나타난 바다는 처음에는 불안과 절망, 그리고 죽음의 이미지가 넘실거린다. 이는 가난과 미래에 대한

---

2) 옥타비오 파스, 김홍근·김은중 역, 『활과 리라』, 솔, 1998, 141~142쪽.
3) 가스통 바슐라르, 이가림 역, 『물과 꿈』, 문예출판사, 1988, 238~239쪽.

전망의 부재에 따른 시인 자신의 내면적 풍경으로 이해되기도 하지만, 창작 당시인 1960년대의 암울하고 절망적인 시대 상황이 반영된 것으로도 보인다.

①
아아 여백이다 적막이다 흘러가거라 흘러가거라.
풍선을 띄우며 아이들은 뜻 없이 함성치고 바다를 부르지만
세계의 가슴에는 불합리의 그림자
水門의 둔한 물포래 우에 검은 장막이 날리고
상처 입은 가슴들의 침묵 속에서
허리죽여 흐느낀다.

(중략)

희망과 절망의 기슭, 저편 언덕에
원색의 짙은 여백이 있을까
無望의 果實들이 바람도 없이 허공에 지고 있을까
흘러가거라, 흘러가거라, 초췌한 빛깔이다 分身이다
―「바다의 이마쥬」부분

②
아아 무슨 根據로 물결을 출렁이며 아주 끝나거나 싸늘한 바다로
나아가고자 했을까 나아가고자 했을까

(중략)

機械가 의식의 잠속을 우는 허다한 허다한 港口여
內部에 쌓인 슬픔을 수없이 작별하며 흘러가는 나여
이 雲霧속, 찢겨진 屍身들이 걸린 침묵 아래서 나뭇잎처럼
토해 놓은 우리들은 오랜 붕괴의 부두를 내려가고
저 시간들, 배신들, 나무와 같이 심은 별

(중략)

막막한 江岸을 흘러와 쌓인 死兒의 場所. 몇 겹의 죽음.
장마철마다 떠내려 온, 노래를 잃어버린 神들의 港口를 지나서.
— 「貧弱한 올페의 回想」[4] 부분

'바다의 이마쥬(이미지)'를 직접적인 제목으로 달고 있는 ①에서 바다는 '풍선을 띄우며 아이들은 뜻 없이 함성치'는 자유와 열망의 이미지를 지니고 있긴 하지만, 거기엔 세계의 '불합리의 그림자'와 '검은 장막'이 드리워져 있고, '상처 입은 가슴들의 침묵 속에서/허리죽여 흐느'낀다. 게다가 '원색'을 잃어버렸으며, '無望의 果實들이 바람도 없이 허공에 지'는 그런 '희망과 절망'이 공존하는 공간이다. 또한 '검은', '초췌한' 같은 암울한 시각적

---

[4] 올페(오르페우스 Orpheus) : 고대 그리스 신화에 나오는 인물. 리라는 현악기를 잘 켜는 음악의 신으로 불린다. 오르페우스는 아르고호 원정에서 리라 연주로 마녀의 노래를 물리쳐 배의 안전을 도왔다. 돌아와서 에우리디케와 결혼하지만 그녀는 독사에 물려 죽고, 슬퍼하던 오르페우스는 그녀를 살리려고 지하세계로 갔다. 지하세계의 왕 하데스는 오르페우스가 에우리디케를 데리고 생명과 빛의 세상으로 돌아가도록 허락했다. 하데스는 뒤를 돌아보아서는 안 된다는 조건을 제시했는데, 태양빛을 본 오르페우스는 기쁨에 겨워 뒤를 돌아보았고 그 순간 그녀는 사라졌다. 디오니소스는 마이나스들을 시켜 오르페우스를 찢어죽이게 했는데, 그의 머리는 떠내려가면서 리라를 타며 노래를 했다고 한다(『한국브리테니커사전』 참조).

이미지가 지배하고 있다. 그러나 시적 자아는 흐름을 멈춰버린 바다가 침묵을 깨고 '흘러가'기를 열망한다. 등단작인 ②에서도 바다는 '아주 끝나거나 싸늘한' 절망과 죽음의 이미지로 묘사되어 있다. 그렇지만 시적 자아는 뚜렷한 '根據'도 없이 '물결을 출렁이며' 무모한 바다로 나아가고자 했음을 고백한다. 그 결과 '港口'는 '機械가 의식의 잠속을' 울고, 침묵의 '시간들, 배신들'이 깔려 있으며, '死兒의 場所. 몇 겹의 죽음'과 '노래를 잃어버린 神들'의 공간으로 인식된다. 전술한 바대로, 최하림의 바다가 이렇듯 어둡고 절망적이며 죽음의 이미지를 띠는 것은 시인의 개인적인 내면의식의 반영일 수도 있지만, 1950년대 6·25의 참화와 1960년대 4·19혁명의 실패 그리고 산업화에 따른 부정적 현실 인식이 상징적으로 깔려 있다고 해야 할 것이다.

그러나 ③④에 이르면 이러한 부정적인 바다 이미지는 희망과 변화(변혁)라는 긍정적인 이미지로 바뀐다. 다시 말해 침묵과 정체의 공간인 바다는 엄청난 운동성을 확보한다.

③
不死의 影像을 만들어 바다에 띄워라
우리들이 말한 우리들의 희망의 바다
아무런 희망이 없어도 우리들을 헤매게 하는 바다 바다여
아무런 희망이 없어도 우리들을 바다에 띄워라
―「컬럼버스여 아메리고여」 부분.

④
여린 귀의 바다를 울려댔으나

깊은 바다의 부르짖음을 울리지 못했다
부르짖음이 홀로 진동하여
어느 날 무섭게 땅을 가르고
사나운 파도로 달려가
어떠한 법도 없이 달려가
다름없는 골목과 하늘에 이르러,
솟아오르리, 우리들은, 파도여, 너무나 가파로운 파도여.
그날이 한 세상과 다른 세상의 지옥이라 해도
비록 새날과 같은 시푸런 빛줄기라 해도.[5]

― 「해일」 부분.

③④의 어조는 매우 격정적이다. '~라'는 명령형 혹은 청유형 어투가 그렇고, '~여' 같은 감탄형 혹은 호격형 어투가 또한 그렇다. 이는 ①②와는 정반대여서 죽어 있는 바다가 마치 살아 움직이는 것처럼 활기차다. 우선 아메리카 신대륙을 발견한 콜럼버스에 빗대어 '우리들'에게 엄청난 의욕과 용기를 북돋우고 있는 ③에서 바다는 곧 '희망'과 개척(개혁)의 이미지를 띠고 있다. 시적 화자는 죽음과 절망 대신에 '不死의 影像'을 바다에 띄우라고 한다. 심지어 '아무런 희망이 없어도 우리들을 헤매게 하는 바다'임에도 불구하고 '우리들을 바다에 띄워라'라고 부추긴다. 말하자면 '나'가 아닌 집단적이고 공동체의 의미를 지닌 '우리'만이 이 험난한 바다를 건너 꿈꾸는 목적지에 도착할 수 있는 주체적인 힘임을 강조하고 있다.

---

[5] 4편의 시는 첫 시집 『우리들을 위하여』(창작과비평사, 1976)에서 부분 인용한 것임을 밝힌다.

④에 이르면 이러한 운동성은 '해일'처럼 파고가 높아진다. 그냥 죽은 듯 잔잔한 바닷물결이 아니라 '파도' 그것도 '가파로운 파도(해일)'는 변화와 개혁이라는 혁명적 의미를 지니고 있다. 동시에 "정신구조를 휩쓸어가는 정서적 세력의 상징"[6]으로도 통한다. 물론 시적 화자는 그동안 '우리'의 '울림'이나 '부르짖음'이 약해서 '깊은 바다'를 '울리지 못했음'을 놓치지 않고 있다. 하지만 그것이 진동하여 '어느 날 무섭게 땅을 가르고/사나운 파도로 달려가/어떠한 법도 없이 달려가/다름없는 골목과 하늘에 이르러,/솟아오'를 것임을 믿고 있다. 그리하여 그 결과가 비록 '지옥'이라 해도 '새날'을 맞이하려 한다.

이렇듯 ③④의 바다이미지가 ①②와 다른 것은 최하림 시인이 1965년 목포를 떠나 서울로 이주한 이후 시의식의 변화로 볼 수 있지만, 변혁의 의지가 보다 충만했던 1970년대의 민주화운동의 영향이 크다고 할 수 있다. 이는 애초 모더니스트였던 그의 시적 출발이 1970년대 이후 리얼리스트로 변화한 것과 궤를 같이 한다. 그만큼 그의 첫 시집 『우리들을 위하여』는 '바다'이미지를 통한 상반된 시세계가 공존하고 있는 것이다.

---

6) 에릭 애크로이드, 김병준 역, 『꿈 상징 사전』, 한국심리치료연구소, 1997, 96쪽.

성속을 넘나드는 사랑의 만다라
― 한승원론

1. 들어가며

주지하다시피 해산 한승원(1939~)은 고향인 장흥을 비롯한 남해안 지역을 중심으로 한 토속적인 세계와 역사의식을 통해 민족적인 비극과 한을 묘파한 한국의 대표적인 소설가로 알려져 있다. 그러나 그가 지금껏 시집 6권을 출간할 정도로 왕성한 시작 활동을 펼친 시인이기도 하다는 사실을 아는 이는 드물다. 이는 그의 시가 소설에 비해 작품성이 떨어져서가 아니라 소설가로서의 이미지가 워낙 강하게 자리 잡은 탓이다. 소설이 본업인 작가가 여기餘技로 쓴 시일 것이라는 잘못된 선입감도 작용하고 있다고 볼 수 있다. 하지만 그는 결코 여기로 시를 쓰지 않는다고 스스로 밝히고 있을 뿐만 아니라, "시는 삶의 앙금이고 사리"[1]라는 확고한 시적 인식을 갖춘 시인이다.[2]

금번에 필자가 한승원의 시집 6권을 통독[3]하고 확인한 사실은 그가 매우 일관되고 심원한 시세계를 구축하고 있는 보기 드문 시인이라는 점이다. 에로스의 상상력을 통해 성속을 넘나들

---

* 이 원고는 2016년 10월 8일 '한승원 작가 문학 50년 그의 세계를 재조명하다'라는 주제로 장흥에서 열린 제6회 한국문학특구포럼 발제문임을 밝힌다.
1) 한승원, 제3시집 『노을 아래서 파도를 줍다』, 문학과지성사, 1999. 후기 참조.
2) 그는 젊은 시절부터 시에 대한 강한 집념이 있었던 것으로 보인다.
3) 사실 필자도 그의 시집 6권을 통독한 것은 이번이 처음이다.

며 집요하게 천착한 사랑과 우주 만물과의 교감을 통해 만다라4)의 세계를 꿈꾸는 그의 시 세계는 우리 현대시사에서 만해 한용운의 불교적 세계와 미당 서정주의 샤머니즘적 세계를 떠올리게 하면서도 그것들을 하나로 통합한 듯한 인상을 풍긴다. 이러한 시적 면모는 그가 지금껏 추구해온 소설 세계를 훌쩍 뛰어넘는 높고도 깊은 경지에 해당한다고 말할 수 있다. 그가 소설에만 만족하지 않고 시를 쓰는 이유가 여기에 있다고 할 것이다.

지금까지 시집 해설을 제외한다면 한승원의 시세계를 조명한 글은 매우 드물다. 더욱이 시 세계 전반을 총체적으로 다룬 글은 전무하다고 해도 과언이 아니다. 따라서 이 글은 그의 시 세계를 통시적으로 일별하는 첫 시도가 될 것이다. 이를 계기로 그의 시 세계에 대한 본격적인 논의가 앞으로 심도 있게 진행되기를 바란다. 그러면 그의 시 세계를 편의상 관심사의 변화를 기준으로 전기와 후기로 구분한 뒤 그 전개 양상을 따라가 보기로 한다.

---

4) 우주 법계(法界)의 온갖 덕을 망라한 진수(眞髓)를 그림으로 나타낸 불화(佛畵)의 하나. 범어로 Mandala라고 한다. Manda는 '진수' 또는 '본질'이라는 뜻이며 접속어미 la는 '변한다'는 뜻이다. 따라서 만다라의 본래 의미는 본질이 여러 가지 조건에 의해서 변하게 된다는 것이며, 이와 같은 의미를 지니는 불화를 뜻한다. 또한 만다라는 다양하게 전개된 각종 신앙형태를 통일하는 원리에 입각하여 상징적으로 표현한 불화를 뜻하기도 한다. 만다라의 성립은 밀교(密敎)의 발전과 함께 이루어졌다. 사회 구제를 표방하며 이전의 불교가 용인하지 않았던 재래신앙의 요소를 불교적으로 수용하여 새로운 사상체계를 갖추고 탄생한 밀교는 보다 많은 보살(菩薩)을 출현시키고 인도 재래의 신들까지 수용하여 그들의 상(像)을 만들거나 그림으로 그려서 신앙 대상으로 삼았다. 이와 같은 신앙현상을 단순히 다신교적인 현상으로만 받아들이지 않고, 어떤 원리로 통일되면서도 다양하게 전개되는 것임을 상징적으로 나타낸 불화로서 만다라가 성립된 것이다. 따라서 만다라는 관념적인 밀교 미술품인 동시에 밀교의 이론을 체계화하여 설명한 것이기도 하다(『한국민족문화대백과사전』 참조).

2. 한승원 시의 통시적 고찰

전술한 바대로, 한승원의 시는 전기시와 후기시로 양분할 수 있다. 주로 서울 생활 때 창작된 것으로서 에로스의 상상력을 통해 사랑에 대한 집요한 천착을 보여주는 제1시집 『열애일기』와 제2시집 『사랑은 늘 혼자 깨어 있게 하고』를 전기시로 본다면, 50대 중반에 귀향하여 장흥군 안양면 율산마을에 해산토굴을 마련한 이후 우주 만물과 자유로운 교감의 세계를 노래한 제3시집 『노을 아래서 파도를 줍다』, 제4시집 『달 긷는 집』, 제5시집 『사랑하는 나그네 당신』, 제6시집 『이별 연습하는 시간』, 그리고 앞으로 쓰게 될 시들을 모두 후기시에 포함할 수 있겠다. 그러나 이러한 구분은 어디까지나 전기시-사랑, 후기시-자연이라는 시적 관심사의 변화에 기준을 둔 것일 뿐, 결국 '성속을 넘나드는 사랑의 만다라'라는 하나의 주제로 수렴될 수 있다고 본다.

2-1. 전기시 : 성속을 넘나드는 뜨거운 사랑

전기시를 관통하는 화두는 '사랑'이다. 그의 제1시집 『열애일기』(1991)는 「열애일기」 연작시가 29편, 「연가」 연작시가 21편이나 될 정도로 사랑에 대한 집요한 천착을 보여주고 있다. 또한 제2시집 『사랑은 늘 혼자 깨어 있게 하고』(1995)도 「촛불 연가」 연작시가 무려 53편에 이를 정도로 '촛불'이라는 이미지를 매개로 사랑에 대한 탐색을 지속하고 있음을 본다.

그렇다면 한승원이 이토록 집요하게 노래하고 있는 사랑의 의미는 무엇이며, 어떠한 성격을 지니는 것일까. 제1시집에서 그가 열애의 대상으로 삼은 존재는 '당신'이다. 시적 화자인 '나'는 '당신'과 뜨겁게 하나 되기를 간절히 바라고 있다. 그렇게 사랑해야 하는 이유나 목적은 "사랑한다는 것은/허무의 바다 건너가기입니다/한쪽은 나룻배가 되고/다른 한쪽은 사공이 되어."(「사랑한다는 것은-열애일기 27」)에서 확인되듯이 인생 허무를 슬기롭게 극복하기 위해서이다. 또한 "당신의 바다 한복판에 핀/연꽃궁전에 제 다이아몬드의 뿌리를 묻기 위해 허우허우 헤엄쳐 가서 그 교접을 이루어내지 못하는 그것은 죽음과 같은 슬픔입니다."(「죽음과 같은 슬픔-열애일기 21」)라고 고백하고 있는바, 사랑하는 일은 곧 살아 있음을 확인하는 일이다. 그러므로 사랑(교접)하지 못한다면 목숨만 붙어 있을 뿐 죽어 있는 것과 마찬가지라는 숙명적인 인식이 깔려 있다.

그런데 여기서 우리가 주목해야 할 것은 당신과의 사랑을 표현하는 방식으로써 에로스적인 상상력이 동원되고 있다는 점이다. 그것은 곧 남녀 간의 육체적 결합(性愛)의 형식을 띠고 있다. '당신의 바다 한복판에 핀/연꽃궁전에 제 다이아몬드의 뿌리를 묻'는다는 표현이 그것이다. 문제는 '바다'와 '연꽃'이라는 시어이다. 한승원의 시에 있어서 '바다(물)'와 '꽃'은 '불', '숲' 등과 함께 중요한 상징적 의미를 지닌 시어이다. 이는 "바다와 꽃. 바다는 한승원 문학의 주요 무대이며, 꽃은 모든 샤먼들의 중심 표상"[5]이라거나, "한승원에게 있어서 돌아갈 집은 신화적 세계의 처음이며 중심…대어머니의 자궁"[6]에서도 알 수 있듯이 단순한 여성의 육체와 성기의 의미를 넘어선다. 따라서 바다는 우주 만

---

[5] 김주연, 제1시집 해설 「삶과 에로스 또 죽음」, 126쪽.
[6] 김영옥, 제2시집 해설 「울렁거림의 시학, 출렁거림의 신화」, 121쪽.

물의 근원에 해당하는 육체이며, 연꽃은 그 세계를 관장하는 여신의 자궁에 해당한다고 할 만하다. 현세의 유한한 존재인 '나'는 삶의 허무를 극복하기 위해 끊임없이 그리고 뜨겁게 '바다'에 들기를 갈망하고, 그 바다의 중심에 핀 '연꽃'과 사랑(交接)을 나누려고 한다. 그래야만 여신이 나를 영원의 세계 혹은 구원의 세계로 이끌어주기 때문이다. 한승원이 "나 죽으면 그 바다의 파도가 되겠다"(「나 죽으면-열애일기 3」)고 한 것도 바다가 내가 태어난 근원이며 죽으면 돌아가야 할 고향이라는 인식 때문이다. 그러므로 한승원 시에 있어서 사랑은 육체적 사랑과 정신적 사랑이 하나로 합해져야 온전한 사랑이라는 신념에 기초하고 있다. 다시 확대해서 말하면 한승원의 사랑은 성속을 넘나드는 데 있으니 곧 현실을 끌어안고 초월을 꿈꾼다고 할 수 있다. 속인인 내가 인생세간을 배제한 초월적 사랑을 꿈꾼다는 것이야말로 허황하다는 판단 때문이다. 이는 연꽃이 진흙탕 속에서 피는 것과 같다. 이른바 만다라의 세계이다. 그러므로 한승원의 시가 꿈꾸는 사랑의 궁극은 만다라의 실현에 있다고 할 것이다. 다음 시는 그것을 잘 보여준다.

> 대나무 그림자 마당을 쓸 듯/달빛이 호수를 관통하는 저는/그렇게 당신을 자취 없이 사랑할 수만은 없습니다//어둠 헤치고 산에 올라가/새벽빛을 실어오듯 낭신의 사랑을 실어오고/골싸기의 바람이 산정의 나뭇잎에 와서 진저리치듯 당신의/젖무덤에 얼굴을 처박고 전율하고 싶습니다//지구를 도는 달이 결국엔 태양을 돌 듯 저는/제 일상을 맴돌면서 결국/당신의 주변을 맴돌 수밖엔 없습니다
> ―「다시 사랑 만다라-연가 18」

내가 '당신'을 사랑하는 방식은 '자취'를 전제로 하는 데 있다. '자취'라 함은 곧 '일상' 또는 내가 살아가고 있는 현실의 그림자이다. 따라서 나와 당신의 만남과 사랑은 속세 초월이 아니라 속세를 껴안고 초월에 이르고자 한다. 따라서 '제 일상을 맴돌면서 결국/당신의 주변을 맴돌 수밖엔 없'는 것이 한승원의 시적 자아이며, 그의 시가 꿈꾸는 사랑의 만다라라고 할 수 있다. 앞에서 말한바, 만다라의 연꽃은 진흙탕 속에서 피기 때문이다.

여기서 흥미로운 점은 한승원의 시 세계가 여러 가지 측면에서 한용운의 시 세계와 매우 유사하다는 점이다. 우선 고백 투로 말하는 어법이 그렇고, 각각 '님'과 '당신'[7]을 내세워 외형상 사랑시(연애시)의 형식을 취한 점과 그들에 대해 절대복종과 충성[8]을 맹세하는 구도자적 자세가 그렇고, 윤회사상에 입각한 불교적 세계관이 또한 그렇다. 따라서 한승원의 시는 한용운의 시와 밀접한 영향 관계에 놓여 있다고 볼 수 있다.

그러나 두 사람의 시 세계가 다른 점은 만해가 불교적 깨달음을 향한 구도의 자세로 일관하고 있다면, 해산은 깨달음을 추구하되 인간의 현실을 바탕으로 하고 있다는 점이다. 다시 말해 만해가 '님'(부처)[9]에 대한 무조건적인 복종을 통해서 열반의 세계를 노래했다면, 해산은 '당신'(여신)에게 절대복종은 하되 육체적인 에로스의 상상력을 통해서 만다라의 세계를 추구한다는 점에서 차이가 있다. 해산의 시가 그만큼 질탕한 언어적 표현을

---

[7] 물론 '당신'이란 호칭은 제2시집에서 '그대'로 바뀐다.
[8] "꿀 질펀한 꽃 속에 주둥이 처박은 꿀벌처럼/무릎 꿇고 엎드려 복종과 충성을 맹세할 것이다"(「도선사 가는 길 4-사랑하는 나의 여신」).
[9] 만해는 그의 시 「군말」에서 "기룬 것은 다 님이다"고 했다. 이는 자기가 존경하고, 흠모하는 우주 만물에 부처의 신성이 깃들어 있다는 뜻이다. 그러나 그의 시에서 직접적으로 지칭하는 '님'의 실체는 다분히 부처의 성격이 강하다.

동반하고 있는 것도 이 때문이다.[10]

그렇다고 해서 해산이 추구하는 사랑의 세계가 육체적이며 현세적인 쪽으로만 기울어져 있다는 이야기는 결코 아니다. 오히려 "하고 많은 밤들의 달콤한 환혹의 잔가지들이 결국엔/시뻘겋게 달은 부젓가락이 되어/우리의 가슴을 불지짐하게 된다는 것을 아느냐"(「촛불연가 46-도미회를 먹으며」)며 과도한 육체적 사랑을 경계하고 있기도 하다. 제1시집 해설을 쓴 김주연은 한승원의 사랑의 세계가 "초월성이나 형이상학을 거부한다…순간순간 초월을 꿈꾸지만 지속성이 없다"[11]며 다분히 육체적이고 현세적인 성격이 강하다고 지적하고 있지만, 필자가 시집 6권을 통독한 바로는 현세적 측면보다 초월적 측면이 훨씬 강하다는 느낌을 지울 수 없다. 다만 표현에 있어서 외형상 에로스의 옷을 입고 있을 뿐 그것은 남녀 간의 사랑이 아니라 우주 만물의 혼령이라고 할 수 있는 여신에 대한 열렬한 구도자적 사랑에 가깝기 때문이다.

이렇게 볼 때 한승원의 전기시가 불교적 색채를 강하게 띠고 있다고 해서 그가 신봉하는 종교가 불교라고 보기 어렵다. 설사 불교라고 하더라도 정통 불교라기보다 오히려 현세에 성불할 수 있다고 믿는 힌두교적인 요소와 샤머니즘 등 재래신앙을 모두 아우르는 밀교密敎의 성격이 강하다고 할 수 있다. 여기에 우주 만물에 신성이 깃들어 있다는 범신론적 세계관과 기독교, 노장철학까지 곁들여 있다고 본다. "출근길에, 아침이슬에 젖은 들풀

---

[10] 만해가 스님의 신분인 데 비해, 해산은 속인이다. 이 점을 고려할 때 해산의 시가 '당신'을 사랑하는 방식은 어쩌면 마땅하다는 것이 필자의 생각이다.
[11] 김주연, 제1시집 해설, 120쪽 참조.

에서 하나님을 만나고/부처님을 만난다"(「출근길에-연가 6」) 같은 구절이 이를 증명한다.

2-2. 후기시 : 우주 만물과의 자유로운 소통과 교감

서울을 비롯한 객지 생활을 하는 동안에 쓴 전기시를 통해 '당신' 혹은 '그대'를 향한 열렬한 '사랑'을 노래했던 한승원의 시는 50대 중반에 병을 얻어 귀향하여 장흥군 안양면 율산마을에 해산토굴을 마련한 이후부터 그 중심 화두가 '자연'으로 바뀐다. 이러한 시적 관심사의 변화는 생활환경의 변화와 나이에 따른 자연스러운 현상으로 받아들여진다.

후기시로 구분한 제3시집 『노을 아래서 파도를 줍다』(1999), 제4시집 『달 긷는 집』(2008), 제5시집 『사랑하는 나그네 당신』(2013), 제6시집 『이별 연습하는 시간』(2016) 등 4권의 시집의 생산 공간은 해산토굴[12]이다. 따라서 이들 모두를 한마디로 귀거래[13] 이후 시편 혹은 '해산토굴 시편'이라고 불러도 무방하겠다. 후기시들은 전기시와는 달리 사랑에 대한 천착이나 불교적 색채가 줄어든 대신에[14] 해산토굴과 그 주변의 자연, 옛 기억의 서사, 말년을 갈무리하려는 고백들로 채워져 있다. 그 중에서도 범신론적 세계관과 도교적 상상력에 입각한 자연과의 교감과 소통의 시편은 접신接神의 경지를 보여주는 절편이라고 할

---

12) 이러한 점에서 필자는 그의 호 海山이 解産처럼 읽힌다.
13) 한승원은 귀거래 이후 도연명처럼 은둔생활의 자세를 취하고 있긴 하지만, 오히려 젊은 시절보다 왕성한 창작열을 불태움으로써 후배 문인들의 기를 새파랗게 질리게 하고 있다.
14) 그렇다고 '사랑'에 대한 천착을 노래한 시가 없다는 이야기는 아니다.

만하다. 어법의 변화와 함께 무엇보다도 자유롭고도 유유자적하는 관조의 자세가 엿보인다.

후기시에 와서도 바다를 비롯한 꽃, 달, 숲, 바람 등 원형상징의 이미지는 여전히 한승원 시를 이끌어가는 근간이 되고 있다. 서정시의 동일화 원리에 충실한 그의 시 창작 방법은 모든 자연물을 의인화함으로써 자유로운 교감과 소통이 가능함을 유감없이 보여준다. 이는 우주 만물과의 하나 되기라는 차원에서 전기시가 추구한 사랑의 세계 혹은 만다라의 세계와도 일맥상통한다고 볼 수 있다. 시집을 순차적으로 일별해보기로 하자.

제3시집은 한승원 스스로 60을 넘기고 인생의 덤으로 해산토굴에 와서 쓴 첫 시집이라고 자서에서 밝히고 있다. 세상과 일정한 거리를 유지한 채 해산토굴에 살면서 주변의 자연과 사람들의 삶에 대한 이야기를 주술적 언어로 풀어내고 있는 게 특징이다.

> 사냥터에서 시달리다가 들어온 밤이면/고향으로 달려가/억불산을 당겨 베개하고 누워/탐진강 물너울을 덮고 자다가/봄 뒤치어 방림소에 남근 처넣고 사정하는/그대와 나"
>
> ―「고향 친구에게」 부분

인용 시는 고향의 자연과 하나가 되기를 꿈꾸는 소망이 잘 드러나 있다. '사냥터에서 시달리다가 들어온 밤이면/고향으로 달려가'라는 구절로 보아 아마 한승원이 해산토굴로 귀향하기 직전에 창작한 것으로 보인다. 그런데 이 시에서 우리가 주목할 것은 자유자재롭고도 그랜드한 무애無碍의 상상력이다. 고향에 있는 '억불산'이 '베개'가 되고, '탐진강 물너울'이 그 자체로 이불이 되어 인간과 하나가 된다. 이른바 자연합일이다. 거기에 고향 친구인 '그대'와 '나'는 '방림소에 남근 처넣고 사정'함으로써 또 하나가 된다. 이렇듯 한승원의 시에서 우주 만물은 시적 자아인 '나'와 구분되지 않은 채 완전히 일체감을 이룬다. 이것이 그가 꿈꾸는 시의 유토피아다.

　제4시집 역시 해산토굴에 자신을 '위리안치'시키고 자연과 더불어 살아가는 삶의 정취와 여유를 노래하고 있다. 아울러 『달 긷는 집』이라는 제목처럼 지금은 잃어버렸지만, 인간과 자연이 구분이 없던 시원의 삶에 대한 동경을 신화적 상상력을 통해 재구성해낸다.

　'꽃'은 제4시집에서 가장 두드러진 중심 이미지이자 한승원이 사랑하지 않을 수 없는 표상이다. 여기에서 꽃은 단순한 아름다움의 대상이 아니라 시인의 경험적 기억들을 현재화하는 객관적 상관물이 되고 있다. 따라서 "꽃의 영혼은 시인이 알고 있던 모든 기억과 그대로 통한다".[15] 꽃을 의인화함으로써 재구성해낸 기억의 서사는 과거에 자신이 고향마을에서 만났던 사람들과 경험들을 토대로 근대화(산업화) 이전 한국 전통의 세계 특히 남도의 토속적·주술적 세계를 노래했다는 점에서 서정주 시집 『질마재 신화』와 맥락이 닿아 있다고 볼 수 있다. 또 얼마 전 작고한 송수권 시인이 노래한 남도의 토착정서의 세계와도 겹친다고 할 수 있다. 다음 시는 그가 꿈꾸는 세계가 어떤 것인가를 극명하게 보여준다.

---

15) 김춘식, 제4시집 해설, 「거울을 보는 꽃」, 136쪽.

별똥 떨어진 숲까지 다리 놓는 무지개로/쨍쨍 갠 날의 음음한 콧소리 합창으로/원시의 늪지대 달려가는 암컷 사슴의 숨결로/우주를 화려하게 색칠하는 것이 꿈인 나는/피어나는 것이 아니고 혈서처럼 세상 굽이굽이에다/시 같은 웃음을 까르르까르르 알처럼 낳는 것입니다.

―「꽃」 부분

　　'꽃' 다음으로 많은 것은 '차'의 시편들이다. 「토굴다담」이라는 연작시가 20편에 달할 정도로 차를 즐기며 사는 삶의 의미와 여유를 비중 있게 다루고 있다. '바다'는 제4시집에서도 여전히 중요한 이미지다. 한승원에게 있어서 바다는 "백년지기 내 동무"(「백년지기 내 동무」)이다. 직접적으로 말하면 그가 사는 해산토굴 건너에 펼쳐진 "여닫이바다"[16]이다. 그 진흙 연꽃 바다인 여닫이바다가 해산토굴 곁에 있는 한 그는 죽을 때까지 여신을 부르며 사랑할 수밖에 없다. 왜냐하면 그 바다는 그가 꿈꾸는 화엄의 바다이자 만다라의 바다이기 때문이다. 이어서 제4시집에는 「사랑하는 나의 허방」이라는 제목을 단 연작시가 13편이 있다. 여기서 '허방'은 한승원이 살고 있는 해산토굴을 가리키는 것으로서 그가 말년에 깃들어 살고있는 거처를 얼마나 소중히 여기고 사랑하는지를 알 수 있다.

　　제5시집 역시 '꽃'의 이미지로 충만하다는 점에서 제4시집과 연장선상에 있다고 할 수 있다. 꽃을 통해 우주 만물과의 조화와

---

[16] 한승원은 '여닫이바다'를 '꼬마 나폴리'라고 부른다고 한다. 그가 죽어서 묻히고 싶은 곳이기도 하다.

상생을 꿈꾼다는 점에서 생태적 세계관과도 그 맥락이 닿아 있다. 다만 "이 세상 다녀가는 것 바람 아닌 것이 있으랴."(「서시」부분)에서 보듯 인생이 '바람'처럼 잠시 왔다 가는 유한한 존재임을 노래하거나, "존재하는 모든 것들은 하늘을 향해 치솟는다"[17])며 꽃도 나무도 사람도 모두 하늘자궁인 하늘을 향하고 있음을, 하늘과 연애하고 있음을 인식하면서 조만간 자신도 하늘로 돌아갈 것임을 암시하고 있다. 다시 말해 그의 시는 제5시집부터 유서를 쓰듯 인생의 정리 단계에 접어들었음을 알 수 있다. 그는 자신을 '사랑하는 나그네 당신'으로 객관화하여 부르고 있다.

그렇다고 해서 그의 시가 허무주의에 빠지거나 긴장이 느슨해진 것은 결코 아니다. 오히려 뒤로 갈수록 상상력이 자유분방하고 시적 완성도가 높다.[18]) 그가 스스로 "갇혀 있으면 시가 아니다"(「시는 갇혀 있으면 시가 아니다」 부분)라고 밝히고 있듯이 그의 상상력은 한 마리 나비가 되어 사통팔달 자유롭게 날아다닌다. 그의 시적 상상력이 말년에 이르러 무애의 엔진을 장착한 것이다.

제6시집은 『이별 연습하는 시간』이라는 제목처럼 세상과 이별을 앞둔 시점에서 어떻게 생을 잘 갈무리할 것인가에 대한 마음가짐과 각오를 담고 있다. 그러나 그의 이별 연습은 세상과의 하직 연습이 아니라 마음 비우기 연습에 가깝다. 그리고 그 분위기는 어둡고 우울한 것이 아니라 매우 밝고 담담하다. 그는 "부

---

17) 한승원, 제5시집 후기 「광기, 혹은 도깨비의 신명」, 142쪽.
18) 필자는 시집을 통독하며 한승원은 분명히 무당기질이 있거나 도깨비의 신명을 타고 난 사람이라는 생각을 지울 수 없었다.

정맥 약, 천식 약, 거담 감기약, 항 알레르기 약,/전립선 비대증 약의 처방전을 끊고, 약국에서/약 나오기를 기다리면서 중얼거렸습니다,/나에게는 아직 시간이 있다,"(「나에게는 아직 시간이 있다」 부분)고 말하고 있다. 아직 시간이 있다는 것은 아직 살아 있다는 것이다. 한승원에게 있어서 살아 있다는 것은 '쓴다'와 '용맹정진'이라는 의미를 지닌다. 따라서 그의 이별 연습은 '마음을 비우면서 남은 시간을 계속 열심히 쓴다'에 바쳐진다고 할 수 있다. 위 시의 마지막이 마침표(.)가 아니라 쉼표(,)로 끝난 것도 여기에 있다.

①
 나 그동안/찬란하게 쏟아지는 햇발과 구름과 비와 안개와 이슬 속에서/치열하게 광합성을 할 만큼 하고/높새바람, 마파람, 하늬바람과 즐길 만큼 즐겼으므로/이제 황홀하게 치장하고/미련 없이/정처 없이/멀리 멀리 떠나가려 합니다,/어디로 향하느냐고 묻지 마십시오,
― 「낙엽」 전문

②
 대나무를 만나면 대나무 속으로 스며들어 우수수 속살거리고/난초꽃을 만나면 난초꽃 속으로 들어가 향기가 되고/매화꽃 만나면 꿀벌 되어 향기와 꿀을 빨고/제비꽃을 만나면 제비꽃 안으로 들어가 절의 쇠북소리를 듣고,/구름을 만나면 구름 되어 떠돌고,/모래밭에서는 모래알과 짭짤한 세상살이 이야기하고,/몽당 빗자루 앞에서는 씨름 한 번 하자고 나서는 산도깨비가 되는/나 이런 시인이고 싶습니다,
― 「나 이런 시인이고 싶습니다」 부분

①은 그간 살아온 날들을 돌아보면서 다가올 이별에 대한 담담한 자세를 밝히고 있다. 그것은 '치열하게 광합성을 하고', '즐길 만큼 즐겼'으니, 이제 낙엽처럼 '미련 없이/정처 없이' 멀리 멀리 떠나겠다는 진술에서 분명하게 드러난다. 여기에는 낙엽이 한 번 떨어지면 그것으로 끝나는 것이 아니라 다시 봄이 오면 새로운 잎으로 돌아난다는 자연의 순환 원리와 불교의 윤회사상이 반영되어 있다. ②에서 그는 인생의 정리 단계에서 죽음에 대한 두려움이나 절망이 아니라 오히려 그가 쓰고 싶은 시에 대한 시인으로서의 소망을 밝히고 있다. 그렇다면 그가 평생 소망했던 시는 어떤 것인가. 그것은 자연과 인간과 '산도깨비' 즉 우주 만물이 함께 어우러져 상생과 조화를 이루는 시라고 할 수 있다. 그는 이러한 시인이기를 꿈꾸며 이별을 앞둔 시점까지 열심히 쓰고 있다. 여전히 펄펄 살아 있는 것이다.

3. 시사적 위상과 의미

　지금껏 일별한 바대로, 한승원의 시 세계는 전기-에로스의 상상력을 통한 사랑의 노래, 후기-자연과의 자유로운 교감과 소통의 추구로 요약되며, 이를 하나로 통합하면 성속을 넘나드는 사랑의 만다라라고 할 수 있다. 그렇다면 이러한 범상치 않은 세계를 펼쳐 보인 그의 시는 우리 현대시사에서 어떠한 위상과 의미를 지닐까. 앞에서도 부분적으로 언급한 점들을 필자 나름의 견해에 비추어 몇 가지로 조심스럽게 간추리면 다음과 같다.[19]

---

[19] 사실 평가와 관련한 이러한 논의는 매우 위험천만한 것이다. 객관적인 조명과 논의가 충분히 이루어지지 않은 상태에서 자칫 여러 가지 오류를 범할 수 있기 때문

첫째, 불교적 색채가 강한 그의 시는 우리 현대시사에서 만해 한용운의 시와 그 맥이 닿아 있다고 할 수 있다. 특히 성속을 넘나들며 펼쳐 보인 만다라의 세계는 한용운의 그것이나 선시와도 구별되는 매우 희귀한 경우에 해당한다고 볼 수 있다.

둘째, 남도문학사의 관점에서 볼 때, 근대화 이전 한국 전통의 세계 특히 남도의 토속적·주술적 세계를 기억을 토대로 재구성한 그의 시는 미당 서정주 시집 『질마재 신화』와 연장선상에 있다고 볼 수 있다. 또 얼마 전 작고한 평전 송수권이 구축한 남도의 토착정서의 세계와도 겹친다고 할 수 있다.

셋째, 우주 만물과의 자유로운 교감과 소통을 통해 상생과 조화의 세계를 노래한 그의 시편들은 자연의 순환 원리에 충실한 생태시로 볼 수 있다.

넷째, 부박한 시들이 판치는 작금의 한국 시단을 고려할 때 그의 시들은 세상을 구원의 길로 인도하는 시란 어떠해야 하는가를 반성적 차원으로 보여준다고 할 수 있다.

결국 그의 시는 소설가가 여기로 쓴 것이 아니라, 한국 현대시의 넓이와 깊이를 더하는데 충분한 가치를 지녔다고 감히 평가할 수 있다.

끝으로, 이제 팔순을 바라보는 해산 한승원의 시가 더욱 완숙한 경지에 이르기를 소망한다. 그것이 가장 아름답고 숭고한 이별의 방식이라고 믿는다.

이다. 그렇다고 그의 시 세계 전반을 다루는 이 자리에서 시도 자체를 피해가는 것도 그다지 바람직하지 않다고 생각한다. 따라서 필자는 최대한 조심스러운 입장을 견지하며 나름대로 의미를 부여해보고자 한다.

제2부

한국 현대시에 나타난 '섬'의 공간적 인식과 의미

"사랑하는 사람과의 거리 말인가/대부도와 제부도 사이/
그 거리만큼이면 되지 않겠나"
― 이재무,「제부도」중에서

1. '섬'의 공간적 인식과 상징성

국토해양부에 따르면, 우리나라의 섬은 2008년 기준 유인도 479개, 무인도 2,767개로 모두 3,237개라고 한다. 가히 섬이 많은 나라라고 할 만하다. 이들 대다수는 리아스식 해안인 서남해안에 자리하고 있다. 특히 무인도의 수가 유인도의 4배 이상이 된다는 점이다. 최근 들어 유인도는 물론 무인도까지 정부에서 본격적으로 섬 관리 대상에 포함했다. 한 국가의 영토 영역으로서 주변 해양 영역을 차지하는 것은 섬에 의해 결정되기 때문이다. 무엇보다도 섬을 둘러싼 그 주변 해양 자원의 중요성을 국가마다 인식하면서, 도서 영유권을 둘러싼 분쟁이 끊이지 않고 있다. 일본의 일방적인 독도 영유권 주장, 센카쿠열도를 둘러싼 중·일 간의 분쟁, 쿠릴 열도를 둘러싼 러·일 간의 영토 분쟁 등이 대표적이다. 이는 섬에 대한 인식과 그 중요성이 높아지고 있음을 방증한다. 이처럼 국가마다 섬이라는 공간을 새롭게 인식하고 그것을 국익으로 연결하는 작업을 하고 있다.

공간적 인식 차원에서 섬은 두 가지 상징성을 지닌다. 하나는 완벽성이고 다른 하나는 고립성이다. 또한 풍요로움과 척박함, 부드러움과 거침이 공존한다. 이는 섬이 바다라는 공간으로 둘러싸여 있기 때문이다. 또한 섬은 각기 처한 현실이 너무 힘들고, 벌어진 사건이 매우 복잡해도 그 모두를 포용하는 공간이기도 하다. 따라서 어느 섬이든 섬 자체로 완결되지 않는다. 섬은 우리 인간이 만든 갖가지 상징을 통해 그것이 지닌 물질적 경계를 넘어서고 물질로 전달할 수 없는 것까지 전달한다. 섬은 외로움과 그리움, 치유와 구원, 소외된 삶과 역사적 현장으로서의 상징적 의미를 넘어서 인간 내면의 바다에 떠 있는 관념적 실체로서의 상징적 의미에 이르기까지 다양한 의미를 지닌다. 이것이 섬에 대한 문학적 인식이다. 그러면 우리 현대시가 지닌 섬에 대한 공간적 인식은 어떠하며, 무슨 의미를 부여하고 있는지를 8개의 유형으로 나누어 살펴보기로 한다.

2. 공간적 인식과 의미

2-1. 외로움과 그리움의 대상

섬은 뭍으로부터 떨어져 있는 공간이다. 혹은 바다 가운데 떠 있는 뭍이다. 따라서 고립과 단절의 상징으로 통한다. 그것은 육지와 멀리 떨어져 있어 얼른 접근하기가 어렵다는 데서 비롯한다. 그 사이를 연결해주는 소통의 수단이 배이다. 근래에 들어와선 연륙교 건설이나 정보통신의 발달이 그 거리를 상당 부분 메워주고 있다. 그렇다고 해도 섬은 여전히 섬이다. 연륙교 건설의 경우 장점도 있지만 그로 인해 섬이 섬다움을 상실해가고 있다는 문제점도 제기된다. 이렇듯 섬은 뭍으로부터 홀로 떨어져 있다는 점에서 정서적으로 외로움을 불러일으키며, 그것을 바라보는 자의 입장에선 그리움의 대상이 되기도 한다.

> 나는 오랜 전부터 등대가 서 있는 무인도에도 주소가 있을까 하는 생각을 해왔다
> 주소를 알게 되면 시집 한 권 보내고 싶어서 그랬다
> 그러던 어느 날 선미도 등대에서 장씨라는 분이 이런 글을 보내왔다
> (중략)
> 〈지도엔 없을 겁니다
> 이 섬은 경기도 옹진군 덕적면 북리에 있는 섬인데 무인도와 같아서 이 주소로는 편지가 오질 않습니다. 편지를 하시려면 인천직할시 항만 청으로 하십시오〉
> (중략)
> 집배원이 오질 않고
> 갈매기만 날아듭니다
> ― 이생진, 「선미도-등대원의 편지」 부분

선미도라는 섬에서 등대원으로 근무하는 '장씨'가 시적 화자에게 보낸 답신의 형식을 띠고 있는 이 시는 직접적으로 '외롭다'는 표현은 나오지 않지만, 편지 내용에서 지독한 외로움이 묻어난다. 이는 선미도라는 섬이 '경기도 옹진군 덕적면 북리' 부근에 있지만, 등대지기 '장씨' 외에는 거주하는 사람도 없고, 주소가 등록되어 있지 않아 '집배원도 오지 않는' 무인도나 다름없기 때문이다. 말하자면 외부와 소통할 수 있는 통로가 없이 철저하게 막혀버린 고립된 공간임을 의미한다. 사실 '장씨'마저도 거주

자가 아니라 등대지기로서의 직무를 수행하기 위해 어쩔 수 없이 살고있는 사람이다. 그러므로 이 섬에 닿을 수 있는 수단은 '장씨'가 가끔씩 뭍에 있는 집에 가기 위해 타고 가는 사선과 휴대폰이 전부일 것이다.

    여기에서 관심의 초점은 막힌 공간으로서 섬이 주는 고립감도 있지만, 로빈슨크루소우처럼 그곳에 홀로 남아 있는 '장씨'가 느끼는 외로움이다. 주지하다시피 인간은 혼자서는 살 수 없는 존재이므로 그가 대화할 수 있는 상대는 섬과 바다라는 무언의 자연뿐이다. 따라서 그의 존재는 선미도의 일부이기도 하지만 선미도 그 자체라고 해도 무방하다. '집배원이 오질 않고/갈매기만 날아듭니다'라는 표현이 그가 느끼는 외로움을 절실하게 대변하고 있다. 이렇듯 우리나라 바다에 떠 있는 2,767개의 무인도는 선미도처럼 고립과 단절에 따른 외로움의 표상으로 자리하고 있다.

        사랑하는 사람과의 거리 말인가
        대부도와 제부도 사이
        그 거리만큼이면 되지 않겠나

        손 뻗으면 닿을 듯, 그러나
        닿지는 않고, 눈에 삼삼한,

        사랑하는 사람과의 깊이 말인가
        제부도와 대부도 사이
        가득 채운 바다의 깊이만큼이면 되지 않겠나

> 그리움 만조로 가득 출렁거리는,
> 간조 뒤에 오는 상봉의 길 개화처럼 열리는,
>
> 사랑하는 사람과의 만남 말인가 이별 말인가
> 하루에 두 번이면 되지 않겠나
> 아주 섭섭지는 않게 아주 물리지는 않게
> 자주 서럽고 자주 기쁜 것
> 그것은 사랑하는 이의 자랑스러운 변덕이라네
>
> ― 이재무,「제부도」전문

연애시라고 할 수 있는 위의 시는 사랑하는 사람과의 '거리'와 '깊이', '만남'과 '이별'을 '제부도'와 '대부도'의 '사이'에 견주어 이야기하고 있다.

먼저 '사랑하는 사람과의 거리'는 '대부도와 제부도 사이' 정도면 좋겠다고 말한다. 이는 '손 뻗으면 닿을 듯, 그러나/닿지는 않고, 눈에 삼삼한,' 그런 가깝지만 애타는 거리이다. 흔히 사랑하는 사람들끼리의 거리는 너무 가까워도 안 좋고, 너무 멀어도 안 좋다고 한다. 너무 가까우면 그만큼 잘 보여서 빨리 식기 쉽고, 너무 멀면 서로를 알아보지 못해 가까이 다가서기 어렵기 때문이다. 이것이 거리의 미학이다. 따라서 바람직한 사랑을 하려면 적당한 거리누기를 잘해야 한다는 말이 된다.

그렇지만 시인은 그 거리가 가까울 필요가 있음을 이야기한다. 실제로 안산의 대부도와 화성의 제부도는 연인들처럼 근거리에서 서로를 바라보고 있다(그 모습을 보면 제부도를 '사랑의 섬'이라 명명해도 좋겠다). 그 사이를 서해의 바닷물이 출렁거리고 있다. 섬과 섬끼리 서로 떨어져 있어서 생기는 거리, 그것은 곧 그리움의 거리이다. 그 거리가 없다면 그리움은 형성되지 않는다.

다음으로 '사랑하는 사람과의 깊이'도 '제부도와 대부도 사이/가득 채운 바다의 깊이'만큼이면 좋겠다고 말한다. 그렇다면 두 섬 사이에 가로놓여 있는 바다의 깊이는 어느 정도일까. 그것은 간조 때 드러나는 바닥을 보면 비교적 얕은 경우에 해당한다. 만조 때면 그리움으로 '가득 출렁거리'다가도, 간조 때면 '상봉의 길 개화처럼 열리는,' 그런 제부도와 대부도 사이의 바다 깊이가 그것이다. 그러니까 이 시인이 생각하는 사랑의 깊이는 너무 깊어 수렁에 빠져나오지 못하는 그런 정도가 아니라 비교적 얕아서 쉽게 빠져나올 수 있는 정도가 적당하다는 것이다.

'사랑하는 사람과의 만남'과 '이별'도 마찬가지다. 제부도와 대부도 사이의 바다가 하루에 두 번씩 물이 들고 나듯이 '하루에 두 번' 정도가 적당하다고 말한다. '아주 섭섭지는 않게 아주 물리지는 않게' 치고 빠지는 그런 비교적 가벼운 만남과 이별 말이다. 이는 바다가 원래 변덕이 심한 속성을 지니고 있듯이 자주 좋았다가도 싫어지는 그런 변덕스러운 사랑을 뜻한다. 아무튼 이 시는 대부도와 제부도가 서로 떨어져 있음으로 해서 생기는 거리의 미학을 통해 섬이 그리움의 대상으로 인식되고 있음을 알 수 있다.

2-2. 치유와 구원의 장소

예로부터 섬은 죄를 지은 사람을 격리·유배시키는 최적의 장소로 활용되어왔다. 그것은 섬이 육지와 멀리 떨어진 고립과 폐쇄의 공간이기 때문이다. 그런 경우 섬은 그 자체로 형벌의 장소요 감옥이 된다. 그러나 섬으로 많은 정치인이나 문인들이 권력의 아수라장을 벗어나 유배지에서 자신을 성찰하고 좋은 저술 활동을 벌인 덕분에 우리 옛 문학의 넓이와 깊이가 더해졌다는 사실은 참으로 아이러니컬하다. 대표적으로 추사 김정희가 그렇고, 서포 김만중이 그렇고, 손암 정약전이 그렇고, 면암 최익현이 그렇다. 게다가 섬이 현실의 전면에서 벗어나 있다는 탈속성 때문에 몸과 마음이 병든 자들이 숨어 들어가 조용히 안식을 취하며 상처를 치유한 뒤 재활의 에너지를 얻어 돌아오기 좋은 장소로도 인식되어왔다.

때로는 섬이 이상향이나 환상과 구원의 장소가 되기도 한다. 비록 실재하진 않지만 허균의 「홍길동전」에 나오는 율도국(전북에서는 군산 앞바다에 떠 있는 선유도로 추정하기도 함)이나 제주도 사람들의 이상향인 이어도의 경우가 그것이다.

    상한 짐승처럼 절뚝거리며 스며들고 싶었다 더는 갈 수 없는 작부들의 종착역

    슬픔은 더 깊은 슬픔으로 달래라 했던가

    늙은 작부 무릎에 슬픔을 눕히고 그네의 서러운 인생유전을 따라가고 싶었다

    삭을 대로 삭은 홍어 살점을 질겅질겅 씹으며 쓰디쓴 술잔을 들이

켜고 싶었다

   그렇게 파란만장의 시간을 가라앉혀 제대로 된 슬픔에 맛이 들고 싶었다

   때론 누추한 패잔병처럼 자진 유배를 떠나고 싶었다 살아서 돌아갈 수 없는 천형의 유배지

   절망은 더 지극한 절망으로 맞서라 했던가

   후미진 바닷가에 갯고둥 하나로 엎어져 흑흑 파도처럼 가슴을 치며 울고 싶었다

   다시는 비루한 싸움터로 나아가고 싶지 않았다 그대로

   애간장 까맣게 타버린 한 점 섬이 되고 싶었다
                                                      ― 김선태,「흑산도」전문.

  흑산도는 예로부터 천형의 유배지로 통했다.『자산어보』를 썼던 손암 정약전처럼 한번 그곳으로 유배를 떠나면 살아서 돌아올 수 없는 사람들이 많았다. 1970년대까지만 해도 물고기가 많이 잡혀 파시가 형성된 탓에 선원들을 상대로 한 술집 작부들이 많았던 곳이기도 하다. 육지의 여러 술집을 전전한 작부들의 마지막 종착지도 흑산도였다. 이 작부들은 한번 흑산도까지 밀리면 다시는 육지로 돌아가지 못한 채 그곳에서 늙어 생을 마감

한 경우가 대부분이었다고 한다. 하지만 이러한 흑산도가 슬픔과 절망을 다스리는 치유의 공간이 되기도 한다.

위 시의 시적 화자는 현실의 전면인 '싸움터'에서 패배하여 슬픔과 절망에 휩싸인 존재이다. 그가 '상한 짐승처럼 절뚝거리며' 홀연히 찾아든 곳은 '작부들의 종착역'이요 '천형의 유배지'인 흑산도. 이는 흑산도가 희망의 빛이라고는 없는 그 이름처럼 캄캄한 절망의 막장이라는 인식이 깔려 있다. 그렇다면 왜 화자는 하필 도피처로 이러한 곳을 택한 것인가. 그것은 '슬픔은 더 깊은 슬픔으로 달래고', '절망은 더 지극한 절망으로 맞서'기 위해서이다. 이른바 치유와 재활을 위한 역설의 논리이다. 그에게 위안과 안식을 주게 되는 대상도 젊고 예쁜 여자가 아니라 이제는 아무도 찾지 않아 퇴물로 전락한 '늙은 작부'이다. 홍어처럼 팍삭은 '그네의 서러운 인생유전'이 오히려 그에게 위안과 치유의 힘을 주기 때문이다. 그러나 그는 상처를 치유하고 나서도 다시 '싸움터'로 나아가지 않는다. 그 '비루한 싸움터' 대신 흑산도에 섞이는 삶을 택한다. 섬 자체가 그에게 치유와 재활의 공간이 되고 있다.

>바람이 불어 파도가 치면
>바위에 부서지는 흰 물결 보며
>제주 아낙들은 고기잡이 떠난
>남편과 아들을 걱정했다
>
>며칠이 지나고
>몇 달이 가면

기어이 제주 여인들은
이어도를 보아야만 했다

해남길의 반쯤 어딘가에 있을
풍요의 섬 이어도
안락의 섬 이어도

제주여인들은 섬을 믿었다
저 바다 멀리 어딘가에 있는
아픔도 배고픔도 없는 연꽃 가득한 섬
남편과 아들을
고통에서 해방시키는 섬을

높은 파도에서만 모습 보이는
수면 아래 4.6미터 수중암초
어부들이 죽음에 임박해서나 봤을 섬
제주 여인들에게 위안을 주던 섬

이어도를 찾던 사람들이
전설을 넘어
마침내 이어도 해양과학기지를 세웠다
망망대해에 우뚝 선
제주여인의 기원으로 피어난 연꽃 기지
  — 양금희, 「이어도가 보일 때는」 부분

이어도는 제주시 마라도에서 149㎞ 떨어진 곳에 있는 수중

암초이다. 파랑도로도 불리는 이어도는 제주도 사람들에게 환상과 피안의 이상향이요 구원의 섬으로 통한다. 또한 삶이 지겹도록 고달프면 편히 쉴 수 있는 안식처요 죽음의 섬이기도 하다. 제주도 해녀들은 남편이나 아들이 배를 타고 바다에 나갔다가 돌아오지 않으면 이어도로 갔다고 다들 믿었다. 그래서 이청준의 소설「이어도」도 이렇게 시작한다. "긴긴 세월 섬은 늘 거기 있었다. 그러나 섬을 본 사람은 아무도 없었다. 섬을 본 사람은 모두가 섬으로 가 버렸기 때문이었다. 아무도 다시 섬을 떠나 돌아온 사람이 없었기 때문이었다." 2003년에는 이 수중 암초에 해양과학기지가 건설됐다.

제주도 출신 시인이 쓴 위의 시는 이어도에 대한 '제주 아낙들'들의 생각과 믿음을 충실히 반영하고 있다. 1연에서는 '바람이 불어 파도가 치면' 의례히 '남편과 아들'이 사고를 당할지도 모른다는 그녀들의 걱정을, 2연에서는 그러다가 '며칠이 지나고/몇 달이 가면' 기어이 '이어도를 보아야만 했다'는 진술을 통해 남편과 아들이 죽어 마침내 이어도로 갔음을 떠올리는 비극적 상황을 제시하고 있다. 3·4·5연은 제주도 여인들이 그 남편과 아들을 삼켜버린 이어도를 어떻게 받아들이는지 그 믿음을 말하고 있다. 그것은 '해남길의 반쯤 어딘가에 있'을 이어도가 '아픔도 배고픔도 없는 연꽃 가득한' 풍요로운 이상향이요, '남편과 아들을/고통에서 해방시키는' 구원의 섬이라는 믿음이다. 6연에서는 섬이라고만 믿어왔던 이어도가 수중 암초라는 사실이 밝혀지고 난 후 거기에 '해양과학기지'가 세워졌음을 말하고 있다.

시인은 해양과학기지를 굳이 '제주여인의 기원으로 피어난 연꽃 기지'라고 긍정적으로 미화하고 있지만, 그것은 곧 이어도라는 존재의 침몰을 뜻함으로 오히려 애석한 일이라고 해야 옳다. 전설 속에 끼어드는 과학적 사실은 그래서 이물스럽다. 이는 달나라에 옥토끼가 계수나무 아래에서 떡방아를 찧고 있다고 생각했던 믿음이 로켓을 쏘아 달나라에 가서 확인해보았더니 거짓으로 판명된 것과 같다. 비록 그것이 과학적 사실이 아닌 허황한 환상이라 할지라도 그로 인해서 인류는 달에 대한 무궁한 상상과 꿈을 펼칠 수 있었기 때문이다. 따라서 이어도에 해양과학기지를 건설함으로 인해서 오랫동안 제주도 사람들이 믿었던 이어도에 대한 모든 환상은 깨져버린 것이다. 그래서 문학을 포함한 예술은 과학보다 위대하다.

2-3. 소외와 척박한 삶의 공간

전술한 바대로, 섬은 육지와 멀리 떨어져 있는 고립된 공간이다. 대다수 사람들이 살아가는 중심 공간이 육지라고 한다면 섬은 이 중심 공간으로부터 소외된 공간이다. 지금이야 교통수단과 정보통신의 발달로 나아지긴 했지만 여전히 섬은 고립과 소외의 공간이다. 예로부터 섬사람들이 그토록 섬을 벗어나 육지로 이주하기를 바랐던 것도 이 소외로부터 벗어나기 위한 것이었을 터이다. 특히 가까운 섬이 아니라 아주 멀리 떨어져 있는 섬의 경우 더욱 그러했다.

하지만 섬은 고립된 공간임과 동시에 실체적 공간이기도 하다. 거기에도 섬사람들이 생활의 터전으로 삼고 살아가는 육지가 있고, 주변에 바다와 갯벌이 펼쳐져 있으며, 오랜 시간 속에서 생성된 그 나름의 역사와 문화가 있다. 다시 말하자면 엄연한 삶의 공간인 것이다. 이것이 섬의 갖고 있는 이중성이다(어쩌면 지구상의 바다를 제외한 모든 육지는 섬이라고도 할 수 있다). 또한 그 삶의 공간에는 풍요로움과 척박함이 공존한다. 이것이 밖에서 그저 바라보는 것과는 다른 섬사람들의 삶이다.

>너무 멀고 험해서
>오히려 바다같지 않는
>거기
>있는지조차
>없는지조차 모르던 섬.
>
>쓸 만한 인물들을 역정 내며
>유배 보내기 즐겼던 그때 높으신 분들도
>이곳까지는
>차마 생각 못 했던,
>
>그러나 우리 한민족 무지렁이들은
>가고, 보이니까 가고, 보이니까 또 가서
>마침내 살 만한 곳이라고
>파도로 성 쌓아
>대대로 지켜오며
>후박나무 그늘 아래서
>하느님 부처님 공자님
>당 할아버지까지 한식구로 한데 어우러져
>보라는 듯이 살아오는 땅.
>― 조태일, 「가거도」 전반부

가거도는 국토 최서남단 바다 위에 떠 있는 외로운 섬이다. 지금이야 목포에서 쾌속정을 타고 5시간가량이면 닿을 수 있지만, 약 30년 전에만 해도 너무 멀고 풍랑이 심해서 접근이 매우 어려웠던 섬이다. 실제로 목포엘 나갔던 가거도 사람들이 돌아오는 길에 풍랑을 만나면 흑산도쯤에서 발이 묶인 채 일 주일 혹은 한 달 정도를 속절없이 기다려야 했다. 그래서 "가도 가도 뱃길의 끝이 보이지 않는 섬"이라고도 하고, 다시 뭍으로 나오기도 쉽지 않은 탓에 "가거든 오지 마라"는 말이 있을 정도였다. 그러나 주변 바다에서 잡히는 해산물이 풍부하고 풍광이 빼어나서 신석기시대부터 사람들이 들어가 살았던 흔적이 남아 있으며, 장보고 선단이 중계무역을 하던 시절 풍랑을 피해 쉬어갔던 기록이 남아 있기도 하다.

위의 시는 가거도가 얼마나 소외된 섬의 전형인지를 잘 보여준다. '너무 멀고 험해서', '있는지조차/없는지조차 모르던 섬'이라는 표현이 그것이다. 이는 가거도가 철저하게 사람들의 인식 범주 밖으로 밀려나 있었음을 뜻한다. 심지어 옛날엔 유배지에서조차 차마 제외되었던 어쩌면 치외 법권 지역이기도 했던 곳이다. 거리상으로만 보면 제주도보다 가깝지만 그만큼 접근하기가 어려웠다는 뜻이다. 그러나 순박하고 강한 생명력을 지닌 우리 민족은 '가고, 보이니까 가고, 보이니까 또 가서' 가거도(可居島)라는 이름처럼 '마침내 살 만한 곳'으로 만들어 대대손손 이어가며 오늘에 이르렀다는 것이다. 그리하여 지금은 홍도와 더불어 서남해 최고의 비경을 자랑하는 관광지요 바다낚시의 천국으로 부상했다.

휘파람새 몇 마리쯤 통째로 삼킨 듯/푸드득 푸드득 날아오르는 푸른 휘파람 뱉어내며/물질하는 늙은 잠녀의 얼굴엔/시퍼런 파도 살점 같은 검버섯이 피어 있다/미끈거리는 갯내음에 쩔은 잠수복/투명한 잠수경에 오리발의 비애, 비애의 춤을/일순 파도 주름 위에 남기며/거듭거듭 자맥질하는 잠녀의 삶은 갯방풍의 뿌리보다 더 질긴/서러움의 돌무데기만 쌓아온 뭍의 역사/헐고 또 다시 헐어내는/성난 해일의 그것일지도 모르겠다/아니, 그 옛날 폭동의 물결에 쓸려간/아직도 젊은 남편의 비릿한 체취 풍기는 바다/거친 남성의 바다에 몸을 던지며/지근거리는 요통 두통의 골머리 수심 깊이 처박아/건져올리는 전복 해삼 멍게 따위로/생존을 확인하는 잠녀의 삶은/푸른 휘파람새 울음소리로도 지울 수 없는/가혹한 꿈의 파도 헤이며/짙은 물안개 속/가물거리는 반도의 끝 한 점 가파도를/오늘도 떠오르게 하고 있다

— 고진하, 「가파도」 전문

가파도 또한 가거도 못지않게 멀고 험한 섬이다. 특히 주변 해역은 파도가 심하여 외항선들의 표류와 파선이 빈번한 곳이기도 하다. 제주도 본섬과 최남단 마라도와의 중간 지점에 떠 있으니 오히려 거리상으로만 보면 가거도보다 훨씬 더 멀다. 그러나 비행기라는 교통수단으로 인해 시간상으로는 가거도보다 멀지 않은 섬이 되었다.

위 시는 가파도 '늙은 잠녀'의 억척스러운 삶을 통해 섬이 생활의 적나라한 현장임을 잘 보여준다. 그녀의 삶을 대변하는 것은 물질로 일관해온 가혹한 노동의 세월이다. 그것은 '성난 해일'로 비유될 수 있을 만큼 거친 싸움의 역사와 같다. 그녀는 날마다 목숨을 걸고 '거친 남성의 바다' 속으로 자맥질해 들어간다.

거기에서 '전복, 해삼, 멍게' 따위를 건져 올리며 생존을 확인하는 소리가 '휘파람새의 휘파람'으로 비유된 이른바 숨비소리이다. 이 숨비소리는 겉으로는 '휘파람'으로 묘사되어 있지만 안으로는 힘겨운 한숨소리이다. 그녀가 물속을 헤엄치며 추는 '오리발' 춤은 또한 생존을 위한 '비애의 춤'이다. 이렇듯 그녀가 물질을 하며 얻은 병은 '지근거리는 요통 두통'이다. 그녀는 '그 옛날 폭동의 물결에 쓸려간'(이 구절은 제주도의 4·3항쟁을 떠올리게 함) 젊은 남편으로 인해 더 모진 삶을 살 수밖에 없었다. 그래서 섬이라는 공간에서 잠녀가 할 수 있는 것은 자맥질인 것이다. 그것을 통해 삶을 영위하고 자식을 키워냈을 것이다. 그러므로 잠녀에게 섬이라는 공간은 모진 세월을 살게 한 공간이기도 하고, 그 세월을 이겨내게 한 공간이기도 하는 양면성을 갖는다. 이렇듯 섬은 치열한 삶의 현장으로 인식되기도 한다.

2-4. 역사적 진실과 환경파괴의 현장

육지와 마찬가지로 섬에도 역사가 있다. 외부 세력에 의해 적지 않은 고통을 받아온 아픔의 역사가 그것이다. 고려시대에 강화도를 비롯한 진도와 제주도에는 몽골의 침략에 맞섰던 항쟁의 역사가, 독도에는 일본과의 영유권 주장을 둘러싼 갈등의 역사가, 또한 거제도에는 포로수용소를 둘러싼 상처의 역사가, 제주도에는 이념적 갈등으로 인해 피바람이 불었던 살육의 역사가 남아 있다. 이렇듯 섬은 역사적 아픔과 진실이 묻어 있는 현장으로 인식되기도 한다.

그리고 최근 들어 섬은 연륙 등으로 접근성이 비교적 용이해

짐에 따라 섬다움을 잃어가고 있다. 연륙한 섬이 늘어간다는 것은 섬에서 오래도록 살아온 사람들에게는 일단 반가운 일일지는 모르겠으나 길게 보면 그렇지도 않다. 무엇보다도 육지 사람들의 잦은 출입으로 인한 생태 환경과 인심의 오염을 염려하지 않을 수 없기 때문이다. 아직은 드문 경우에 해당하지만 미군의 사격장이었던 '농섬'처럼 섬 자체가 송두리째 파괴된 곳도 있다. 각성이 뒤따르지 않는다면 머잖아 많은 섬들이 환경파괴의 현장으로 바뀔지 모른다.

> 섬 하나가 몬딱 감옥이었주마씸
> 거넌가자 못하는 바당은 푸르당버청
> 보는 사람 가슴까지 시퍼렁 허게 만들엇쑤게
> 흐영헌 갈매기들 히영허거 날곡
> 눈치보멍 보말이영 깅이여 톨이영 매역이영
> 해당 먹엉 살아낫수게 총든
> 까매기들은 불타는 중산간
> 모을서 시커멍허게 날곡
>
> 숨도 제대로 못 쉬었주마씸
> 하늘님아 하늘님아 하늘님까지
> 누렁하게 부서웠수마씸 성해도
> 경정 살아낭 볼렛낭 아래서
> 꿩독새기 봉그곡
> 불탄 자리엔 고사리들 왕상허게 크곡
> 구랭이들 허물 벗는

석석한 보름에 눈이 시령 사월

보름 어디선가 자꼬 불어왕

연둣빛으로 *꼬꾸라지곡* 연둣빛으로

무싱거 마씸

자유가 어디 있었쑤강

섬하나가 몬딱 죽음이었주마씸.

― 문충성, 「섬 하나가 몬딱」 전문

    우리나라에서 제일 큰 섬인 제주도는 이념분쟁으로 인한 아픈 역사를 안고 있는 섬이다. 제주 4·3항쟁이 그것이다. '제주 4·3사건 진상규명 및 희생자 명예회복에 관한 특별법'에 따르면, "제주 4·3 사건(濟州四三事件)은 1947년 3월 1일 경찰의 발포사건을 기점으로 하여 1948년 4월 3일 발생한 봉기사태와 그로부터 1954년 9월 21일까지 제주도에서 발생한 무력충돌과 진압과정에서 양민들이 희생당한 사건"으로 규정하고 있다. 이 비극적 사건으로 인해 제주도가 한때 살육의 섬으로 인식되어왔으며, 아직도 제주도 사람들 중에는 그 후유증으로 인해 잠들지 못하는 이가 많다고 한다.

    제주도 출신 대표시인인 문충성의 위 시는 제주도의 아픈 역사를 단적으로 들려주고 있다. 제주 방언으로 적나라하게 표현되어 있어 시어의 뜻을 온전히 따라가긴 어렵지만 그래도 대강의 문맥을 파악할 수 있다. 이 시는 '섬 하나가 몬딱 감옥이었주마씸'으로 시작하여, '섬 하나가 몬딱 죽음이었주마씸'으로 끝난다. 한마디로 4·3항쟁으로 인해 제주도 사람들은 몽땅 '감옥' 같은 자유가 없는 삶을 살았으며 또한 제주도가 몽땅 '죽음'의 현장이었음을 증언하는 내용이다. 다시 말해 제주도 사람들의 공동체가 서로를 불신한 채 완전히 무너져버렸던 비극의 역사를 담고 있다. 이렇듯 이 시는 제주도가 역사적 진실의 현장으로 인식되고 있음을 보여준다.

    황사바람 뿌옇게 부는 토요일, 고온리 사람들 창자 울리는 폭격기/폭음 들리지 않는 날이다. 고온리를 큐니로 들은 양키들, 이른바 큐니/사격장이 쉬는 날이다. 며칠 전 '사격장을 아메리카로'라고 외치며 철조망을 넘어가 과녁 위에 누웠던 주민들 몇은 경찰서 유치장에 갇혀 있/고 시위 재발 대비해 사격장 한 켠에 백골단 진치고 있는 날이다. 그래도 목구멍이 포도청이라 휴일에만 출입할 수 있는 드넓은 개펄에는 /도요새 게구멍을 파고 남정네들 낙지를 잡고 아낙네들 조개를 캔다.

    물 들면 물살에 몸을 적시다가 썰물 때면 개펄 위로 떠오르는 섬. 온갖 바다새 뭍새 알 낳아 품던 무성한 숲은 신기루가 되고 이제 풀 한/포기 자라지 않는 벌거숭이 섬. 농섬에서 쇳덩이를 캐는 사람도 있다./ 섬에 쏟아지는 하고많은 폭탄, 폭탄이 박아놓은 쇠덩이다. 육이오 때부터/ 폭격이 그치지 않는 농섬. 필리핀이나 괌의 미군기까지 날아와 전쟁/ 연습하는 농섬, 폭격으로 처참하게 무너지며 새삼 식민지가 무엇인지/묻는 농섬. 너를 거머거리 벙어리리 여기며 등 돌리는 자 누구인가. 너의 간절한 외침 파도소리에 실려오는데 귀에 말뚝 박고 태극기를 높이/흔드는 자 누구인가.
                                                                 — 최두석, 「농섬」 전문

농섬은 경기도 화성군 우정읍 매향리에 있는 섬이다. 2000

년 5월 주한 미국 공군의 항공기 폭탄 투하로 촉발된 '매향리 사태'로 우리에게 잘 알려진 곳이다. 이 섬은 1951년 한국전쟁 중 미군이 해상 표적으로 삼고 사격을 시작한 이래 2005년 8월 사격장이 완전히 폐쇄될 때까지 약 60년 동안 폭격이 이루어져 섬 자체가 초토화되었다. 이로 인해 섬의 생태환경은 완전히 파괴되었다. 최근에 미군으로부터 소유권을 되찾고 '평화생태공원'으로 조성하기 위해 노력하고 있지만, 한번 파괴된 농섬의 생태환경은 복원되지 않은 채 여전히 중금속 오염 등으로 신음하고 있다.

위 시는 바로 이 '농섬'의 현재를 비판적 시각으로 다루고 있다. 시인이 이른바 '큐니/사격장이 쉬는 날'을 택해 매향리의 옛 이름인 '고온리'를 다녀와서 쓴 시로 보인다. 주민들이 반대운동을 펼치다 구속되고, 시위 재발을 막기 위해 '백골단 진치고' 있는 걸 보면 싸움이 한창 진행되던 2000년 초반쯤에 창작된 듯하다. 그런데 한 가지 주목할 점은 이러한 와중에도 누군가 한켠에서는 '목구멍이 포도청이라 휴일에만 출입할 수 있는 드넓은 개펄에는/도요새 게구멍을 파고 남정네들 낙지를 잡고 아낙네들 조개를 캔다'는 사실이다. 이것이 '농섬'이 갖고 있는 이중성이다. 사격훈련이 있는 날 그들의 생계는 묶여 있을 것이다.

2연은 농섬의 과거와 현재를 대비시키며 '식민지' 약소국가로서의 슬픔과 '귀머거리 벙어리' 농섬이라며 '등 돌리는 자'들이 누구인지를 준엄하게 묻고 있다(그들이 누구인지는 굳이 설명이 따로 필요 없겠다). 과거에 농섬은 '물 들면 물살에 몸을 적시다가 썰물 때면 개펄 위로 떠오르는 섬. 온갖 바다새 물새 알 낳아 품던 무성한 숲'이었다. 매화 향기 가득한 아름다운 생태공간이었다. 그러나 지금은 '풀/한 포기 자라지 않는 벌거숭이 섬'이자 미군기가 '전쟁 연습하는' 섬으로 전락했다. 특히 시인은 '농섬에서 쇳덩이를 캐는 사람도 있다'는 진술을 통해 우리가 섬의 생태환경을 철저하게 파괴했을 때 닥칠 수 있는 위험이 어떠한 것인가를 생생하게 경고하고 있다.

2-5. 존재론적 소통과 열림의 다리

앞에서 살펴본 시 속에 나오는 섬들은 모두가 구체적으로 실재하는 것들이다. 그러나 섬이 항상 구체적인 공간으로서 자리하는 것만은 아니다. 인간의 인식 속에 공간은 상상의 공간으로 추상화되어 드러나기도 하며, 심미적인 공간으로서 인식을 지배하거나 인식에 관계하기도 한다. 이푸 투안이 『공간과 장소』에서 말한 바처럼, "거리는 접근성의 정도를 의미하며 또한 관심의 정도를 의미한다. 인간은 살아가는데 중요한 타인들과 대상들에 관심을 가진다. 사람들은 그 중요한 타인들이 자신들에게 그리고 서로에게 멀리 있는지 가까이 있는지를 알고자 한다. 가깝다는 것은 친밀감과 지리적 접근이라는 두 가지 의미가 결합된 것이다." 다시 말해 지리적 거리가 갖는 의미는 인간의 근원적 정서를 형상화하는 공간으로서 작용하는 것이다.

사람들 사이에 섬이 있다.
그 섬에 가고 싶다.

― 정현종, 「섬」 전문

위 시는 섬을 이야기할 때 누구나 한 번쯤 떠올릴 만큼 널리 알려진 작품이다. 그러나 단 2행 속에 여러 메타포를 함축하고 있다. 주지하다시피 위 시에서 섬은 실존하는 섬이 아니다. 그리고 사람들 사이의 섬이 무엇을 의미하는지도 구체적이지 않다. 다만 '사람들 사이'는 사람들 사이의 거리 혹은 경계로, 추상적이고 심미적인 거리를 의미한다. 이 시에서 '사이'는 개인 상호 간의 관계를 표현하는 용어와 밀접하게 연관되어 있는데, 이는 사람들과의 의사소통 단절을 뜻할 수 있다. 이는 섬 자체가 지닌 고립감 혹은 격리성에서 기인한 것이다. 그렇게 볼 때 섬은 고독과 외로움으로 둘러싸인 현대인의 모습을 상징화한 것이 된다. 그만큼 현대인은 겉으로만 와자지껄할 뿐 속으로는 고독과 외로움에 몸부림치는 각각의 섬인 것이다. 그러나 위 시는 2행 '그 섬에 가고 싶다'에 함축되어 있듯이 섬이 이러한 현대인들 사이를 연결할 수 있는 소통의 징검다리라는 이중적인 의미도 담고 있다. 섬은 외로움, 고독, 단절을 뜻하기도 하지만, 소통과 열림을 의미한다고도 할 수 있다. 그러므로 사람들끼리의 소통하고 싶은 바람을 드러내고 있는 것이다.

  물울타리를 둘렀다

  울타리가 가장 낮다

  울타리가 모두 길이다
— 함민복, 「섬·4」 전문

위 시는 섬이 지닌 고립성 혹은 폐쇄성에서 벗어나 개방성을 지닌 열림의 공간임을 보여준다. 이는 섬이 바다라는 탁 트인 공간으로 둘러싸여 있다는 인식에서 출발한다. 섬의 입장에서 보면 바다는 '물울타리'이다. 그런데 그 '울타리'는 물이기에 '가장 낮다'. 경계를 목적으로 하는 '울타리'가 '가장 낮다'는 것은 막힘이 없이 가장 잘 통하고 잘 보인다는 뜻이다. 그래서 '울타리가 모두 길이다'라는 드라마틱한 역설이 성립된다. 길의 소통을 방해하는 '울타리'가 아니라 울타리 자체가 곧 '길'이 될 수 있는 것이다. 그러므로 섬은 전도양양한 열림의 공간이라는 의미를 지닌다. 그래서 옛날 장보고도 섬을 징검다리 삼아 중계무역을 할 수 있었던 것이다.

3. 마치며

지금까지 살핀 대로, 한국의 시들이 품은 섬에 대한 공간적 인식이나 의미는 '외로움이나 그리움의 공간'이라는 인식에서부터 '치유와 구원의 장소', '소외와 척박한 삶의 공간', '역사적 진실과 환경파괴의 현장', '존재론적 소통과 열림의 다리'로 매우 다양한 진폭을 지니고 있음을 알 수 있다.

그러나 이러한 의미망은 우리가 지금까지 일반적으로 알고 있던 섬의 공간적 인식과 의미를 크게 벗어나지 않는다. 따라서 지금까지 우리 시가 보여준 인식이나 의미망을 더욱 확대하여 새로운 시대와 현실에 걸맞게 작품화할 필요가 있다. 이를테면, 기후 변화나 바다 오염으로 인한 섬 생태계의 변화라든지, 연륙교 건설로 인한 섬의 환경파괴와 정체성 문제, 섬의 문화적 원형에 대한 탐구, 안 보이는 바닷속의 해양 생태 등 오늘날 우리의 섬들이 안고 있는 현안을 작품 속에 새롭게 반영하는 것이 그것이다.

"섬의 태생적 한계에 갇히지 않는 새롭고도 자유로운 상상력"[1])을 펼쳐 보일 때 '섬'을 노래한 한국의 시가 시대에 뒤떨어지지 않을 것이다.

---

1) 이경수, 「두 개의 시선, 섬의 이중성-90년대 이후의 섬의 시」, 『여수작가』 창간호, 여수민예총문학위원회, 2013, 82쪽.

낚시에 대한 시적 사유와 창작방법론

1. 낚시-그 관조와 기다림의 미학

흔히 낚시를 인생에 비유한다. 준비에서부터 물고기를 낚아 올리기까지의 과정이 우리 인생의 과정과 유사하기 때문이다. 그러면 어떤 점이 유사한지 직접 그 과정을 비교해보자.

먼저 목표로 하는 물고기를 낚으려면 사전 준비물을 잘 갖추어야 하듯이 우리 인생도 마음먹은 목표를 달성하려면 철저한 계획과 준비가 필요하다. 다음으로 어떤 낚시터로 가느냐의 문제는 본인의 선택에 달려 있다. 이미 알려진 낚시터는 사람들이 많아 자리를 잡기 어려운 대신 안정적인 조과를 얻을 수 있다. 새로 개발한 낚시터는 의외로 대박을 터트릴 수 있지만 허탕을 칠 수도 있어 모험이 따른다. 인생에 있어서 직업 선택의 문제도 이와 같을 것이다. 그리고 어떤 채비와 미끼를 쓰느냐에 따라 현격한 조과의 차이가 난다. 이는 낚시 운용 방법과 관련한 문제인데, 인생도 목표에 어떻게 접근하느냐에 따라 그 결과가 천차만별이다. 그다음은 채비를 목표한 지점에 던져두고 기다리는 과정이다. 이때 엉뚱한 곳에 던지거나 너무 지루하다고 중도 포기하면 안 된다. 인생도 포기하지 않고 지그시 기다리다 보면 기회는 반드시 찾아온다. 마지막으로 입질이 왔을 때 적시에 챔질을 해야 한다. 이때 최대의 긴장과 최선의 집중이 필요하다. 그래야만 짜릿한 손맛을 볼 수 있다. 한눈을 팔거나 너무 성급하면 놓칠 확률이 높다. 인생도 모처럼 기회가 왔을 때 놓치지 말아야 목표 달성에 성공할 수 있다. 이처럼 낚시는 물고기를 낚는 단순한 행위를 넘어서 우리에게 인생을 살아가는 지혜를 깨우쳐주는 체험 학습이나 다름없다.

낚시는 일종의 취미이지만 그 이상의 품격을 지닌다. 따라서 고기잡이를 생활의 주업으로 삼는 어부의 그것과는 분명히 구별된다. 낚시질은 낚싯바늘에 미끼를 달아 물고기를 낚는 행위라는 점에서 그물로 일망타진하는 방식과는 차원이 다르기 때문이다. 그래서 공자는 "군자는 고기를 잡되 그물질을 하지 않는다釣而不網"고 했다. 따라서 낚시에 입문하려면 낚시도구를 마련하고 기술을 연마하기에 앞서 낚시인이 되기 위한 예의나 품격부터 배워야 한다. 그렇지 아니하고 무턱대고 고기만 많이 낚는 데만 주력한다면 아무리 낚시 실력이 출중하고 조력이 오래됐다고 하더라도 그를 진정한 낚시꾼이라고 하기 어렵다. 가끔씩 초보자들과 낚시하다 보면 물고기가 물지 않아 답답하다며 "낚시질하느니 막고 품겠다"거나, 허탕을 쳤다며 "낚시하는데 드는 돈으로 차라리 사서 먹겠다"는 불평불만을 늘어놓는 경우가 있는데, 이들은 낚시의 기본자세가 안 갖추어져 있거나 그 묘미를 전혀 모르는 사람들에 속한다. 이런 사람들과 함께 출조하면 짜증만 날 뿐 그날 낚시는 망치고 만다. 낚시터에서 지나치게 환호하고 떠드는 사람도 마찬가지다. 낚시를 제대로 배우려면 선배 낚시인을 깍듯이 모시면서 많은 시간과 노력을 투자해야 하는 이유가 여기에 있다.

그렇다면 낚시꾼들이 낚시하는 목적은 무엇에 있을까. 물론 낚시의 일차적인 목적은 당연히 물고기를 낚는 데 있다고 할 수 있다. 물고기를 낚아 올리는 데서 오는 즐거움이나 성취감을 만끽하기 위해서이다. 게다가 잡은 고기를 회로 썰어 먹는 맛 또한 빠트릴 수 없다. 그러나 낚시꾼의 원조라고 불리는 중국 주나라의 정치가 강태공姜太公은 낚는 데 집착하지 않았다. 그는 틈만 나면 위수渭水에 나가 퍼진 바늘에 미끼도 달지 않은 채 낚싯대를 드리웠다. 그러면서 자신의 뜻을 펼칠 기회가 오기만을 기다렸다. 그러니까 정작 낚아야 할 물고기 대신 때를 낚은 셈이다. 이른바 세월 낚시다. 그리하여 마침내 기회가 찾아오자 세상에 나아가 백성을 위한 어진 정치를 펼침으로써 제齊나라의 시조가 되었다. 오늘날까지 그가 낚시의 대명사요 최고의 낚시꾼으로 칭송받는 것은 단순히 물고기를 잘 낚아서가 아니라 낚시를 통해 때를 포착할 줄 아는 기다림의 미덕을 실천했기 때문이다. 요즘에도 낚시터에 가보면 물고기가 물든 안 물든 조용히 수면을 응시하면서 한껏 여유를 즐기거나 낚은 물고기를 손맛만 보고 얼른 방생하는 낚시꾼도 간혹 볼 수 있는데, 이들이야말로 강태공의 후예라고 할 수 있을 것이다.

 그러나 낚시의 진정한 목적은 자연과 인생을 관조하는 명상의 시간을 가짐으로써 정신건강을 살찌우는 데 있다고 할 것이다. 옛사람들은 현실의 전면을 벗어나 자연 속으로 숨어 들어가 유유자적하며 낚시를 즐겼다. 이때 낚시터를 상징하는 강호江湖는 현실에서 멀리 떨어진 탈속의 공간이거나 이상적 공간에 가까웠다. 그만큼 현실이 환멸의 공간이었다는 이야기다. 그렇다고 완전히 현실을 이탈한 것은 아니다. 어디까지나 그들의 시선은 현실 쪽에 놓여 있었다. 현대인의 삶은 더욱 바쁘고 복잡해졌다. 하루하루가 그야말로 숨이 턱턱 막힐 지경이다. 이렇게 살다 보면 자신이 누구인지, 무엇을 위해 사는지, 어떻게 사는지를 미처 의식하지 못한 채 살아가는 경우가 대부분이다. 이럴 때 번잡한 생활의 짐을 훌훌 벗어버린 채 물가에 낚싯대를 펼치고 여유롭게 앉아 있는 행위 자체가 어쩌면 스트레스 해소책이요 구원일는지도 모른다. 이때 자연은 아름다운 감상의 대상이자 많은 것을 깨우쳐주는 말 없는 스승이다. 더욱이 물은 들여다보는 자의 얼굴을 되비추는 나르시스의 거울이 아니던가. 여기서 낚시는 물고기가 아니라도 고요한 명상 속에서 수많은 생각을 낚아 올리는 성찰의 행위로 바뀌는 것이다. 그리하여 낚시를 마치고 빈손으로 돌아오더라도 정신은 재충전의 활력으로 충만하다. 낚시를 '물가에 앉은 철학' 혹은 '물가에 앉은 문학'으로 일컫는 것도 이런 연유 때문이다.

2. 낚시로 시 낚아 올리기

앞에서 말한 '물가에 앉은 문학'이라는 은유적 표현은 낚시를 즐겨하는 문인 중 소설가보다는 시인에게 어울린다고 할 수 있다. 낚시하면서 물고기 대신 시를 낚아 올릴 수는 있지만, 소설을 낚아 올리기엔 아무래도 부담스럽기 때문이다. 이는 낚시가 시처럼 순간적으로 챔질하는 사유의 방식임을 뜻한다. 다시 말해 물고기가 입질하면 잽싸게 챔질해서 낚아 올리는 과정이 시처럼 짧다는 것이다. 실제로 시인 낚시꾼 혹은 낚시꾼 시인들은 낚시터에서 물고기 대신 시를 낚아 올리는 경우가 종종 있다. 특히 물고기의 입질이 뜸하거나 아예 없을 때 뭔가를 골똘히 생각하다 보면 퍼뜩 어떤 시적 표현이나 발상이 떠오르게 된다. 이렇듯 낚시에는 정작 무심한 채 엉뚱한 생각이나 허튼짓하고 있을 때 오히려 입질이 오는 경우가 많다. 필자의 경우가 그렇다.

 그래서 필자는 낚시의 과정과 시 쓰기의 과정이 유사함을 경험에 비추어 기술해보고자 한다. 대개 낚시꾼들은 다음날 새벽에 출조하겠다는 계획을 세우고 모든 준비를 마친 날 밤에는 잠이 오질 않는다. 선택한 낚시터에서 물고기가 잘 물어줄까, 무슨 물고기를 얼마나 낚을까, 이번엔 대물을 꼭 잡아야지 등등의 온갖 상상으로 인한 기대와 설레임이 물결치기 때문이다. 잠을 꼬박 설치고 막상 낚시터에 도착하여 실제로 낚시를 하다 보면 이런 기대와 설렘이 실망으로 바뀔 때가 비일비재함을 이미 알고 있으면서도 말이다. 그래서 낚시꾼들은 가기 전의 설렘이 낚시의 모든 것이라고 이구동성으로 말하는지도 모르겠다. 이는 시 쓰기로 말하면 세밀한 사전 구상에 따라 새로 쓸 시를 만나기 전의 기대나 설렘과 맞먹을 것이다. 대작을 써보겠다고 단단히 벼렸음에도 불구하고 막상 써놓고 보면 실망스럽기 짝이 없는 시가 이와 같지 않을까 한다. 그러나 비록 졸작이 되더라도 다음번엔 꼭 좋은 작품을 써야지 하는 포기할 수 없는 욕망이 낚시로 말하면 또다시 출조를 꿈꾸게 하는 힘이다.

 다음은 낚고자 하는 물고기에 적합한 채비 장착과 물때 및 미끼 선택이다. 물고기는 그 종류에 따라 습성과 입질하는 수심층과 좋아하는 물때와 먹이가 다르다. 따라서 그에 알맞은 채비 장착과 물때를 알고 미끼를 정하는 일이 매우 중요하다(특히 바다낚시가 그렇다). 물고기가 있는 포인트에 채비가 제대로 안착하게 하는 일도 마찬가지다. 그러지 않으면 아무리 애를 써도 효과적으로 낚아 올리기 어려워 허탕 치기 쉽다. 이는 시의 소재와 내용에 걸맞은 표현 및 구성의 원리와 결부된다고 할 수 있다. 구슬이 서 말이라도 꿰어야 보배라는 말이 있듯이 아무리 좋은 글감이라 할지라도 거기에 적합한 시적 장치를 동반하지 못한다면 실패작이 될 수밖에 없다.

    그다음은 채비를 던져놓고 기다리는 과정이다. 입질은 물 반 고기 반이라면 모르되 그렇게 쉽게 올 리가 없다. 초릿대나 어신찌를 하염없이 응시하는 지루한 시간이 흐른다. 대개 이 과정에서 짜증을 내거나 못 잡겠다고 중도 포기하는 경우가 많다. 낚시의 내공이 부족한 탓이다. 이럴 때는 채비나 미끼에 이상이 없나를 살피거나 차라리 다른 생각을 하는 것이 낫다. 그렇게 무심해졌을 때 느닷없이 입질이 오는 경우가 있기 때문이다. 시로 말하자면 쓰고자 하는 대상에 대한 집요한 관찰과 탐색의 과정이라고 할 수 있다. 시를 쓰다 보면 사유의 실마리가 쉽게 풀리지 않고 엉키거나 막혀버린 경우가 많다. 이쯤에서 자신의 실력이 부족함을 절감한다. 그러나 포기하지 않고 집요하게 물고 늘어지는 싸움이 필요하다. 그래도 안 된다면 차라리 덮어두고 다른 글감을 찾는 것이 좋다. 안 되는 작품에 억지로 매달려봐야 작위성만 더할 뿐 진정성이 없는 작품이 될 수밖에 없다. 설익은 생각이 곰삭도록 덮어두고 기다리다 보면 언젠가는 술술 풀릴 때가 온다.

    이제 드디어 입질에 이은 챔질의 과정이다. 오랜 기다림 끝에 초릿대나 어신찌에 예신이 감지된다. 무엇보다도 평정심과 함께 긴장과 집중이 요구되는 순간이다. 성급하게 챔질을 했다간 틀림없이 놓친다. 초릿대 끝이 휘어지거나 어신찌가 물속으로 감쪽같이 사라지는 본신이 왔을 때 비로소 챔질을 해야 한다. 마침내 물고기가 낚싯바늘에 걸려 파들대고 낚싯대가 포물선을 그리며 휘어진다. 이때 중요한 것은 힘으로 강제 집행해서는 안 된다는 점이다. 그렇게 하면 물고기의 강한 저항으로 인해 목줄이 터지거나 초릿대가 부러지기 쉽다. 서서히 줄을 늦추거나 당기면서(밀당) 물고기의 힘을 뺀 후 안전하게 밖으로 끌어내야 한다. 그래야 노련한 낚시꾼이다. 마침내 성공, 환호성이 터진다. 이는 시로 말하면 발상을 실제 창작으로 연결하여 완성하는 과정에 해당한다. 발상은 한 편의 시를 낳는 어머니다. 좋은 발상이 좋은 시를 싹 틔우는 씨앗이라는 점에서 성패를 가름하는 결정적 요소다. 좋은 발상은 오랜 관찰과 집중 그리고 기다림 끝에 온다. 그러나 아무리 좋은 발상이라도 그것을 적시에 적절하게 포착하여 시로 연결하는 기술이나 능력이 없다면 말짱 도루묵이다. 무리한 연결은 비약을 낳아 설득력을 잃고 만다. 훌륭한 시인은 끝까지 시적 긴장을 유지할 줄 안다. 그렇게 하여 성공적으로 완성한 한 편의 시, 독자의 가슴을 펄떡펄떡 뛰게 만드는 시가 바로 시인이 꿈꾸는 걸작이요 낚시꾼이 그토록 바라는 월척이 아니겠는가.

3. 낚시를 노래한 한국의 시

3-1. 고대-이상향과 자연합일 추구

우리나라의 옛 낚시는 관직에서 물러난 선비들이나 유한계층의 노인들이 은둔생활을 하면서 시를 짓거나 그림을 그리는 방편으로 삼았다. 그들은 욕망과 명리를 벗어나 강호江湖에 배를 띄워놓고 유유자적하며 주로 민물낚시를 즐겼다. 따라서 그들의 낚시의 목적은 애초부터 물고기를 잡기 위한 목적과는 거리가 멀었다. 그들은 스스로 어부漁父가 되기를 꿈꾸었다. 성리학적 정신수양의 추구가 조선의 문인사회를 지배하던 조선 중기에는 어부노래를 다듬어 '어부'의 마음으로 수양하기를 권면하는 문화 캠페인까지 있을 정도였다.

특히 낚시터를 지칭하는 '강호江湖'는 실재 공간인 경우도 더러 있지만, 대부분은 가상의 공간에 가까웠다. 이는 '현실'과 대립하는 공간으로서 '자연' 그러니까 온갖 번잡한 삶을 훌훌 털어버리고 마침내 가고 싶은 마음의 이상향이었다. 실제로 조선 선비들의 마음속에는 말로만 들었던 중국의 '강남江南'이라는 상상적 공간이 자리하고 있었다고 한다. 바로 천하제일의 경치를 자랑하는 동정호 일대의 '소상팔경瀟湘八景'이 그곳이다. 소상팔경을 상상하는 시와 그림은 고려나 조선 왕실은 물론 양반가의 여덟 폭 병풍으로 펼쳐졌다. 소상팔경 중에서도 그들이 가장 애호했던 풍경은 '평사낙안'(平沙落雁 : 넓은 모래벌에 내려앉는 기러기 떼)과 '동정추월'(洞庭秋月 : 동정호에 뜬 가을달)이었다. 그러니까 그들은 실제로 강호에 나아가 낚시하지 않고도 낚시 시를 쓰는 경우가 많았다는 이야기가 된다.

'어부漁父'도 그저 물고기를 잡는 '어부漁夫'가 아니라 세속 너머의 존재로서 상상 속의 어부, 즉 '가어옹假漁翁'이었다. 그들이 칭송하는 어부의 유형도 다양했다. 어부의 기본형은 고대 중국의 노래집『이소경離騷經』에 나오는 어부다. 초나라의 굴원이 바른말을 고하다가 세상에서 쫓겨났을 때, "물이 깨끗하면 갓끈을

닦고 물이 더러우면 발을 씻을 일이지, 더러운 세상에 깨끗한 마음을 말한 것은 어리석다"고 일갈했던 세상을 달관한 듯 통찰력이 뛰어난 어부다. 앞에서도 언급했던 중국 주나라의 정치가 강태공은 때를 기다릴 줄 아는 어부다. 당나라의 장지화는 「어부사漁父詞」를 잘 지었으며 '현진자玄眞子'로 불렸던 은둔 시인형 어부다. 한나라의 엄자릉은 황제와의 인연을 빌미로 출세를 도모하지 않았던 정결한 어부의 전형이어서 조선 선비들이 가장 존경했다고 한다. 이렇듯 그 유형이 다양하지만, 어부는 세속적 성공을 바라지 않고 정치 권력을 비루하게 여기는 공통점을 지닌 인물이다. 따라서 어부는 세상의 모든 권력으로부터 자유롭고, 세상 너머에 머물면서 세상을 통찰하는 존재라고 할 수 있다.

낚시를 노래한 옛 시로는 고려 말기 이제현의 「어기만조魚磯晚釣」, 홍간의 「설雪」 등을 비롯하여, 『악장가사』에 수록된 작자 미상의 「어부가漁父歌」와 이를 개작한 조선시대 이현보의 「어부가漁父歌」 등이 있다. 이밖에 서거정·이황·이이·박인로·월산대군·윤선도 등 수많은 문인들이 낚시를 소재로 한 시를 남겼다. 여기서는 서거정·월산대군·윤선도의 시 3편을 들여다보기로 한다.

> 거룻배와 낚싯대가 꿈속에 자주 드니(短艇輕竿入夢頻)
> 지난 세월 물고기랑 새랑 친한 정을 나누었지(平生魚鳥最情親)
> 저 옛날 푸른 도롱이 입은 현진자여(綠簑衣底玄眞子)
> 올해도 인간세상 못 떠난 게 부끄럽다오(羞殺當年未去人)
> 　　　　　　　　　　　― 서거정, 「秋江獨釣圖」 제2수

조선 전기 대제학을 지냈던 서거정이 지은 칠언율의 한시다. 실제 강호에 나가 낚시를 하며 쓴 시가 아니라 「추강독조도」 한 폭을 펼쳐놓고 자신이 늘 '어부'를 꿈꾸며 살아왔지만 아직도 그러지 못한 것이 부끄럽다고 고백한 내용이다. 세상을 살며 맡은 책무는 벗어나기 어렵고, 쉽게 벗어나서도 안 될 일이다. 이것이 그가 어부를 노래할 뿐 실제로 어부가 되지 못했던 현실적 이유일 터이다. 어디 그만 그랬던가. 「어부가漁父歌」를 다듬었던 이현보도 76세까지 관직을 내려놓지 못했다. 이 시에 나오는 '玄眞子'는 당나라의 조선釣仙 장지화를 가리킨다. 그는 청색 삿갓에 녹색 도롱이를 입었는데, 낚시꾼들이 입는 옷을 상징하는 '푸른 도롱이'란 말이 여기에서 비롯된 것이다. 그 당시에 비추어 서거정이 '인간 세상'을 떠나지 못했다고 한탄하는 시대적 배경에는 계유정란이 자리하고 있는 것으로 보인다. 계유정란을 반대하며 사육신처럼 장렬하게 죽거나 생육신처럼 과감하게 관직을 내던지고 강호를 떠돌지 못했음이 그것이다. 이처럼 낚시를 노래한 옛 시인들은 어부가 되기를 소망할 뿐 실제로는 실천하지 못한 경우가 대부분이다. 그 이유는 현실과 이상의 괴리 때문이다. 따라서 그들은 '玄眞子'처럼 진정한 은둔의 시인이 되지 못했다. 그럼에도 불구하고 그들이 굳이 낚시에 관한 시를 쓴 것은 어쩌면 권력자의 이면을 숨기고 싶기 때문인지도 모른다. 속마음은 청렴하다고 주장하고픈 관료들의 자기 과시욕 말이다.

> 추강에 밤이 드니 물결이 차노매라
> 낚시 드리치니 고기 아니 무노매라
> 무심한 달빛만 싣고 빈 배 저어 오노매라
> ― 월산대군, 「江湖閑靜歌」

조선시대 성종의 친형 월산대군이 지은 시조다. '가을밤', '찬 물결', '무심한 달빛', '빈 배'라는 키워드가 형성하는 한적한 분위기가 한 폭의 동양화를 연상케 한다. 권력욕을 벗어버리고 자연 속에서 유유자적하는 삶의 모습이 마치 동생(성종)에게 왕위를 양보하고 일생을 자연을 벗 삼아 풍류 시인으로 살았던 월산대군의 자화상 같다. 그러나 자세히 들여다보면 정반대로도 읽힌다. 겉으로 보기에 물고기가 물지 않은 이유는 물결이 차기 때문이지만, 이면에 숨은 뜻은 권력욕을 드러내기엔 현실 상황이 따라주지 않음을 은근히 내비치는 것이다. 월산대군이 낚으려 했던 '물고기'는 권력욕의 상징이다. 그 반어적 비유는 종장 '무심한 달빛만 싣고 빈 배 저어 오노매라'에서 도드라진다. 배에 실어야 할 것은 물고기인데, 정작 실려 있는 것은 '무심한 달빛'이다. 무심하다는 것은 아무 욕심이 없이 초연하다는 뜻이지만, 아무도 자신의 욕망을 알아주지 않는다는 뜻도 된다. 그러니 자신은 '빈 배'를 저을 수밖에 없는 것이다. 따라서 월산대군은 욕망이 '있음'을 '없음'으로, '가득함'을 '텅 빔'으로 뒤집어 표현한 것이 아닐까.

슈국(水國)의 가을이 드니 고기마다 살져 읻다
닫드러라 닫드러라
만경딩파(萬頃澄波)의 슬카지 용여(容與)하쟈
지국총 지국총 어사와
인간(人間)을 도랴보니 머도록 더옥 됴타
— 윤선도, 「어부사시사·추사(秋詞)」 일부

「어부사시사漁父四時詞」는 윤선도가 65세 때 벼슬을 그만두고 전라남도 보길도의 부용동에 들어가 은거할 무렵에 지은 연시조이다. 고려 때부터 전해 오던 〈어부가〉를 이현보가 〈어부가〉 9수로 개작하였고, 이것에 윤선도가 다시 후렴구를 넣고 춘하추동 각 10수씩(총 40수)을 덧붙였다. 여음은 배를 띄우는 것에서부터 돌아오기까지의 과정에 따라 말을 붙였다. 세상에서 벗어나 보길도의 자연과 한몸이 되어 강호한정江湖閑情을 노래한 것이 주제이다. 인용한 시는 「추사秋詞」의 일부로서 '슈국水國'(보길도)의 가을 바다를 실컷 즐기면서 '인간人間'(속세)을 멀리하고 싶다는 내용이다. 국문학사상 '시조의 최고봉'으로 평가받는 윤선도는 실제로 보길도 부용동에 자신만의 왕국을 짓고 84세까지 장수하다가 타계했다. 그는 보길도뿐만 아니라 해남의 연동과 금쇄동에도 화려한 거처가 있었는데, 무덤은 「산중신곡」, 「오우가」 등을 썼던 금쇄동에 있다.

3-2. 현대-자아성찰 혹은 마음 비우기

옛날의 낚시가 벼슬에서 물러난 관료나 유한계층의 노인들이 은둔생활의 방편으로 즐겼다면 오늘날의 낚시는 다양한 계층의 사람들이 여가 선용이나 취미생활의 방편으로 즐기게 되었다고 할 수 있다. 낚시 유형도 옛날엔 강이나 호수에서 하는 민물낚시가 대부분이었지만, 요즘은 민물낚시는 물론 갯바위나 배를 타고 바다 한가운데로 나가서 하는 바다낚시로까지 확대되었다. 낚싯대도 옛날의 대나무 위주가 아니라 카본 재질에 릴을 장착하게 되었으며, 미끼 또한 지렁이를 비롯한 실제 미끼에서 거짓 미끼를 활용한 소위 루어낚시가 성행하게 되었다. 그리하여 현대의 낚시는 원래의 정적인 요소에 동적인 요소가 가미되면서 그 개념 또한 레저스포츠의 성격을 띠게 되었다. 낚시 인구도 700만 명을 넘어서 등산 인구를 제치고 1위로 부상했다. 하지만 낚시의 목적만큼은 번잡한 현대생활의 굴레를 벗어나 자연 속에서 유유자적하면서 명상을 즐긴다는 차원에서 예나 지금이나 크게 달라지진 않았다고 생각한다. 다만 애초부터 물고기를 잡기 위한 목적과는 거리가 멀었던 옛날과는 달리 요즘은 물고기를 낚는 데서 오는 즐거움과 성취감을 더 탐닉하는 것으로 보인다.

낚시 열풍에도 불구하고 한국의 현대문인 중에서 낚시를 즐기는 사람은 극소수이다. 필자가 알기로 얼마 전에 타계한 소설가 천승세를 비롯하여, 문학평론가 전영태 · 하응백, 시인 송수권 · 김명인 · 전동균 그리고 필자 정도가 전부인 것 같다(물론 더 있을 수 있을 것이다). 옛날엔 문인들의 전유물이나 다름없었던 낚시를 왜 요즘 문인들은 꺼릴까에 대해선 정확히 그 이유를 모르겠다. 이를 문인들에게 물어보면 시간이나 마음의 여유가 없어서, 기다리기 답답해서, 출조비용이 많이 들어서, 살생하기 싫어서, 잡은 물고기를 요리하기 귀찮아서 등등 제각각이다. 상대적으로 운동 삼아 등산을 즐기는 문인들은 많은데도 말이다. 목포 바닷가에서 벌써 40여 년째 바다낚시를 해온 필자가 아무리 문인 낚시 친구를 찾으려고 애를 썼으나 아직껏 혼자일 수밖에 없는 이유도 이 때문이다.

앞의 문인들 중 시인은 아니지만 필자가 최고의 낚시꾼으로 꼽는 사람은 문학평론가 전영태 교수이다. 필자가 그를 직접 만나본 적은 없지만 입소문을 통해 익히 알고 있으며, 특히 그가 오랜 경험을 통해 터득한 낚시의 묘미와 철학에 관한 글을 읽으며 큰 감명을 받았다. 특히 그는 낚시 에세이집『유혹과 몰입의 기술, 낚시』에서 "허탕 치기는 마음 비우기의 기본 전제임이 틀림없다. 허탕 치기는 많이 잡기, 대어 잡기의 대조 조건이다. 허탕을 쳐야 많이 잡기, 대어 잡기의 기쁨이 얼마나 큰가를 알 수 있다."라고 빈손 철수가 마음 비우기에 있음을 강조하고 있으며, 「낚시꾼의 은유와 상징」이라는 글에서는 "치밀한 사전 준비, 예리한 포인트 분석, 탁월한 채비 운용술, 고기가 걸렸을 때의 발빠른 대처, 침착하게 대어를 끌어 올리는 아름다운 힘의 분배, 펄떡거리는 고기 몸을 두 손으로 잡고 짓는 겸손한 승리의 미소, 깔끔한 뒤처리, 청결한 낚시터 환경 유지 등등, 그의 동작 하나하나에 눈길이 머물고 숨이 멎는다"며 뛰어난 낚시꾼의 낚시 기술은 그 자체가 예술이라고 칭송해 마지않는다. 또한 "낚시란 우리가 알 수 없는 물밑 세계에 숨어있는 은유와 상징체계를 끌어올려 그 뜻을 마음속에 아로새기는, 세계에 대한 해석의 현실적이고 실천적인 방법"이라며 문학적 해석과 비유의 원리 차원으로까지 끌어올리고 있다.

    그러면 낚시를 노래한 2편의 시를 보자.

> 바다가 너무 넓어서
> 한 칸 낚싯대로 건져 올릴 물고기 아예 없으리라
> 줄을 드리우자 이내 전해져온 이 어신은
> 저도 외톨이인 바닷속 나그네가
> 물 밖 외로움 먼저 알아차리고

>   미끼 덥석 물어준 것일까
>
>   낚싯대 쳐들자 찌를 통해 주고받았던 手談
>
>   툭 끊어져 버리고
>
>   미늘에 걸려온 것은 외가닥 수평선이다
>
>   외로움도 지나치면 해 종일 바닷가에 서서
>
>   수평선에 이마 닿도록
>
>   나도 한 마리 마음 물고기 따라나서지만
>
>   드넓은 바다 들끓는 파도로도
>
>   더는 제 속내 펼쳐 보이지 말라고
>
>   자욱하게 저물고 있는, 저무는 바다
>
>   그 파랑 속속들이 헤매고 온 물고기 한 마리
>
>   한입에 덥석 나를 물어줄 때까지
>
>   나 아직도 바닷가에 낚시 드리우고 서 있다
>
>   어느새 바다만큼 자라 내 앞에서 맴도는
>
>   물고기 한 마리 마침내 나를 물고
>
>   저 어둠 한가운데 풀어 놓아줄 때까지
>
>   ― 김명인, 「외로움이 미끼」 전문

  위 시의 제목은 시적 화자가 무엇 때문에 낚시하는지를 극명하게 보여준다. 그것은 한마디로 외로움을 달래기 위해서이다. 그렇디면 그 외로움은 어떤 외로움일까. 이미 인간이 지닌 근원적이고도 실존적인 외로움일 터이다. 그것을 해소하고자 충만한 외로움을 미끼로 달아 바다에 낚시를 드리우지만, 미늘에 걸려 나온 것은 물고기가 아니라 막막한 '외가닥 수평선'이다. '외로움'은 해소되지 않는다. 그래서 마음속의 물고기가 되어 바다의

'속내'를 들추려고 끊임없이 상상하고 교감을 나누려 하지만 바다는 끝내 보여주지 않는다. 그래도 저물도록 포기하지 않고 낚시를 드리우고 있다. 그렇다면 시적 화자가 끝끝내 낚아 올리고자 하는 실체는 무엇인가. 그것은 내가 바라는 물고기가 '나'를 물고 '어둠' 한가운데 자유로이 헤엄치도록 풀어주는 일이다. 달리 말해서 결국 '나' 자신을 낚는 일이라고 할 수 있다. 그러니까 김명인 시인이 바라는 낚시의 목적은 외로움을 달래는 데 있고, 그 고독한 응시를 통해 스스로를 성찰하고 발견하는 데 있다고 할 것이다. 위의 시 이외에도 「바닷가의 장례」 등 그의 명시들이 모두가 낚시하다가 얻은 것들이다.

    필자가 알기로 김명인 시인은 수십 년의 조력을 쌓은 바다낚시꾼이다. 울진 후포가 고향인 그는 어렸을 때부터 자연스럽게 낚시와 친해졌을 것으로 짐작된다. 필자는 10년 전쯤에 가족을 이끌고 그의 고향인 후포에 놀러가 방파제에서 숭어낚시를 한 적이 있다. 낚시하면서 숭어들이 고향 사람을 알아보는지 아니면 그가 숭어들의 속내를 환히 꿰고 있는지 몰라도 필자의 낚시는 외면하고 그의 낚시만 줄기차게 물고 올라왔다. 그 광경을 지켜보면서 새삼 그의 귀신 같은 낚시 실력에 속으로 감탄한 바 있다. 낚은 숭어를 집으로 가져와 그가 손수 회를 떠주어서 모두들 맛있게 먹었던 기억이 아직도 생생하다. 또 한번은 그가 정년퇴임 이후에 필자가 사는 목포에 내려와 밤새 갈치낚시를 즐긴 적이 있다. 밤바다를 바라보던 그가 앞으로 남해 어디쯤에 집과 낚싯배를 마련하고 여생을 낚시하며 보내고 싶다는 소망도 내비쳤던 것 같다. 다음에 또 낚시하러 오겠노라고 아예 낚싯대를 두고 갔는데, 요즘은 어떻게 지내고 있는지 근황이 궁금해진다.

들오리 떼 지나가고 한결 깊어진 강의 안쪽에서 푸른 갈댓잎 한 장, 비밀문서처럼 내 앞으로 천천히 흘러왔네 출렁이는 온 강물을 싣고, 그 알 수 없는 고요의 눈동자 반짝이면서 한 칸 반 낚싯대 끝을 가만히 흔들었네 그때, 별이, 아랫도리 다 벗은 아이 같은 저녁별이 떠서, 내 눈에는 보이지 않는 하늘길을 잠시 비추었네 누군가의 한 생이 물결처럼 환히 몸 뒤집었네

— 전동균, 「강의 안쪽에서」 전문

이 시는 고요하고 정적인 밤 민물낚시의 풍경을 잘 보여준다. 물론 수런거림은 있다. '강물'이 출렁이고, '들오리 떼 지나가고', '푸른 갈댓잎 한 장' 흘러오고, '낚싯대 끝'이 가만히 흔들리고, '저녁별'이 반짝이고, '물결'이 환히 몸을 뒤집는 작은 움직임이 그것이다. 그러나 전체적인 시적 분위기는 차분히 가라앉아서 적요롭기까지 하다. 그가 낚아 올리고자 하는 대상에 대한 직접적인 묘사는 보이지 않는다. 아마 물고기도, 세월도, 세상에 대한 환멸도, 사적 고통이나 번민도, 유유자적한 여유로움도 아닌 듯하다. 다만 작은 수런거림을 무심히 응시하며 귀를 기울이고 있을 뿐이다. 그렇다면 그는 무엇 때문에 낚시하고 있는 것일까. 그것은 마지막 구절 '누군가의 한 생이 물결처럼 환히 몸 뒤집었네' 속에 숨어있는 듯하다. 그러니까 그가 무심히 낚시하면서 목도한 것은 '누군가의 한 생'인데, 과연 그 '누군가'가 누구이겠는가. 그것은 당연히 시적 화자인 '나'이다. 그러니까 그가 밤낚시를 한 목적은 '나'를 낚기 위한 것이고, 나의 '한 생'을 성찰하기 위한 것이라고 할 수 있다.

전동균 시인을 필자가 만나본 적은 없다. 다만 그가 보내온 시집을 읽다가 낚시에 관한 시가 많은 것을 보고, 상당한 조력을 지닌 민물 낚시꾼이 틀림없을 것이라고 짐작하고 있을 뿐이다.

앞의 2편의 시를 통해 드러난 공통점을 요약하면, 한국의 현대 시인들이 낚시를 즐기는 목적은 물고기를 낚기 위해서라기보다 자아를 성찰하고 인생을 관조한다는 데 있다는 점이다. 시인들은 번잡한 현대생활의 굴레를 벗어나 낚시를 통해 물속에 비치는 자신을 들여다보면서 인생을 어떻게 살아야 할 것인가를 생각하는 데 주력한다고나 할까. 이따금 파들거리는 시도 낚아 올리면서 말이다.

4. 변방살이의 외로움과 나의 낚시

내가 바다낚시를 시작한 것은 한반도 서남쪽 끄트머리인 목포에 살면서부터이다. 목포에서 살다 보면 마치 절해고도로 유배온 것처럼 단절감이 들 때가 많다. 마음 터놓고 술 한잔 나누고 싶은 문인도 없고, 그렇다고 문명의 한복판인 서울은 특별한 일이 아니면 가기 싫어 스스로 고립무원에 처한 셈이다. 그런데 주변에는 바다가 펼쳐져 있고, 섬들이 오리 새끼들처럼 둥둥 떠다니고, 물고기가 함께 놀자고 펄쩍펄쩍 뛰어오르고 하니, 그들과 친해지고 싶어서 선택한 나름의 궁여지책이 낚시이다. 말하자면 변방살이의 외로움을 달랠 방편으로 선택한 것이 바다낚시인 셈인데, 자꾸 거기에 빠져들다 보니 이젠 낚시가 아니면 도저히 살아갈 이유를 찾을 수 없을 정도로 무슨 운명적인 관계가 되어 버렸다. 그리하여 낚시와 연애에 빠진 지 어언 40년째 접어드는 낚시광이 다 되었다. 낚시광들에게 "양귀비하고 술 먹을래 아니면 낚시할래?"라고 물으면 주저 없이 "낚시하겠다"고 대답한다는데, 내가 똑 그렇다.

처음에는 낚시 삼아 수천 개의 다도해를 모두 돌아다니면서 섬마다 한 편의 시를 써보자고 생각했다. 그래서 틈만 나면 낚시 가방을 둘러매고 돌아다녔다. 그러다 보니 지금껏 무인도를 제외한 섬들을 거의 한 번씩은 거친 것 같다. 지금도 물고기가 잘 낚이는 서남해 갯바위 구석구석이 마음속에 지도처럼 펼쳐져 있다. 심지어는 세월호가 침몰했던 맹골수도까지 겁도 없이 돌아다녔다. 그런데 시를 남기겠다는 결심은 아쉽게도 실천에 옮기지 못했다. 그러다가 불가능할 것 같던 대학교수 자리를 얻어 직장에 충실하다 보니 낮에는 낚시 가기가 어려워져 밤낚시로 바꾸게 됐다. 출조지도 멀리는 갈 수가 없어 가까운 연안으로 옮기게 되었으며, 대상 어종 또한 밤에 잘 무는 농어와 갈치로 바뀌었다. 수온이 오르기 시작하는 4월부터 11월까지는 농어 찌낚시를, 8월부터 11월까지는 목포 앞바다에 바글거리는 갈치낚시를 병행한다.

다소 과장하면 나는 그해 첫 농어가 몇 월 몇 일 몇 시에 어느 갯바위를 타고 오르는지를 기다렸다가 알아뒀다가 정확히 낚아낼 줄 안다. 그래서 별명이 자칭 '농어 귀신'이다. 밤이면 초저녁부터 홀로 갯바위에 걸터앉아 새벽 5시까지 밤을 꼬박 새우고서야 귀가한다. 그러다 보니 아내로부터 "미쳤다", "캄캄한 밤에 무섭지도 않으냐?"는 핀잔을 자주 듣는다. 그러든 말든 무슨 의무처럼 적어도 1주일에 5번은 퇴근하기 무섭게 갯바위로 출근한다. 그래야만 한 주일이 가뿐하게 넘어간다. 모임이 있어 출조하지 못할 때면 왠지 짜증이 나고 술맛도 안 난다. 냉장고에는 낚아서 말린 물고기가 그득하다. 자연산을 직접 낚아서 먹다 보니 양식을 파는 횟집에도 거의 가질 않는다.

　앞에서 밝혔다시피, 필자가 바다낚시를 즐기는 이유나 목적은 꼭 물고기를 낚을 욕심이 많아서라기보다 외로움을 달래기 위해서이다. 그런 의미에서 낚시는 유일한 외로움의 동반자이다. 남들 다 자는 밤에 홀로 갯바위에 걸터앉아 바다만 바라보고 있어도 그렇게 마음이 편하고 행복할 수 없다. 보름달이라도 뜰라치면 윤슬이 반짝이는 밤바다는 『월인천강지곡』을 연주하듯 아름답고 황홀하다. 물고기가 물지 않으면 대신 시詩를 간간이 낚아 올린다. 초보 시절엔 아무리 낚시에 관한 시를 써보려 해도 되지 않았다. 조력 20년이 돼서야 시가 보이기 시작했다. 그 이전엔 물고기마저 허탕을 칠 때가 허다했다. 그럴 때마다 답답해서 화를 내고 부족한 낚시 실력을 자책하기도 했다. 낚시에 대한 진정한 묘미를 몰랐고, 내공이 부족했던 탓이다. 이젠 물고기의 입질이 전혀 없어도, 빈손으로 돌아올 때도 아무렇지 않다. 밤바다를 양껏 응시한 것만으로 마음껏 넉넉하고 즐겁다. 비로소 마음 비우기가 가능해졌기 때문이다. 한마디로 밤바다 낚시는 나를 대면하는 시간이다. 그러나 나는 멀고 거친 바다에서 대물과 한판승부를 벌이는 프로 낚시꾼이 아니라, 여전히 집에서 가까운 연안 갯바위에서 낚시 자체를 즐기는 아마추어 낚시꾼이다. 그래도 이젠 고래와 상어, 다금바리, 돗돔 등을 제외하고는 웬만한 바닷물고기는 모두 만나보았다. 머잖아 그 경험과 지식을 책으로 남길 날이 있을 것이다.

　나는 기회가 있을 때마다 낚시 관련 글을 통해 정년을 하면 목포에서 가까운 섬이나 바닷가 어디쯤 오두막집을 짓고 여생을 낚시하며 살다가 서편 하늘을 황홀하게 물들이며 떨어지는 일몰처럼 저물고 싶다는 바람을 드러낸 바 있다. 반드시 그럴 것이다. 아래 인용한 시는 필자가 목포에 살면서 스스로 유배객이나 된 듯 바다낚시에 한창 빠져 있을 무렵 쓴 것이다. 오랜만에 다시 읽다가 '이승이 모자라면 저승의 시간까지라도 가불하여/거기 황홀히 몰입하고 싶'다는 구절까지 끼어 있는 걸 보니 그 당시엔 낚시에 미쳐도 단단히 미쳤던 모양이다. 그렇지 아니한가.

> 그리움 도지면
> 하루에도 몇 번씩 마음이 몸을 빠져나와
> 남해 어느 바닷가 갯바위에 걸터앉아 있는 거야
> 바다를 사랑한 죄로 스스로 유배라도 당한 듯
> 낚싯대 하나 황홀히 드리우고 있는 거야
> 마음이야 늘 지치고 허기졌으니
> 그렇게 종일토록 외로움만 낚아 올려도
> 행복하겠다 오히려
> 불타는 낙조를 뒤로하고 돌아오는 길이
> 속세로 유배를 떠나는 것처럼 끔찍하겠다.
>
> 갯바람 살랑거리면
> 마음은 벌써 몸을 저만치 버려두고서
> 갯바위에 걸터앉아 낚싯대 하나 드리우는 거야
> 지금껏 살아온 날들과 과감히 결별하면서
> 남은 생을 즐거이 유배당하고 싶은 거야

이승이 모자라면 저승의 시간까지라도 가불하여
거기 황홀히 몰입하고 싶은 거야 그리하여
순식간에 물속으로 빨려드는 어신찌처럼
어느 날 홀연히 사라진다 해도
한세상 충분하겠다.

―「낚시 유배」 전문

남도의 젖줄 영산강의 문학과 노래

1. 영산강의 문학적 의미

　원형적 이미지로서 강江은 우선 물의 이미지와 관련된다. 여기에서 물은 탄생, 죽음, 재생, 정화, 속죄, 풍요, 성장, 경계를 상징한다. 분석심리학자 융(Carl Gustav Jung)에 따르면 무의식의 가장 일반적인 상징이기도 하다. 따라서 강의 이미지는 죽음과 재생, 시간(세월, 역사)의 영원한 흐름 등을 나타낸다. 특히 강이 시간의 면면한 흐름을 나타낸다는 점에서 현실성이나 역사성과 관련된다. 대하서사시大河敍事詩나 대하역사소설大河歷史小說이라는 문학 명칭에 '대하大河'가 들어가는 이유가 여기에 있다. 예를 들어, 우리나라의 대표적인 강인 한강에 대한 대하서사시가 있다면 이는 우리나라의 역사를 반영한 시가 되고, 경상도를 대표하는 강인 낙동강에 대한 대하역사소설이 있다면 이는 경상도의 역사를 대변하는 소설이 되는 셈이다.

　이러한 맥락에서 담양 가마골 용소에서 발원하여 목포의 영산강하구언에 이르는 연장 2,740km의 영산강은 남도를 대표하는 강이다(정확히 말하면 광주를 포함한 전라남도, 그것도 전남 서남부를 적시며 다도해로 흘러드는 큰 강이다). 따라서 남도 역사의 흐름을 상징하는 영산강은 이 지역의 숱한 삶의 희로애락을 반영하는 거울과 같다. 또한 광활한 대지를 적시고 만물을 먹여 기르는 영산강은 남도의 젖줄이요 생명의 큰어머니라고 할 수 있다.

예로부터 영산강권역은 호남문학의 본산이었다. 담양의 가사문학을 비롯한 조선시대의 수많은 문학작품들이 영산강의 누정樓亭을 중심으로 탄생한 것이 그것이다. 나주 태생 조선 중기의 문신 임제林悌나 나위소羅緯素의 문학작품이 대표적이다. 현대에 이르러 영산강을 형상화한 문학작품은 상당수다. 그러나 근대 이전의 문학작품들이 시가문학으로서 자연친화적인 삶을 노래한 반면, 근대 이후의 문학작품들은 이 지역민의 삶과 치열한 역사의식이 투영되어 있는 것들이 대부분이다.

이 글은 이 지역 출신 현대 문인들의 문학작품 속에 영산강이 어떠한 양상으로 형상화되어 있는지를 살피는 데 목적이 있다. 개별적인 작가와 작품을 다 살펴볼 수 없어 대표적인 작가와 작품을 박화성의 단편소설 「홍수 전후」와 「한귀」, 문순태의 대하장편소설 『타오르는 강』, 여상현의 장시 「영산강」, 나해철의 연작시 「영산포」로 국한한다. 또한 송춘희의 「영산강 처녀」와 안치환의 「영산강」을 중심으로 대중가요 속의 영산강은 어떤 모습으로 투영되어 있는가를 아울러 살펴보고자 한다. 그리고 앞으로 전개될 영산강에 대한 문학과 노래 창작의 가능성과 방향을 조심스럽게 타진해보고자 한다.

2. 영산강의 문학적 형상화 양상

근대 이전에 영산강을 읊은 시가들은 조선 효종 때 나주 출신 송암松巖 나위소羅緯素의 한시 「강호구가江湖九歌」[1]를 비롯해

수백 편에 이른다고 한다. 그러나 정확히 밝혀지거나 연구된 바는 없다. 영산강 상류를 중심으로 한 누정문학에 대한 연구만 진전되었을 뿐이다. 앞으로 나주시를 중심으로 조사·연구가 필요하다. 따라서 이 글은 근대 이후 영산강을 소재 또는 배경으로 한 문학작품2)에 국한하여 논의하고자 한다.

2-1. 천재지변과 싸우는 민중들의 삶-박화성의 소설 「홍수 전후」·「한귀」

목포 출신 박화성(朴花城, 1904~1988)은 호남 최초의 근대 여성이자 한국여성소설의 대모로 통한다. '동반자 작가'3)의 작품 경향과 리얼리즘에 입각하여 현실 문제를 깊이 있게 파헤친 작가로 평가받고 있는 그녀는 1920년대에는 「하수도 공사」 등 주로 목포를 배경으로 가난한 노동자와 농민들의 고된 삶을 다룬 사회성 강한 소설을 썼고, 1930년대에는 주로 영산강권역 민

---

1) 그는 관직에서 물러나 영산강변에 수운정(岫雲亭)을 짓고 말년을 지냈다. 이 작품은 수운정의 강호생활에서 느낀 물외한정(物外閑情)을 노래한 것이다.
2) 인용한 소설과 시 외에도 영산강을 배경으로 한 문학작품으로 송수권의 「봄날, 영산포구에서 1·2·3」, 정진홍의 「영산강의 노래」, 박몽구의 「영산강」 등의 시가 있고, 오유권의 「참외」, 김신운의 「남녘 울음」 등의 소설이 있다. 그러나 이들은 인용한 작품보다 대표성이 약해서 논의에서 제외했다.
3) 한국문학평론가협회 편, 『문학비평용어사전 상』, 국학자료원, 2006, 510 511쪽 참조.
'동반자 작가'란, 사회주의운동에 직접적인 조직원의 일원으로 참여하지는 않으나 사회주의문학의 대의에는 동조하는 자유스러운 문학을 하는 작가를 말한다. 우리나라의 경우 동반자문학에 대한 관심은 1929년 이후부터 나타나기 시작했는데, 카프에서 동반자 작가로 인정한 사람으로는 이효석과 유진오가 있다. 이들은 본격적으로 프로문학운동에 참여하지는 않았으나 카프의 방침에는 동조하였다. 1933년 이후 채만식, 백철, 안함광, 임화 등에 의해 이에 대한 본격 논쟁이 있었다.

중들의 척박한 삶을 배경으로 하는 「홍수 전후」, 「한귀」, 「고향 잃은 사람들」 등으로 주목을 받았다. 이 중 「홍수 전후」와 「한귀」는 직접적으로 영산강을 배경으로 한 작품이다.

「홍수 전후」는 1934년 9월 『신가정』에 발표된 단편소설로서 홍수라는 천재지변의 파괴력에 휩싸인 영산강변 농민의 참담한 삶의 현실을 문학적으로 형상화하여 보여주면서, 동시에 소작제도가 갖는 불합리성을 비판하고 있다. 또한 실제로 1934년에 있었던 영산강변 홍수의 기억을 바탕으로 한 작품이라고 할 수 있다.

14년을 영산강변에서 살아온 주인공 송 서방에게 홍수란 연례 행사처럼 당연하고 친근하기까지 한 자연재해이다. 그는 흙에 뿌리를 내린 곡식처럼 하늘의 이치만을 믿고 살아가는 인물이다. 그래서 친구나 이웃의 권고도 듣지 않고 피난도 하지 않은 채 머물러 있다가 일곱 식구 모두가 홍수에 휩쓸리는 참변을 당한다. 가난마저 팔자소관으로 믿던 송 서방이 홍수 때문에 모든 것을 잃게 되자 마침내 모순적인 현실에 눈뜨고 소작쟁의에 참여하게 된다.

박화성은 홍수와 홍수를 겪는 송 서방 일가의 모습을 작품 전편에 걸쳐 상세하게 묘사하고 있다. 그리고 송 서방 일가의 수난을 통해서 홍수의 위력 앞에 무기력한 인간의 모습과 홍수가 남긴 참상을 면밀하게 그려내 보였다. 이 작품은 자연재해를 소재로 하고 있다는 점, 이를 통해 점차 사회 현실과 모순 앞에 각성해가는 주인공을 다루고 있다는 점, 모순 해결에 대한 전망이 경향파 소설과 같은 맥락을 가지고 있다는 점에서 이듬해 발표된 「한귀」와 더불어 초기 박화성의 소설적 특성을 가장 잘 보여주고 있는 소설로 평가된다.

「한귀旱鬼」는 1935년 11월 『조광』에 발표된 단편소설로서 가뭄과 싸우는 영산강변 마을 사람들의 비극을 문학적으로 형상화하면서 기독교적 세계관을 회의하게 되는 과정을 보여주고 있는 작품이다. 이 작품 또한 실제 1935년 전남 금성산 일대4)를 휩쓸었던 가뭄을 체험한 사람들의 신앙적 갈등을 바탕으로 하고 있다.

주인공 성섭은 기독교 신자이며 집사인 동시에 선량한 농민이다. 그런데 기독교의 교리대로 순종하면서 착하게 살려는 성섭에게도 가뭄은 그와 그의 아내를 신앙의 시험 속으로 몰아넣는다. 극심한 가뭄으로 곡식이 타버리고, 갈증을 해결할 식수마저 부족하게 되자 성섭의 아내는 노골적으로 반교리적 의식을 드러낸다. 성섭 자신도 굶주림에 미쳐 날뛰는 개가 처자를 물어뜯자, 마침내 자기를 가난의 지옥 속에 몰아넣은 지주에 대한 반항과 보복의 감정으로 몸을 떨게 된다.

이 작품은 표면적으로는 가뭄에 시달리는 농민의 이야기이지만, 가뭄이라는 자연적 재난이 일제강점기라는 시대적 비극과 맞물려 빚어내는 농민의 참담한 삶의 조건을 보여주고 있다. 그리고 그것이 인간의 삶 자체를 어떻게 황폐화시키며 정신까지도 교란시키는가를 다루고 있다. 박화성의 작품은 이처럼 재난을 그 자체로서 문제 삼지 않고, 가난과 재난을 유발하는 사회적 모순에 대한 비판의 차원으로, 또는 작중인물이 그러한 인식에 이

---

4) 나주에는 박화성 작가의 언니 박경애 씨가 살던 집(나주군 금천면 광암리 345)이 있고, 「한귀」의 주인공 성섭이 다니던 광암교회가 남아 있다. 성섭은 박화성의 형부인 김재섭 씨가 실제 모델이다. 당시 동네 뒤 언덕에 있었던 광암교회는 낡아서 헐고 동네 안으로 내려와 지난 1968년 새로 지었다.

르게 되는 심리적 전환의 계기로 고양한다.

이처럼 일제강점기에 영산강을 배경으로 한 「홍수 전후」와 「한귀」는 사회적인 문제에 깊은 관심을 보인다. 부와 빈, 지주와 소작인, 강자와 약자 등의 계급적 대립 관계의 모순을 포착하여 궁핍의 원인을 해명해 보려고 시도했다는 점에서 리얼리즘적이라 할 수 있다. 이러한 점에서 최서해, 주요섭, 이기영 등의 소설에서 나타난 경향성과 맥락을 함께 하고 있다고 할 수 있다. 하지만 성급하고 도식적인 저항성을 표면에 드러내지 않는 여류작가로서의 섬세하고도 박진감 있는 문체를 바탕으로 하고 있다는 점에서 이들과 다르다고 하겠다.

2-2. 근대사의 격랑 속 민초들의 한과 투쟁-문순태의 소설 『타오르는 강』

담양 생오지 출신 문순태(文淳太, 1941~)는 1973년 『한국문학』 신인상에 소설 「백제의 미소」가 당선되어 등단한 이래 농촌의 삶의 실상에 바탕을 두고, 우리 민족의 역사적인 한의 뿌리를 찾아내어 그것을 풀어나가는 과정과 고향상실 문제의 해결을 추구하는 작품을 주로 쓴 소설가로 평가받고 있다.[5] 소설적 바탕이 전라도의 농촌을 주요 배경으로 하고 있다는 점에서 그는 장흥의 소설가 한승원과 함께 가장 전라도적인 작가로 손꼽힌다. 특히 그는 본격적으로 영산강을 배경으로 한 소설의 물꼬를 튼 작가인데, 그 대표작이 바로 한국근대사의 격랑 속 영산강

---

5) 『다음백과』, 『위키백과』 참조.

변6) 민중들의 한과 투쟁을 형상화한 대하소설『타오르는 강』7)이다.

『타오르는 강』은 1975년 ≪전남매일신문≫에「전라도 땅」이라는 제목으로 1년 동안 연재되다가, 소설과 관련한 방대한 자료를 정리할 필요성을 느낀 문순태 자신의 의도에 따라 중단되었다. 이후 그는 자료가 "내 안에서 푹 곰삭기를 기다린"8) 12년 뒤인 1987년 창작과비평사에서 전 7권으로 출간하였으나 여전히 미완성이었다.9) 마침내 8권과 9권에 광주학생독립운동 부분을 추가하여 무려 37년 만인 2012년 소명출판사에서 전 9권으로 완간되었다.

이 소설은 1886년 노비세습제 폐지에서 시작하여 동학농민전쟁, 목포 개항과 부두 노동자의 쟁의, 1920년대 전남 나주 궁삼면 소작쟁의 사건을 거쳐, 1929년 광주학생독립운동에 이르러 대미를 장식하고 있다. 이 소설의 가장 큰 특징은 사장되어버린 전라도 토박이말을 최대한 되살렸다는 점이다. 작가는 언어의 채굴자라는 사명감으로 이 소설을 쓰면서 녹음기를 들고 시골장과 산골 마을을 두루 돌아다녔다고 한다. 그 결과 독자들로부터 전라도 토박이말을 가장 폭넓고 실감나게 구사했다는 평을

---

6) 『타오르는 강』의 직접적인 배경이 되는 장소는 사회 변혁기에 접어든 19세기 말 전라남도 나주군 궁삼면 일대이다.
7) 2024년 9월 '타오르는 강 문학관'이 나주시 예향로에 재개관했다.
8) 문순태,「작가의 말」,『타오르는 강』(1권), 창작과비평사, 1987.
9) 문순태는 여전히 대미를 장식할 사건 하나를 염두에 두고 있었는데, 그것이 광주학생독립운동이라고 술회하였다. 그러나 운동의 주동자가 사회주의자라는 이유로 당시 정권이 불인정함에 따라 다루지 못하다가 참여정부 들어 역사적 공적을 인정받아 창작이 가능하게 되었다고 한다(김영번,「37년 만에 대하소설 '타오르는 강' 완간 문순태씨」, ≪문화일보≫, 2012.04.02.). 끊기고 이어지는 창작의 과정이 실로 영산강처럼 파란과 굴곡이 많았다고 할 수 있다.

받고 있다.10)

또한 당시 노비들의 생활과 풍속사가 사실적으로 잘 드러나 있다는 점이다. 게다가 대하역사소설이지만 역사적 인물이 주인공이 아니라는 점 또한 색다르다. 어느 특정한 역사적 인물이 아닌, 강변에 지천으로 핀 들꽃 같은 사람들 모두가 주인공이다. 민중을 역사의 주체로 삼고 있기에 역사 속의 특정한 인물을 내세우지 않았다고 볼 수 있다. 문순태가 이 소설에서 영산강과 함께 흐르는 '한의 민중사'를 추적하고 싶었다는 것도 같은 맥락이다.

이 소설에는 2백여 명의 인물이 등장하고 있는데 작가는 엄청난 분량의 들꽃 같은 개인적 삶의 역사까지도 꼼꼼하게 밝혀냄으로써, 그들의 생각과 행위를 명징하게 드러내고 있다. 이들 개인의 행위에 대한 분명한 동기부여는 삶의 구체성과 역사적 의미를 드러내기 위한 것이지만, 이 소설에서는 그것이 개인의 행동에만 국한되어 있지 않고 집단적 행위로도 나타난다. 작가는 그것을 무서운 힘으로 발휘되는 민중의 한이라고 파악한다.

그리고 이 소설은 광주학생독립운동을 충실한 연구와 자료 확보, 그리고 고증을 통해 있는 그대로 복원해 냄으로써 한국현대문학사에 '민중적 역사소설', '가족사 연대기 역사소설'로 자리매김할 수 있을 것으로 본다.11) 한마디로 이 소설은 영산강을 배경으로 한 최대의 걸작이라 할 만하다.

---

10) 문순태는 『타오르는 강-우리말 사전』을 펴낼 계획이라고 한다.
11) 조은숙, 「문순태 소설 타오르는 강의 서사 전략-광주학생독립운동의 역사성을 중심으로」, 『호남문화연구』 제54집, 전남대학교 호남문화연구소, 2015, 247쪽.

2-3. 민족사의 수난과 민중적 저항-여상현의 장시「영산강」

전남 화순 출신 여상현(呂尙鉉, 1914~)은 1939년 연희전문학교를 졸업하였다. 1935년 서정주, 오장환, 김광균 등과 함께 『시인부락』 동인으로 활동하다가 해방 후에는 조선문학가동맹에 가담하였고, 한국전쟁 중에 월북했다. 시집으로 『칠면조』가 있다.

여상현은 소외된 시인일뿐더러 그의 시에 대한 논의도 그리 많지 않다. 월북작가인데다 단 한 권의 시집인 『칠면조七面鳥』만을 남겨놓았기 때문이다. 게다가 그의 시는 "다른 모더니즘 시들 속에서 자신만의 영역을 주제에 있어서나 기법에 있어서나 아직 확실하게 구축하지 못했다. 그의 시는 김광균의 건조한 회화적 이미지와 서정주나 오장환의 울부짖는 듯한 표현주의적 지향의 중간에 놓여 있는 듯이 여겨진다. 이것은 중도적 균형감각이라기보다 일종의 모색적 자기방황의 모습에 가깝다."[12]는 평가를 받았다. 즉 자기 색깔을 확실히 갖지 못했다는 평가이다. 그러나 그의 시가 민족 현실을 외면하고 있지 않은 점, 진실하게 고뇌하는 시인으로서의 면모와 민족에 대한 애정을 갖고 있다는 사실만큼은 부인할 수 없다.

     진달래 뿌리를 스쳐
     가난한 마슬의 토장(土墻)을 돌아
     열두 골 살살이 모여든
     영산강 오백 리 서러운 가람아

---

12) 신범순, 『한국현대시사의 매듭과 혼』, 민지사, 1991, 221쪽 참조.

먼 천심(天心)처럼 푸르고
어질디어진 청춘의 마음인 듯
푸른 바다로 푸른 바다로 가는 길이기에
밤낮없이 흘러가며
하냥 여울져 가느다란 경련을 일으킴이어

봉건의 티끌 처마 밑마다 쌓여 있고
제국주의 왜적의 탯줄을 붙들어
지극히 영특한 '뿌르'의 웅거지
여기 전라도 부호가 사시고
여기 또 전라도 소작인, 선비의 지식, 상놈
사철 검정 무명치마의 가시내도 무수히 산다

소리 잘한다는 전라도 사람
북간도(北間島)며 대판(大阪)이며 지향 없이 떠나갔던 이민들
소리도 없이 흐느꼈던 눈물에 섞여
굽이굽이 영산강은 흘러가는 것이다

한발과 홍수의 천재(天災)를 뉘 원망하랴
동척(東拓)의 손아귀를 뉘 막아내랴
왜병은 얕은 예측 상류상전은 더구나 무서운 전율의 백일몽이었던가
돈이요 논이요 중추원 참의라
쇠잔한 목숨들은
사뭇 궁하면 병사계 면서기 성님이라도 있어야 했다

기름진 국토, 늘어가는 헐벗은 계급이 있어

산에 올라 사슴도 될 수 없고
때론 풀 뜯는 송아지 뛰는 물고기도 부러운
인생의 크나큰 설움에
바다로 푸른 바다로 모두가 해방을 찾었다

오 얼마나 목메어 찾던 해방이었던가
바둑돌과 절벽 밑을
크고 작은 들판과 얼음짱 밑을 감돌아
영산강 줄기찬 물결을 모르랴마는
바다는 아직도 저 먼 곳에 있음인가
진정 눈앞에 해방이 없다

가을 햇볕에 항쟁의 피도 엉키었고
왜적과 더불어 호화롭던 놈이
또한 호화로운 외출이 잦어도
담양 죽세공, 화순 탄광부, 나주 소반공
도둑이 버리고 간 옛땅만 바라볼 뿐인 무수한 농민들

봄이 오면 제비 날으고
풀뿌리 캐서 연명할 서름
열두 골 줄기줄기 모여든
예나 다름없는 영산강 오백 리 서러운 가람이여
— 여상현,「영산강」전문

「영산강」은 1947년『신천지』에 발표된 시로, 골짜기와 마을을 돌아 흐르는 영산강을 많은 곡절과 사연을 지닌 민족사의 운명과 대비시켜서 형상화하고 있다. 여기에서 '강'은 일제강점기의 역사적 수난과 민중적 저항을 동시에 표상한다.

1연과 마지막연은 영산강이 한마디로 전라도 역사와 민중의 한이 서린 '서러운 가람'임을 역설하고 있다. 2연과 3연에서는 '봉건'과 '제국주의' 시대를 관통하며 영산강에 깃들어 사는 사람들의 양면성13)을 기술하고 있다. 다시 말하자면 '부호', '소작인', '선비', '상놈', '가시내' 등 빈부와 계급과 남녀가 모두 깃들어 살고있는 곳이 영산강이라는 것이다. 이러니 소작쟁의가 빈번할 수밖에 없다. 4연은 '북간도', '대판' 등지로 떠나야 했던 전라도 민중의 이민사를, 5연은 '한발', '홍수' 등 영산강의 자연재해를, 6연은 해방을 열망했던 일제강점기를, 7연과 8연은 해방을 맞이했으나 여전히 비참한 농민들의 현실을 목도하면서 '진정 눈앞에 해방이 없다'고 표현하고 있다. 한마디로 이 시는 영산강이 남도의 서러운 역사를 대변하면서 오늘도 면면히 흐르고 있음을 이야기하고 있는 영산강 관련 시 중 최고의 걸작이요 서사시라고 할 만하다.

2-4. 가족사를 통한 민중들의 삶과 정한-나해철의 연작시「영산포」

나주 영산포 출신 나해철(羅海哲, 1956~)은 1982년 ≪동아일보≫ 신춘문예에 「영산포 1·2」로 당선된 이래 시집 『무등에 올라』, 『동해일기』, 『그대를 부르는 순간만 꽃이 되는』, 『아름

---

13) 3연에서 "'뿌르'의 웅거지"라 함은 '부르주아 계급(지주)들이 굳세게 뿌리 내린 지역'을 뜻한다.

다운 손』,『긴 사랑』,『꽃길 삼만 리』,『위로』,『영원한 죄 영원한 슬픔』14) 등을 펴냈으며, 80년대 '5월시' 동인으로 활약한 시인이다. 의사 출신인 그는 주로 전라도를 배경으로 한 민중의 삶과 정한을 노래하는 등 사회성이 강한 시를 써왔으며, 데뷔작인 연작시「영산포」는 그의 대표작으로 각인되었다. 따라서 김용택이 '섬진강 시인'이라면, 그는 '영산강 시인' 혹은 '영산포 시인'이라고 부를 만하다.

연작시「영산포」는 모두 10편으로 이루어져 있으며, 첫 시집『무등에 올라』(창비, 1984)에 실려 있다. 이 시는 시인 자신의 가족사를 통해 영산강변 민중들, 더 나아가 당대의 모든 민중들의 삶과 애환을 대변하고 있는 명편이다. 일제시대 때부터 수탈의 현장으로서 '영산포'는 민족의 고통스런 삶의 공간이며, 애환이 서린 공간이다. 나해철은 자신의 고향 영산포에서 나고 자란 기억을 바탕으로 가족사를 담담히 진술함으로써 민중의 애환을 서정적으로 표출해내고 있다.

1960년대 산업화로 인해 영암, 장흥, 강진, 완도, 진도, 목포 등의 젊은이들이 서울로 떠나가는 호남교통의 요지 '영산포'는 이별의 공간이자 민중의 애환이 서린 현장이었다. 나해철은 시적인 기교보다는 리얼리즘에 바탕을 둔 시적 진술로 민중의 애환을 서정적으로 표현함으로써 생동감 있는 영산강 유역의 역사를 그려내고 있다.

　　배가 들어/멸치젓 향내에/邑內의 바람이 달디달 때/누님은 榮山浦를 떠나며/울었다.

---

14) 이 시집은 세월호 참사에 관한 연작시 304편을 묶은 것이다.

가난은 강물 곁에 누워/늘 같이 흐르고/개나리꽃처럼 여윈 누님과 나는/청무우를 먹으며/강둑에 잡풀로 넘어지곤 했지.

빈손의 설움 속에/어머니는 묻히시고/열여섯 나이로/토종개처럼 열심이던 누님은/湖南線을 오르며 울었다.

강물이 되는 숨죽인 슬픔/강으로 오는 눈물의 소금기는 쌓여/江深을 높이고/항시리 젓배는 곧 들지 않았다.

浦口가 막히고부터/누님은 입술과 살을 팔았을까/천한 몸의 아픔, 그 부끄럽지 않는 죄가/그리운 고향, 꿈의 下行線을 막았을까/누님은 오지 않았다/잔칫날도 큰 집의 제삿날도/누님 이야기를 꺼내는 사람은 없었다.

들은 비워지고/강은 바람으로 들어찰 때/갈꽃이 쓰러진 젖은 窓의/얼굴이었지/十年 歲月에 살며시 아버님을 뵙고/오래도록 소리 죽일 때/누님은 그냥 강물로 흐르는 것/같았지.

버려진 船艙을 바라보며/누님은/남자와 살다가 그만 멀어졌다고/말했지.

갈꽃이 쓰러진 얼굴로/榮山江을 걷다가 누님은/어둠에 그냥 강물이 되었지,/강물이 되어 湖南線을 오르며/파도처럼 산불처럼/흐느끼며 울었지.

―「영산포・1」전문

'빈손의 설움 속에/어머니는 묻히시고/열여섯 나이로/토종 개처럼 열심이던 누님은/호남선을 오르며 울었다.'는 구절을 통해 1960년대~1970년대 빈촌에서 어머니가 임종을 맞이함에 따라 고향을 찾아와 어머니를 땅에 묻고 '열여섯 나이'로 타향살이를 해야만 했던 누이의 아픔을 진술하고 있다. 여기서 '누이'는 시인 자신의 누이뿐만이 아니라 산업화 시대를 맞아 무너져가는 농촌인 이 땅의 모든 누이들을 가리킨다. 따라서 시인의 가족사는 보편성으로 확대된다.

영산포의 향토사도 민족사로 대체될 수 있다. 다시 말해서 신화와 원형을 역사적인 측면으로 해석할 때 한 가정의 가족사는 한 가족의 애환이 아니라 한 지역의 역사와 민족사를 대변한다는 뜻이다. 이런 맥락에서 볼 때 연작시「영산포」는 영산강 유역의 문화를 배경으로 한 전라도 민중의 애환과 당대의 모든 민중의 애환을 대변하는 것이어서 공감도가 크다고 하겠다. 한 마디로「영산포」는 1960~1970년대 산업화 시대의 영산포라는 시간과 공간을 배경으로 한 한 편의 영화 같은 시라고 할 수 있을 것이다.

3. 영산강에 관한 노래의 의미들

영산강에 관한 노래들은 1960년대 이후에 나온 유행가요가 대부분이다. 좀 더 찾아봐야 하겠지만 지금껏 필자가 조사한 바에 따르면 6곡이 있다. 송춘희「영산강 처녀」(1968), 이미자「영산강 뱃노래」(1969), 원중의「다시 찾은 영산강」(1969), 양희정의 「영산강아 말해다오」(1976), 김연자의 「영산강」(1984년,

kbs 농촌드라마「대추나무 사랑 걸렸네」주제가), 안치환의「영산강」(1997년)이 그것이다. 안치환의 노래가 역사의식을 담은 운동권 성향의 노래임을 감안하면 영산강에 관한 노래들이 산업화로 인한 농촌의 몰락 및 이촌향도와 때를 맞추어 불린 노래가 대부분이라고 할 수 있다. 2000년대 이후엔 한 곡도 없는 걸 보면 이제 영산강이 우리의 관심이나 기억 속에서 점점 사라져가고 있음을 말해준다. 여기에서는 가장 먼저 나온 노래와 가장 나중에 나온 노래 2곡을 소개한다.

> 1.
> 영산강 굽이 도는 푸른 물결 다시 오건만
> 똑딱선 서울 간 님 똑딱선 서울 간 님
> 기다리는 영산강 처녀
> 못 믿을 세월 속에 안타까운 청춘만 가네
> 길이 멀어 못 오시나 오기 싫어 아니 오시나
> 아~아~푸른 물결 너는 알지 말을 해 다오.
>
> 2.
> 유달산 산마루에 보름달을 등불을 삼아
> 오작교 다리 놓고 오작교 다리 놓고
> 기다리는 영산강 처녀
> 밤이슬 맞아가며 우리 낭군 얼굴 그리네
> 서울 색씨 고운 얼굴 정이 깊어 아니 오시나
> 아~~ 구곡간장 쌓인 눈물 한이 서린다
> ― 송춘희,「영산강 처녀」1 · 2절

「영산강 처녀」는 1968년 천지엽이 작사하고 송운선이 작곡했다. 「수덕사의 여승」으로 유명한 가수 송춘희가 부른 영산강에 관한 최초의 노래다. 한마디로 '눈물과 한이 서린' 이별 노래다. 눈물과 한이 서린 주체는 누구인가. 영산강변에 사는 시골 '처녀'다. 무엇 때문에 눈물과 한이 서렸는가. 어느 날 훌쩍 떠나더니 아무런 소식도 없이 돌아오지 않은 '님'(영산강변에 살았던 총각) 때문이다. 2절에서는 님이 '낭군'으로 바뀐다. 떠나간 '님' 혹은 '낭군'을 하염없이 기다리는 처녀의 자세는 저 「정읍사」나 망부석 설화를 연상시킨다. 아무래도 그는 끝내 돌아올 것 같지 않다.

　그렇다면 그는 왜 영산강을 떠났을까. 처녀가 싫어서였을까. 아니면 시골살이가 싫어서였을까. 노래 가사로만 보면 뚜렷한 이유가 없다. 여기에서 이 노래 가사는 우리에게 남녀 간의 이별을 넘어선 시대적인 원인을 생각하게 한다. 이 노래가 발표된 1968년은 산업화로 인해 이촌향도 현상이 극심했던 시기이다. 조상 대대로 물려받은 전답을 팔아 너도나도 대도시로 이주했던 시기다. 이로 인해 농도였던 전라도 사람들이 특히 상실감이 컸다. 아마도 영산강을 떠나 '서울'로 떠난 님 혹은 낭군도 그러한 이유에서 사랑하는 영산강 처녀와 헤어져 서울로 떠날 수밖에 없었을 것이다. '영산강'은 농촌의 표상이요 '서울'은 도시의 표상이라는 점에서 대척점에 놓인다. 따라서 애절한 이 노래는 남녀 간의 이별에만 국한되지 않고 시대상을 포괄하는 것으로 받아들여진다. 그래서 유행가란 그 시대를 담은 노래 아니던가. 60~70년대에 나온 다른 영산강 관련 노래의 내용도 거의 유사한 것이 이를 뒷받침한다.

차라리 울어 볼거나
이 칙칙한 어둠 몰고
소리 없이 숨죽여 울어 볼거나

차라리 돌아설거나
무너져 내린 설움 안고
여윈 허리 보듬어 돌아설거나

밤마다 산마루 넘어와서
시꺼멓게 다가와
두 손 내미는 못다한 세월

밤마다 산마루 넘어와서
시꺼멓게 다가와
두 손 내미는 못다한 세월

― 안치환,「영산강」전문

  안치환의「영산강」은 1997년 이봉신이 작사하고 문승현이 작곡한 노래다. 송춘희의「영산포 처녀」를 비롯한 다른 영산강 관련 노래와는 다른 내용을 지니고 있을뿐더러 가장 나중에 나온 노래다. 어둡고 슬프고 가슴 저미는 역사의 한복판을 흘러온 영산강을 형상화하고 있다. 따라서 다른 노래들이 이별을 노래했다면, 이 노래는 역사의식을 노래했다는 점에서 차이를 보인다.

그래서 이 노래의 가사는 영산강을 의인화하는 데 주력하고 있는데, 1연에서는 영산강을 '소리 없이 숨죽여' 우는 강, 2연에서는 '돌아서는' 반역의 강, 3연에서는 '시꺼먼' 역사와 화해의 강으로 각각 형상화하고 있다. 표현적인 측면에서 보면 노래 가사라기보다 시에 가까워 대중성을 확보하기 어렵다. 하지만 송춘희 노래든 안치환의 노래든 영산강을 통해 남도의 굴곡진 역사와 남도 사람들의 슬픔과 한을 노래했다는 점에서 앞에서 살펴본 문학 작품들과 일맥상통한다고 볼 수 있다.

4. 앞으로의 전망

지금까지 살핀 바대로, 영산강을 형상화한 4명의 문인과 문학작품은 서로 공통점과 차이점을 지니고 있음을 알 수 있다. 모두가 영산강변에 사는 민중들의 삶과 애환을 리얼리즘 시각으로 형상화하고 있다는 점이 공통점이라면, 서사의 초점이 각각 천재지변, 역사적 사건, 민족 수난사, 가족사에 맞춰져 있다는 점이 차이점이다. 이는 이 지역 작가들에게 영산강이 삶과 역사의 중심 현장으로 인식되어왔음을 말해준다고 하겠다. 2명의 가수가 부른 노래 또한 영산강을 통해 남도의 굴곡진 역사와 남도 사람들의 슬픔과 한을 대변했다는 점에서 대동소이하다.

그렇다면 지금까지 그래왔듯이 앞으로도 영산강이 문학이나 음악적 관심의 대상이 될 수 있을까. 일단 그 전망은 어두운 쪽으로 무게중심이 쏠린다. 위에서 살펴본 작품들은 모두가 농업이 주산업이었던 시대의 이야기다. 작가들 또한 영산강변에서 태어나 자란 체험을 지닌 사람들이다. 주지하다시피 작금의 4차

산업시대에 농업은 고사 직전에 이르렀다고 해도 과언이 아니다. 농촌 인구도 급속도로 감소하고 있다. 영산강변에서 태어나 살면서 직접 농업이나 어업을 체험해보지 않은 사람들이 영산강을 이야기하기는 힘들다. 더욱이 영산강하구언이 생겨 물길이 막히고 4대강 사업으로 인해 영산강의 수질은 물고기 등 생명체들이 살 수 없을뿐더러 농업용수로도 부적합할 만큼 오염되었다. 전망을 논의하기 전에 무엇보다도 영산강을 살리는 길이 급선무인 이유이다.

그렇다고 영산강이 문학작품이나 노래의 관심사에서 제외될 수는 없다고 본다. 영산강의 역사와 추억마저 사장된 것은 아니기 때문이다. 작금의 문단이 아무리 서울 중심이라지만 지역문학이 서울문학을 따라가서는 살아남을 수 없다. 그러기 위해서는 지역문학만의 정체성을 지켜가야 한다. 따라서 전라도의 역사를 품고 흐르는 영산강은 여전히 지역 작가들에게 문학적 수원水源이 될 수밖에 없고 또 되어야 마땅하다.

그렇다면 앞으로 어떠한 방법과 방향으로 영산강에 대한 문학적 접근을 시도하는 것이 바람직할 것인가. 그것은 첫째, 기존 작가들처럼 영산강변의 삶과 역사를 이야기하더라도 문체의 변화 등 방법적인 변화가 있어야 할 것이다. 둘째, 영산강의 현실을 직시할 때 현안인 생태환경문제를 최우선 과제로 삼아야 할 것이다. 노래 또한 마찬가지다. 지겹게 반복되어온 트로트 풍에만 그쳐서는 안 된다. 가사도 남녀 간의 이별 내용만으로 일관해서는 식상할 수밖에 없다. 새로운 내용과 창법의 개발을 고민해야 하는 이유가 여기에 있다.

김지하 시인에 대한 회고와 변명

이른바 문화의 암흑기로 불리던 1941년 목포에서 출생한 김지하 시인이 2022년 5월 8일 원주에서 80세를 일기로 타계했다. 이날은 어버이날이자 부처님 오신 날이었다. 이로부터 49일 후인 6월 25일 한국전쟁일엔 그를 기리는 추모문화제가 열렸다. 우연의 일치라기엔 참 묘하게도 날짜가 겹쳤다. 부음을 들은 5월 9일 저녁 5시 무렵 장례식장으로 차를 몰았다. 목포에서 원주까지는 참으로 먼 거리였지만, 살아생전 고향 후배를 아껴주던 고인을 생각하면 기꺼이 문상을 가는 것이 마땅한 도리라고 생각했다. 초행길인데다가 길을 잘못 들어 밤 11시쯤에야 원주에 도착했다. 장례식장 안엔 상주 외에 아무도 없었고, 김지하 연구 3인방인 임동확·홍용희·손정순만 밖을 지키고 있었다. 한 시대를 풍미했던 고인의 이름에 걸맞지 않게 초라하고 적막한 밤이었다. 다시 밤길을 뚫고 목포로 돌아왔을 때 아침 7시였다.

1. 인연 혹은 회고

김지하 시인과 필자의 첫 인연은 20년 전쯤으로 거슬러 올라간다. 목포의 생가를 복원하기 위한 일로 연락을 드리게 되었는데, 말씀을 꺼내기 무섭게 호된 꾸지람만 얻어들었던 적이 있다. "생가 복원 따위는 사후에 하는 것인데, 날 더러 빨리 죽으라는 뜻이냐"는 일갈이었다. 문학관 건립에 대한 물음에도 대답은 부정적이었다. "목포가 아닌 원주를 원한다"고 하였다. 그가 고향 목포와 전라도에 대해 지독한 애증을 갖고 있음을 그때 알았다.

필자와 김지하 시인의 공식적인 만남은 2007년의 일이다. 당시 광주의 계간 『시와사람』 편집주간을 맡고 있던 필자가 그와의 신년특집대담을 위해 일산 자택을 찾은 것이다. 이전의 악연 때문에 속으로 몹시 떨렸지만, 그는 그런 필자를 아무렇지도 않다는 듯이 반갑게 맞아주었다. 대담은 논스톱으로 장장 6시간 진행됐다. 누에가 입에서 실을 뽑듯이 동서양을 넘나들며 펼쳐지는 그의 해박한 지식과 논리에 필자는 입을 다물지 못했다. 지금은 문명 대전환의 시대라는 것, 저항을 넘어선 생명 운동이 필요하다는 것, 극좌가 아닌 중도의 길을 가야 한다는 것, 편향적인 전라도의 문화적 패러다임이 바뀌어야 한다는 것 등이 골자였다. 그가 처음부터 저항시를 썼던 것이 아니라 습작기엔 딜런 토마스의 시에 경도되어 초현실주의 시를 썼다는 사실도 알았다.

대담을 통해 큰 문화적 충격에 빠져 있던 필자는 그때부터 김지하의 문학과 사상에 관심을 갖고 틈틈이 공부하기 시작했다. 그러자 그는 아직 책으로 묶지 못한 강연 원고나 신간 저서를 친히 보내주면서 공부를 독려했다. 광주, 전주, 목포, 익산, 해남, 강진 등지에 흩어져 있는 그의 추종자들과도 얼굴을 트게 되었고, 모임에도 동참했다. 그러다 보니 어느새 필자도 그를 추종하는 한 사람이 되어 있었다. 그러나 공부를 하면 할수록 광대무변하고 심원한 그의 사상적 넓이와 깊이를 이해하기 어려워 미궁에 빠지는 등 자질 부족을 확인할 뿐이었다.

그로부터 몇 년 후, 필자는 그를 목포대학교 명사 초청 강연자로 모셨다. 그는 처음엔 극구 수락을 꺼렸으나 필자의 간곡한 부탁을 받아들였다. 고향에 대한 지독한 트라우마에 시달리던 그가 목포에 내려와 강연한 것은 그때가 처음이었다. 편찮은 몸을 이끌고 왔던 당일 강연이 시작되기 전 함께 왔던 사모님이 사회를 맡은 필자에게 미리 당부했던 한마디가 아직도 귀에 생생하다. "선생님은 고문 후유증으로 정신착란증을 앓고 있으니 이를 감안하고 들어달라"는 부탁이었다. 지금 생각해보면, 섬광閃光과 섬망譫妄 사이를 오간다는 게 이를 뜻하는 말이었다. 무리한 정치적 발언 등 때때로 거친 언사가 튀어나오는 원인도 여기에 있음을 나중에야 깨닫게 되었다.

한번 물꼬를 튼 김지하 시인의 목포행은 이후에도 계속 이어졌다. 그때마다 필자가 징검다리가 되었다. 강연이 끝나면 목포의 주요 인사인 소설가 천승세, 환경운동가 서한태, 목포중학교 동창이자 병원장 최태옥, 당시 목포시장 정종득, 건설업자 김호남 등이 동석했다. 비록 신안군의 재정 사정으로 무산되었지만, 압해도에 한국 최초의 해양문학관인 '압해도바다생명문학관'을 건립하려 했던 것도, 목포 고하도에 '국립호남권생물자원관'을 건립(2020)한 것도 그 당시 김지하 시인의 제안에 따른 것이었다. 그뿐만 아니라 그는 틈만 나면 필자와 함께 목포의 이곳저곳을 돌아다니면서 어린 시절을 회상하거나, 앞으로 목포가 동아시아 '산알'의 중심이 될 것, 목포문학이 살아남기 위해선 해양문학을 지향해야 한다는 것, 늙은 문인을 멀리하고 젊은 문학도를 양성하라는 것, 문학도 극좌가 아닌 중도가 바람직하다는 것을 강조했다. 자신이 태어난 연동 뻘바탕을 찾아간 자리에선 지금껏 알려진 생가 주소가 틀렸다는 것, 첫 시집 『황토』에 나오는 죽음과 관련한 시편들에 대한 평자들의 해석이 잘못되었으니 바로 잡으라는 것 등을 일일이 지적했다. 비록 빗나갔지만, 2020년 마지막으로 목포를 찾은 자리에선 유럽 쪽에서 좋은 소식이 들려오고 있다며, 필자에게 귓속말로 "아무래도 올해 노벨문학상을 받을 것 같다"는 이야기를 건넨 적도 있다.

돌아보건대, 김지하 시인과의 만남을 통해 필자가 조금이나마 기여한 바가 있다면 그것은 그와 고향 사이에 가로놓인 건널 수 없는 강을 연결하는 징검다리 역할을 했다는 점일 것이다. 그리고 그의 사상을 공부하고 이해하면서 문학을 포함한 문화 전반에 대한 균형 잡힌 시각과 방향을 깨닫게 됐다. 그 영향들이 최근에 쓴 필자의 시에도 미세하나마 반영되고 있는 것이 아닌가 한다.

2. 변명 혹은 해명

김지하 추모문화제를 지내고 나서야 비로소 오해를 불식할 수 있게 되었지만, 서두에서 언급한 바처럼 필자는 쓸쓸하기 그지없었던 장례식장 분위기와 애써 외면한 듯한 문단의 반응에 씁쓸함을 감출 수 없었다. 주지하다시피 그의 죽음에 대한 이러한 반응의 배후에는 살아생전의 정치적 발언에 대한 '배신' 또는 '변절'이라는 오명이 여전히 깔려 있었기 때문이다. 직접적으로 말하면, ① 1991년 조선일보에 실린 「젊은 벗들! 역사에서 무엇을 배우는가-죽음의 굿판을 당장 걷어치워라」라는 컬럼과 ② 2012년 대선 때 박근혜 후보 지지 발언이 그 빌미를 제공했기 때문이다.

    물론 이러한 발언은 첨예하게 대치하던 당시의 시대적 상황과 어떻게 원수의 딸을 지지할 수 있냐는 세간의 인식을 감안했을 때 비판받을 소지가 충분하다고 생각한다. 그러나 좀 더 깊이 들여다보면 이는 진보 진영에 대한 배신이나 변절을 위해 작심한 돌발적 발언이 아니라 평소 그의 사상적 지론의 연장선상에서 파악하고 이해할 필요가 있다고 생각한다. 그런 의미에서 필자는 '저항'과 '생명'은 상극이 아니라 "생명 지키기라는 방어적인 국면에서 생명의 문화를 일구어나가는 본질적이고 주체적인 차원으로 나아간 것"(김지하 추모 좌담, 「생명사상의 선구자 김지하를 위한 변론」, 『쿨투라』 2022년 7월호)이라는 홍용희의 견해와 "그의 질타는 배신이 아니라 동지 후배들에게 대한 뜨거운 애정에서부터 나온 것", 그리고 박근혜 지지 풍파에 대해서도 "하나는 박정희와 악연을 끊고 국민통합의 길을 모색하려는 것, 또 하나는 생명사상을 정치적으로 실현하려면 여성이 앞장서야 한다는 것, 그리고 자기를 만나려면 배성론지 지학순 주교 묘지에 가서 지난날을 참회하고 오라는 것"(위의 좌담)이라는 이유와 조건이 있었다는 임진택의 주장에 적극 동의한다. 그러나 언론이 이를 왜곡·와전시키거나 진보 진영 일각이 포용적인 시각으로 이해하지 못함으로써 그 인식이 오늘에 이른 점에 대해 참으로 유감스럽고 안타깝게 생각한다.

    설사 그의 발언의 진의가 사실이었다고 할지라도 그것만으로 김지하 시인의 모든 것을 매도하고 평가절하하는 것은 잘못되었다고 본다. 김지하는 신이 아니라 불완전하고 모순투성이인 인간이다. 그도 실수하고 죄를 지을 수 있다는 말이다. 따라서 한 사람에 대한 평가는 공과를 함께 따져야 한다. 과는 비판하되 공은 칭송받아야 마땅하다. 김지하가 누구인가. 저 참혹한 70~80년대에 군사독재와 온몸으로 맞서 싸운 반체제 저항 시인의 대명사 아닌가. 죽임의 시대에 맞서 살림의 시대를 주창한 생명사상의 선구자 아닌가. 물 건너온 이식문화가 판치는 이 땅에서 주체적인 민족문화가 무엇인지를 탐구하고 제시한 문화혁명가가 아닌가. 그런 그를 한때의 무리한 정치적 발언 몇 마디로 배신자요 변절자로 몰아세우는 것이 과연 온당한가. 그의 덕분에 우리가 이만큼이라도 진일보한 민주주의를 누리고 있는 것은 아닌가.

앞에서 필자는 사모님의 말씀을 빌려 그가 무리한 정치적 발언을 하던 당시 정신적으로 정상이 아니었음을 밝힌 바 있다. 게다가 이 두 발언이 야기한 파장에 대해서 스스로 잘못을 인정하고 사과한 것으로 안다. 「죽음의 굿판을 걷어치워라」에 대해선 2001년 '박정희 기념관 건립 반대 1인 시위'를 마치고 한국작가회의 사무실에 들러 까마득한 후배 문인들 앞에서 그리고 같은 해 계간 『실천문학』 여름호에 소설가 김영현과의 특집대담을 통해 공식적으로 사과했다. 박근혜 지지 발언에 대해서도 임진택의 말을 빌리면 의도야 어찌 됐든 "결과적으로 잘못된 판단"(위의 좌담)임을 술회했다고 한다. 그런 만큼 이제 우리는 그를 옥죄는 틀을 풀고 놓아주어야 할 때다. 그를 좀 더 넓은 시각으로 포용해야 한다고 생각한다. 더욱이 그는 유명을 달리한 만큼 그의 영혼이 구천을 떠돌지 않고 자유롭게 저승에 들 수 있도록 기원해야 할 것이다.

3. 문제 혹은 과제

다소 빠른 제안일 수도 있지만, 김지하 시인이 타계함으로써 남은 문제 혹은 과제가 몇 가지 있다. 그것은 ① 김지하연구회를 결성하여 그의 문학과 사상 전반을 체계적이고 깊이 있게 연구하는 일이고, ② 김지하기념사업회를 결성하여 매년 문학제 혹은 문화제를 개최하는 일이며, ③ 김지하기념관 혹은 김지하문학관을 건립하는 일이다.

그러나 이 일들의 추진은 용이하지 않을 것으로 보인다. ①은 그간 나름대로 연구를 지속해 온 사람들을 규합하면 그리 어렵지 않을 수도 있지만, ②는 구성 범주를 어디까지 잡을 것이며, 주최는 어디서 맡을 것인가 등의 복잡한 문제가 따른다. 왜냐하면 살아생전 김지하는 시인이자 사상가이고, 문화 운동가이며, 화가였기 때문이다. ③도 마찬가지다. 어디에 건립할 것이며, 누가 주체가 될 것인가의 문제가 따른다. 장소에 대해선 전술했다시피 고향인 목포(목포문학관)보다 오래 살았던 원주(토지문화관)가 일차적인 선택지가 되어야 한다. 이는 무엇보다도 살아생전 고인이 누차 밝혔던 유지이기 때문이다. 그러나 원주가 여의치 않다면 목포가 차선책일 수밖에 없다고 생각한다. 건립 주체도 목포시가 될 수밖에 없다. 아무튼 이에 대해서는 살아생전 그를 따랐던 각 분야의 사람들이 머릴 맞대고 논의하여 최선책을 내놓기를 기대한다.

6월 25일 서울의 추모문화제에 이어 8월 27일에 고향 목포(김대중기념관)에서도 추모문화제가 열렸다. 필자의 제안으로 목포시가 주최하고 목포 시민들이 적극적으로 참여한 행사였다.

10월에는 목포문학관에서 김지하 문학제도 열었다.
　다시 한번 고인의 영면과 명복을 빈다.

제3부

풍류정신과 저항정신의 도도한 맥
― 남도문학

1. 남도문학의 특징

'남도'라는 말은 전라남도라는 특별한 지역의 명칭이자, 전라남도만의 고유한 문화의 통칭이다.[1] 그냥 '전남'이라 하지 않고 굳이 '남도'라고 칭하는 것도 이 말이 지닌 문화적 속성 때문이다. 따라서 '남도문학'이라 함은 타 지역과 구별되는 남도만의 정체성과 독자성을 지닌 문학을 뜻한다. 또한 '남도현대문학'(혹은 남도근대문학)[2]은 1894년 갑오경장 이후부터 현재까지[3] 전라남도의 지역적·문화적 특성이 반영된 문학을 뜻한다.

예로부터 남도는 '예향'(혹은 '문향')으로 불려왔다. 이는 문

---

[1] "'남도'라는 말은 고유성, 개별성, 역사성을 갖지 않았을 때는 하나의 공간을 나타내지만, 그것이 '북도'와 짝을 이루게 되면 행정구역을 지칭하게 된다. 그래서 '남도'라는 말은 '전라남도'와 관련이 깊다. 하지만 충청남도나 경상남도의 '남도'처럼 지정학적 위치를 표시하는 말은 아니다. '남도'는 문화적인 위상과 역할을 함축하고 있는 개념화된 말이라고 보아야 한다."(김동근, 「남도시문학의 로컬리티와 지역문학사」, 『세계 속의 지역어문학·문화 연구』, BK21사업단 제7회 국제학술대회 자료집, 전남대학교 대학원 국어국문학과, 2020, 161쪽.)
  또한 이 용어는 전라남도와 광주광역시가 분리된 1986년 11월 이전까지는 두 지역을 포괄하는 명칭이었다. 그러나 이 글에서는 편의상 전라남도만을 가리키는 명칭으로 한정하고자 한다. 그래야만 지역학으로서 전라남도의 '남도학'과 광주광역시의 '광주학'이 구분될 수 있기 때문이다. 그러나 지역적으로나 문화적으로 같은 두 지역을 구분하기는 참으로 애매한 일이다.
[2] 문학사에서 '근대'와 '현대'는 같은 뜻을 지니므로 혼용하고 있다. 따라서 이 글에서도 문맥에 따라 두 용어를 번갈아 사용하고자 한다.
[3] 여러 의견이 분분하지만, 일반적으로 문학계에서는 현대문학의 기점을 갑오경장으로 보고 있다.

학을 비롯한 남도만의 예술적 전통이 오늘에까지 면면히 살아 숨쉬기 때문일 것이다. "온난한 기후와 비옥한 토양의 지리적 여건으로 인해 호남인들은 풍부한 감수성의 예술적 기질을 갖추게 되었고, 오랫동안 정치적 주변부에 속해 있었던 역사적 여건은 남도인의 예술 태도를 민중체험에 기반"[4]하게 하였다. 이러한 여건에 따라 문학예술도 논리적이고 설명적인 서사(산문)보다 즉흥적이고 감성적인 서정(운문)의 성향이 더 강했다. 남도창을 비롯한 서편제, 남종화 등 남도에서 꽃피운 예술적 실체가 한국 예술사에서 차지하는 비중은 매우 높다. 그러나 그중에서도 남도를 예향으로 자리매김하는 데 가장 중요한 역할을 담당한 것은 담양을 중심으로 누정가단을 형성하고 이를 기반으로 문학적 흥취를 발현시켜 온 가사문학이라 할 수 있다. 가사문학으로 대표되는 남도의 시가문학은 여러 예술 영역 중에서도 특히 오래된 전통을 지니고 있을 뿐만 아니라, 이 지역의 정서와 사상을 집약적으로 담고 있다고 할 수 있다.[5]

 남도의 전통적인 문학정신은 풍류정신과 저항정신으로 요약할 수 있는데, 이는 이 지역에 많이 자생하는 '대(竹)'에 빗대어 설명할 수 있다. 즉, 대나무는 태평세월에는 피리(악기)가 되지만, 난세에는 죽창(무기)이 된다는 것이다.[6] 이러한 대나무의 정신은 인심이 후하고 풍류를 좋아하되, 불의를 보면 못 참는 남도인의 기질과도 그대로 연결된다. 판소리와 창·민요·무가·산다이로 대표되는 남도의 풍류가락과 여순민중항쟁·5·18광

---

4) 광주·전남향토사연구협의회 편, 『남도문화』, 전라남도교육청, 1998, 220쪽.
5) 김동근, 위의 글, 163~163쪽.
6) 김강태, 「남도정신과 뼐의 정신-송수권 시인」, 『현대시』, 1997, 9월호, 30쪽.

주민중항쟁으로 대표되는 남도의 저항운동이 그 좋은 본보기라고 할 수 있다. 남도의 현대문학은 이 양대 문학정신의 전통을 면면히 이어받아 오늘에 이르렀다고 할 수 있다.

2. 남도문학의 위상

남도의 시가문학과 판소리문학은 조선시대 우리문학의 중심이었다. 시가문학이 지닌 풍류와 저항의 운문정신 그리고 판소리문학이 지닌 풍자와 해학의 산문정신은 면면히 이어져 남도의 현대시와 현대소설을 꽃피우는 밑거름이 되었다. 그리하여 남도는 반도의 끄트머리인 변방에 자리하고 있다는 지정학적 여건의 불리함에도 불구하고 뛰어난 작가를 다수 배출하고 기념비적인 작품을 창작함으로써 한국문학 발전의 견인차 역할을 수행해왔다. 특히 남도현대문학이 지닌 문학정신과 독특한 로컬리티(Locality)는 한국현대문학의 넓이와 깊이를 더하는 데 크게 기여하였다.

시대와 사회의 변화에 따라 문학의 양식적 변화를 도모한 강력한 진원지 또한 남도라 할 수 있다. 즉 한국현대문학사에 큰 획을 그은 시기마다 남도현대문학은 중요한 역할을 담당해왔고, 독보적인 작가들이 등장하여 그에 상응하는 공시적 실체로서의 작품들을 발표하였다.[7] 1920년대에 희곡「난파」등을 써서 한국근대극의 선구적 역할을 수행한 김우진을 필두로, 소설「추석전야」등으로 한국여성소설의 본격적인 출발을 알린 박화성, '시문학파' 결성·주도와 함께 순수시「동백 잎에 빛나는 마음」등

---

7) 김동근 외, 『남도의 시인과 시학』, 전남대학교 출판문화원, 2019, 12쪽.

을 발표함으로써 한국현대시문학의 진정한 출발을 알린 김영랑이 그렇다. 또한 1960년대의 우울한 시대적 분위기를 소설「무진기행」등에 담아냄으로써 '60년대 문학의 기수'로 불린 김승옥, 유려한 문체와 날카로운 시선으로 문학평론을 창작 영역으로 끌어올려 한국평론문학의 독보적인 존재가 되었던 김현, 군사독재시절인 1970대 최초의 담시「오적」등으로 반체제 저항시인의 대명사가 되었던 김지하, 가장 지적인 작가라는 평가와 함께 소설「서편제」등으로 남도 민중과 남도 소리의 한을 육화한 이청준, 장편소설「태백산맥」등을 통해 분단의 아픔과 금기시되어왔던 민족의 수난사를 정리함으로써 본격적인 대하역사소설의 장을 열었던 조정래, 1980년대에 시집『나의 칼 나의 피』등을 통해 시가 문학을 넘어 무기가 될 수 있음을 보여준 가장 혁명적인 시인이었던 김남주, 시집『새들도 세상을 뜨는구나』등에서 새롭고 실험적인 해체시를 통해 80년대의 열악한 현실을 풍자한 황지우 등이 그렇다. 이외에도 거론해야 할 남도 출신 작가와 작품은 부지기수다. 더욱이 이들이 한국문학사에서 차지하는 비중과 현저한 위치를 감안할 때, 남도현대문학을 제외하고 한국현대문학을 이야기할 수 없다고 해도 과언이 아닐 것이다.

3. 남도현대문학의 출발

남도현대문학이 출발한 시기는 1910년대이고, 중심 공간은 목포[8]이며, 주인공은 김우진이다. 남도를 넘어 호남 최초의 현

---

[8] 목포는 1897년 전국 네 번째로 개항한 호남 최초의 근대도시로서 일본을 통한 근대 문화의 유입이 빨랐으며, 일본 유학생 또한 다른 지역에 비해 상대적으로 많았다.

대 지식인이자 문인인 김우진은 1913년 단편소설 「공상문학」을 창작했다. 등장인물을 통해 전근대와 근대의 충돌을 그린 이 소설은 창작시기로만 보면 우리나라 최초의 현대소설로 알려진 이광수의 「무정」(『매일신보』, 1917)보다 4년이나 앞서고, 호남 최초의 근대소설인 박화성의 「추석전야」(『조선문단』, 1925)보다 12년이나 앞선다. 또한 그는 구마모또 농업학교 재학시절인 1915년 근대지식인으로서 고뇌와 방황을 노래한 일문시 「아아 무엇을 얻어야 하나」를 창작했다. 이는 우리나라 최초의 근대자유시로 알려진 김억의 「봄은 간다」(『태서문예신보』, 1918)와 주요한의 「불놀이」(『창조』, 1919)보다 3~4년이나 앞서고, 호남 최초의 근대자유시로 거론되는 조운의 「불살라주오」(『동아일보』, 1922)보다 7년 앞서며, 호남현대시는 물론 한국현대시의 진정한 출발로 보고 있는 김영랑 등 시문학파의 시(『시문학』, 1930)보다는 15년이나 앞선다. 그 이후로도 그는 1926년 사망할 때까지 시 49편(일문시 9편 포함)을 남겼다. 다만, 그의 시와 소설이 근대성은 충분하지만 습작품의 성격이 강하고 미발표작(문학작품은 지면을 통해 발표되어야만 공식적인 효력을 발휘함)이라는 점, 시의 경우 일문으로 되어 있고(그러나 40편은 국문시임) 작품성이 다소 떨어진다는 점(직설적인 관념과 감상성, 형상화의 미숙)9), 소설의 경우 3편을 끝으로 희곡 창작에 주력

남도현대문학 혹은 호남현대문학의 출발과 관련하여 광주나 전주가 아닌 목포가 주목될 수밖에 없는 이유가 여기에 있다.
9) 혹자는 그의 시에 대해 "낭만적 주정성과 상징주의적 요소에 폴베를렌의 퇴폐주의적 경향"을 띠고 있다거나, "시적 사유가 초월적·초역사적인 지점에 있으며 전통적인 사유보다는 서구적인 사유에 이어져 있어 허무주의적이고 염세적"(유민영, 「초성 김우진 연구」, 『한양대논문집』 5집, 1971, 95쪽.)이라고 비판한다. 그러나 이는 동시대의 시인이자 한국근대시의 선구자로 인정되는 김억이나 주요한의 시, 나

한 점 등으로 인해 안타깝게도 제대로 평가를 받지 못하고 있다.

그리고 김우진은 1920년 국내 최초로 '극예술협회'를 조직하고, 1921년 '동우회순회연극단'을 통해 국내 순회공연을 벌였으며, 1924년부터 1926년 사망 직전까지 짧은 기간 동안 근대희곡 「정오」 등 5편을 창작·발표함으로써 한국근대극의 선구자로 평가받고 있다. 그뿐만 아니라 그는 1921년 연극평론 「소위 근대극에 대하여」(『학지광』) 등 20편을 발표한 남도 최초의 문학평론가이기도 했다.

게다가 김우진은 앞에서 말했다시피 희곡뿐만이 아니라 시, 소설, 문학평론, 번역문학에 이르기까지 문학 전반에 걸쳐 주목할 만한 작품을 남긴 문인이다. 그만큼 그는 근대정신 혹은 근대의식으로 철저하게 무장한 지식인이었고, 이를 문학적 실천으로 보여준 문인이었다. 그래서 그가 조금만 더 살았더라면 한국근대문학의 양상이 달라졌을 것이라는 이야기가 최근 들어 여기저기서 터져 나온다. 그의 문학이 재조명되어야 하는 이유이다. 특히 남도근대문학의 출발은 그로부터 비롯됐다는 사실만큼은 확실하다고 할 것이다.

4. 남도를 빛낸 현대문인들[10]

아가 1920년대 '백조파'의 시에서도 동일하게 발견되는 한계점이라 할 수 있다. 이에 반해 "사변적이라는 한계에도 불구하고 인식적 깊이를 확보하고 있다는 점에서 한국근대시에 나타난 초기적 모습의 하나의 진전된 양태"(손화숙, 「김우진의 시 연구」, 『이문논집』 33집, 고려대학교 국어국문학회, 1994, 442쪽)라거나, "일정한 한계에도 불구하고, 근대적 자의식에 의해 현실을 직시하고 그에 대한 시적 인식을 보여준 한국근대시의 실체이자 남도시문학의 자산"(김동근, 앞의 글, 161쪽.)이라는 평가를 받기도 한다.

[10] 남도를 빛낸 현대문인들을 선정·소개함에 있어서 전라남도 출신과 광주광역시 출신 문인을 엄격하게 구분하기란 매우 어렵다. 1986년 11월 이전까지는 전라남도

4-1. 시인

4-1-1. 남도 현대시문학의 진정한 출발점-김영랑

전남 강진 출신 김영랑(1902~1950)은 남도 현대시문학의 진정한 출발점으로 통한다. 1915년에 목포의 김우진이 처음으로 밑그림을 그리고, 1922년 영광의 조운이 뼈대를 세웠지만, 여기에 살과 혼을 불어넣고 섬세하게 다듬어 현대자유시라는 번듯한 건축물을 완성한 사람이 바로 김영랑이기 때문이다. 이를 위해서 그가 1930대가 시작되자마자 광주의 박용철과 강진의 김현구 등 동향의 무명시인들을 주축으로 '시문학파'를 결성하여 벌인 운동이 순수시운동이며, 그들의 문학적 이념과 방향을 시로써 보여주기 위해 발간한 동인지가 『시문학』이다. 이들의 시는 일체의 이념이나 목적성을 배제한 순수성과 언어에 대한 자각을 추구했다는 점에서 1920년대 중반 KAPF의 그것과 분명하게 선을 긋는 한국 현대시의 일대 혁명이자 진정한 출발점이었다. 특히 김영랑은 그 중심이었다.

그러나 김영랑의 시는 순수성만을 추구했던 초기와는 달리, 후기에 들어와선 일제에 저항하는 매운 결기를 보임으로써 남도의 문학정신인 '풍류'와 '저항'의 조화를 동시에 실천하였다. 생의 대부분을 고향 강진에만 틀어박혀 시를 썼던 그의 시에는 남도의 자연과 풍속, 방언과 가락, 남도인의 기질과 성정 등 로컬

에 속했기 때문이다. 그러나 이 글의 성격상 광주광역시에서 태어났거나, 전라남도 출생이라도 광주광역시를 중심으로 문학 활동을 펼친 문인은 최대한 배제했음을 밝힌다. 이 점 많은 양해 바란다.

리티가 고스란히 묻어있다. 특히 「북」이라는 시는 살아생전 남도의 판소리와 잡가를 즐겼던 그의 풍류의식이 드러난 절편이다.

4-1-2. 남도가 낳은 세계적인 저항시인-김지하

목포 출신 김지하(1941~1922)는 남도가 낳은 세계적인 시인이자 반체제 저항시인의 대명사로 통한다. 대학 재학 때부터 학생운동에 앞장서며 투옥과 석방을 반복하던 그는 1970년 『사상계』에 권력 상층부의 부정과 부패상을 판소리 가락으로 담아낸 담시 「오적」을 발표하여 세상을 발칵 뒤집어놓았다. 이로 인해 『사상계』는 정간되고, 그는 구속되었으나 국·내외의 구명운동에 힘입어 석방되었다. 「오적」 필화사건으로 국내보다 국외에서 주목받게 됨으로써 단숨에 세계적인 시인의 반열에 오른 그는 1975년 한국인 최초로 노벨문학상 후보로 추대되었고, 같은 해 감옥에서 아시아·아프리카 작가회의로부터 로터스상을, 1981년엔 세계시인대회로부터 위대한 시인상과 브루노 크라이키상을 수상하였다. 그러나 감옥에서 출소한 1980년대 중반 이후부터 반체제저항시인에서 사상가로 변모한 그는 생명운동, 율려운동, 신인간운동을 주창하는 등 새로운 형태의 민족문화운동을 전개했다.

1980년대 초반까지 금서로 묶였던 그의 첫 시집 『황토』는 고향 목포를 배경으로 삼고 있다. 시집 속에는 '산정리', '비녀산', '성자동 언덕', '용당리', '부주산', '오포산' 등 지금도 존속하는 지명이 빼곡하다. 이 시집은 1961년 남북학생회담 남쪽대표 3인

중 한 사람으로 지명 수배된 그가 학업을 중단하고 목포로 도피하여 항만인부생활 등을 하며 숨어 지낼 때 창작한 것이다. 또한 이 시집에는 동학농민운동과 한국전쟁으로 인한 남도인의 한과 비극적 역사가 육화되어 있다.

4-1-3. 시대의 폭력에 맞선 서슬 퍼런 언어-조태일

전남 곡성 출신 조태일(1941~1999)은 민중을 억누르는 시대의 권력과 제도의 불순한 힘을 서슬 퍼런 언어로 탄핵하고 고발한 시인이다. 또한 그는 김지하, 양성우 등과 함께 60~70년대 남도 시문학의 흐름을 반체제 저항 쪽으로 돌려놓은 데 앞장선 시인이기도 하다. 1974년엔 '자유실천문인협의회'를 결성해 간사를 맡았고, 문예지 『시인』의 주간으로 활동하며 김지하·김준태·양성우 등 남도의 뛰어난 저항시인들을 발굴하기도 했다. 그리고 계엄법 위반 등으로 여러 차례 투옥되기도 했다.

시집 『식칼론』, 『국토』로 대표되는 조태일의 초기시는 폭력에 맞선 자기표현의 확고함, 선언적 어투, 시위, 각성의 촉구를 특징으로 한다. 그러나 시집 『가거도』, 『자유가 시인더러』 등으로 대표되는 후기시에서는 어린 짐승 새끼, 달빛, 이슬, 실개천, 강물, 바다 등 고향 남도의 자연에 대한 폭넓은 교감과 애정의 언어로 변모한다. 특히 48편의 연작시로 이루어진 『국토』는 야성적이고 원초적인 언어로 민중의 삶의 근거인 조국(땅)을 대지적 상상력과 강인한 생명력으로 노래한 대표시집이다. 그는 시집 서문에서 "나의 시는 내가 태어난 전남 곡성 동리산 태안사에서 발원해 전 국토를 온몸으로 내달려 민족과 역사 앞에 올바르게 서고자 하는 몸부림"이라고 씀으로써 남도가 그의 시의 태생적 근원임을 밝혔다.

4-1-4. 남도의 토착 정서와 정신의 완성자-송수권

전남 고흥 출신 송수권(1940~2016)은 남도의 토착 정서와 정신의 완성자로 통한다. 등단 무렵부터 한국의 전통서정시가 노래해온 여성적인 한(恨)을 남성적인 한으로 극복하여 주목을 받았던 그는 평생토록 남도에 살면서 서구문명의 발달과 산업화의 소용돌이 속에서 흔적 없이 사라져버릴 위기에 처해 있던 남도의 토착서정을 끝까지 추구한 진정한 남도시인이다. 그런 의미에서 그는 한국현대시사에서 김소월-김영랑-서정주-백석-박목월-박재삼-송수권으로 이어지는 전통서정시인의 계보에 속한다고 할 수 있다. 그는 '남도'를 그저 하나의 지역공간으로 생각지 않고, 한국인의 원형적 정서가 살아 숨 쉬는 본향이요 황폐한 현대인의 정신을 따뜻하게 보듬어줄 구원의 장소라는 신념을 갖고 시를 썼다.

그러나 송수권의 시는 전통서정에만 머물지 않고 남도 민중의 역동적인 힘과 역사의식을 형상화하는 데까지 나아갔다. 동학농민전쟁을 노래한 『새야새야 파랑새야』(1986), 지리산 빨치산을 소재로 한 『달궁 아리랑』(2010), 제주 4·3항쟁을 신화적으로 육화한 『흑룡만리』(2015) 등 서사시집이 그것이다. 그리고 그는 스스로 '황토의 정신', '대나무의 정신', '뻘의 정신'이라는 남도의 3대 정신을 내걸고 시를 썼다. 한마디로 그의 시는 '남도 문화박물관'이라고 할 만하다.

4-1-5. 시는 불의와 싸우기 위한 무기-김남주

전남 해남 출신 김남주(1946~1994)는 남도가 낳은 가장 전투적이고 혁명적인 시인으로 통한다. 그는 시를 나약한 문학의 꽃으로 보지 않고, 불의와 폭력에 맞서 싸우기 위한 강력한 무기로 여기며 시를 썼다. 그래서 그는 시를 쓸 때 비유를 통한 문학 본연의 언어가 아니라 민중이라면 누구나 알아먹을 수 있는 직설의 언어를 택했다. 한마디로 그의 시는 대나무로 말하면 '죽창'이요, 군사독재정권의 심장을 향해 날아가는 날카로운 '화살'이라고 할 수 있다. 그는 자칭 "글쟁이라기보다 전사"였다.

김남주는 주로 집보다 감옥에서 시를 썼다. 대학 재학시절 『함성』지 사건으로 10개월 수감생활을 한 것을 시작으로 수차례 감옥을 들락거리던 그가 1979년 남조선민족해방전선 조직원으로 활동하다 투옥되어 9년 동안 수형생활을 하던 중 쓴 약 300여 편의 옥중시가 대표적이다. 그는 첫 시집인 『진혼가』(1984)에서 주로 농촌과 농민에 대한 부채의식을 노래하다가, 『나의칼 나의피』(1987)과 『조국은 하나다』에 이르러서는 계급해방의식, 자본주의와 외세 타도, 군부정권 타도와 분단문제로 시의식이 확대되었으나, 난민전 사건으로 복역하다 풀려난 이후에 펴낸 『사상의 거처』(1991)에 와서는 자신의 관념적 사유를 반성하는 쪽으로 변모한다. 게다가 「옛 마을을 지나며」, 「추석 무렵」 같은 서정성이 농후한 시까지 썼다. 그러나 그는 출소 이후 3년 만에 세상을 떴다.

4-1-6. 형태파괴적 실험시로 80년대를 통과하다-황지우

전남 해남 출신 황지우(1952~)는 형태파괴적인 해체시로 열악한 현실을 증언한 80년대 대표시인이다. 해체시란 일종의 형태파괴적인 실험시로서, 기존의 시에 대한 고정관념을 완전히 부정하고 새로운 어법으로 쓴 일종의 '반시反詩'를 말한다. 문자로만 시를 쓰는 것이 아니라 콜라주, 패러디, 시각적 활자, 몽타주, 다큐멘터리, 만화, 만평, 신문기사, 사진, 광고, 전자오락까지를 시 속에 자유로이 끌어들여 역설과 아이러니로 한 편의 시를 완성하는 '낯설게 세상 보기'이다. 시에 대한 전통적인 상식을 가진 독자에겐 참으로 당혹스럽고 기상천외할 수밖에 없다. 그는 1980년대 초반 "지배이데올로기에 대한 교란" 또는 "검열의 장벽 너머로 메시지를 넘기는 수화의 문법"이라는 자기만의 시적 전략으로 이 형태파괴적인 실험시를 구사함으로써 시단에 큰 충격을 주었다. 그것도 이러한 실험시가 주로 전통 어법에 의존하는 성향이 강한 남도 출신으로부터 나왔다는 점에서 더욱 이색적이다.

황지우가 시를 통해 도달하고자 하는 욕망은 두 가지이다. 첫째는 이곳이 아닌 세계, 더 넓고 깊은 세계, 신성으로 충만한 세계로 가려는 욕망(탈출을 통한 유토피아 꿈꾸기)인데, 이는 『새들도 세상을 뜨는구나』(1983) 등 초기시집에 잘 나타나 있다. 둘째는 지금 이곳의 삶에 대해 부대끼면서도 그 병든 세계 안으로 들어가려는 욕망(진흙 속에서 연꽃 피우기)인데, 이는 『게 눈 속의 연꽃』(1990), 『어느 날 나는 흐린 酒店에 앉아 있을 거다』(1998) 등 후기시집을 통해 엿볼 수 있다.

4-2. 소설가

4-2-1 한국여성소설의 큰어머니-박화성

전남 목포 출신 박화성(1904~1988)은 한국여성소설의 큰어머니로 통한다. 또한 김우진의 습작소설에 이어 1925년 단편「추석 전야」로 본격적인 남도근대소설의 출발을 알린 장본인이자, 1932년 장편소설『백화』를 ≪동아일보≫에 연재한 한국 최초의 여성장편소설가이다. 살아생전 100여 편의 단편소설과 20여 편의 장편소설 그리고 500여 편의 수필과 시를 남긴 그녀는 1920년대를 풍미했던 '동반자 작가'로서의 작품 경향과 리얼리즘에 입각하여 일제강점기의 민족현실을 깊이 있게 파헤친 작가로 평가받고 있다.

박화성은 고향 목포를 배경으로 한 가난한 노동자들의 고된 삶을 다룬 사회성이 강한 소설을 집중적으로 발표하여 주목을 받았는데,「추석 전야」,「하수도 공사」,「헐어진 청년회관」등이 대표적인 작품이다. 또한 영산강을 중심으로 한 목포 인근의 농촌과 농민들의 피폐한 현실을 고발한 소설로「홍수전야」,「한귀」,「고향 없는 사람들」등을 들 수 있다. 이 중「헐어진 청년회관」은 일제강점기 청년운동과 민족운동의 보금자리였던 목포청년회관(현 남교소극장)을 배경으로 한 소설로서 당대의 역사의식이 강하게 투영되어 있다.「하수도 공사」는 1931년 3월 29일에 일어난 목포의 하수도 공사장 소동사건을 배경으로 한 실화소설로서 당시 일제가 실업자 구제를 명분으로 하수도 공사를 벌였으나, 결국은 청부업자나 자본주의 지주의 이익으로 돌아가고 말았던 비화를 그린 역작이다.

4-2-2. 60년대 한국소설문학의 기수-김승옥

전남 순천 출신 김승옥(1941~)은 1960년대 한국소설문학의 기수로 통한다. 6·25로 대표되는 1950년대에서 4·19와 5·16 그리고 산업화로 이행하는 길목에서 한국현대소설의 새로운 이정표를 세운 사람이 바로 그이다. 60년대 그의 소설적 관심사는 '개인과 개인적 감수성의 발견'이었다. 민족, 전쟁, 평화, 이데올로기 같은 거대 담론이 아닌 전쟁 이후를 극복해내려는 개인의 의지 그리고 죽을 수도 없는 실존적 구속력과 살아야 하는 자유였다. 거기서 발견한 '개인과 개인적 감수성'은 50년대 소설과는 뚜렷하게 구별되는 한국소설의 혁명으로까지 받아들여졌다. 그러나 여전히 현실은 전쟁의 참혹한 상처가 지배하는 자장 안에 있었던바, 김승옥 자신도 생활인으로서 현실과 타협하지 않을 수 없음을 깨달았고, 1980년 ≪동아일보≫에 연재하던 장편소설『먼지의 방』을 5·18 광주민주화운동이 터지자 자진 중단함으로써 사실상 소설가로서 막을 내렸다. 그리하여 문학이 아무 것도 할 수 없음을 깨달은 그는 문단과는 결별을 선언하고 기독교에 입문하고 만다.

김승옥이 생활인으로 변모하는 시기와 맞물려 발표한 소설이 대표작「무진기행」(1964)이다. '무진'(霧津)의 배경이 된 곳은 그가 자랐던 순천만이다. 그러나 소설 속의 무진은 단순한 고향이 아니라, 물질적 충족과는 상관없이 정신적 허기를 달래줄 그런 자기세계가 들어 있는 공간을 상징한다. 따라서 이 작품은 안개로 상징되는 허무의 공간에서 벗어나 일상 공간으로 돌아오는 한 젊은이의 귀향 체험을 통해 개인의 꿈과 낭만이 용인되지 않는 사회조직 속에서 소외당한 현대인의 고독과 비애를 그린 것이다.

4-2-3. 지적인 성찰과 근원에 대한 탐구-이청준

전남 장흥 출신 이청준(1939~2008)은 한국현대소설사에서 최고의 지적인 소설가로 통한다. 그는 김승옥과 함께 60년대 한국소설을 이끌었던 쌍두마차였다. 김승옥이 '감성'을 내세웠다면, 그는 '지성'을 내세웠다. 그만큼 그의 소설은 60~70년대 한국의 폭력적 현실을 지적인 눈으로 집요하게 성찰했다. 그런가 하면, 자신의 근원적 뿌리인 남도에 대한 탐색도 게을리하지 않았다. 그러므로 그의 소설세계(워낙 다양하고 방대하지만)를 배경공간을 중심으로 2분한다면 한쪽에 도시형(서울) 소설, 다른 한쪽에 시골형(남도) 소설이 자리한다. 전자를 대표하는 소설로「소문의 벽」,「가면의 꿈」,「잃어버린 말을 찾아서」, 후자를 대표하는 소설로「눈길」,「서편제」,「선학동 나그네」를 들 수 있다.

귀향형 소설로 불리는「눈길」은 가난 때문에 고향 장흥을 등지고 떠났다가 다시 그 근원의 의미를 깨닫고 귀향한다는 이야기로서 그의 자전적인 소설이자 1960~1970년대 이촌향도를 경험했던 세대들 모두의 자화상이라고 할 수 있다. 그리고「서편제」와「선학동 나그네」는 그의 연작소설집『남도 사람』에 포함되어 있는데, 남도소리(판소리)를 통한 한(恨)의 예술적 승화라는 주제를 담고 있다. 1950~1970년대 전남 보성의 주막집을 배경으로 한 「서편제」는 사라져 가는 전통문화인 판소리를 업으로 살아가는 한 가족의 이야기이고, 「선학동 나그네」 역시 그의 고향인 장흥의 선학동을 배경으로 했을 뿐 「서편제」의 후속 이야기라고 볼 수 있다. 이 두 소설은 임권택 감독에 의하여 영화화되기도 하였다.

4-2-4. 한국대하역사소설의 거장-조정래

전남 승주 출신 조정래(1943~)는 우리 민족 수난사의 백두대간을 도도한 강물처럼 써 내려간 대하역사소설의 거장이다. 단편 「청산댁」 등으로 대표되는 초기작품을 쓸 때만 해도 그는 평범한 작가에 지나지 않았다. 그러나 그는 1980년 5·18광주민중항쟁을 거치면서 우리 민중항쟁의 역사를 소설로 정리할 것을 다짐한다. 그 결과가 1983년부터 집필에 들어가 1989년 전 10권으로 완간한 작품이 『태백산맥』, 1990년 집필에 들어가 1995년에 전 12권으로 완간한 『아리랑』, 그리고 마지막으로 2008년에 전 10권으로 완간한 『한강』이다. 일제 침략기부터 1980년까지 우리 민족의 굴곡진 현대사 100년을 생생하게 복원한 이 대하역사소설 3부작은 우익단체의 수많은 고발사건 속에서 판매 부수 1,000만부를 돌파하며 '살아 있는 현대사 교과서', '1980년대 최고의 문제작', '이미 고전'이라는 찬사를 받으며 단숨에 조정래를 한국 최고의 작가 반열에 올려놓았다.

이 중 어린 시절 여순민중항쟁의 체험을 바탕으로 써 내려간 『태백산맥』의 주요 무대는 전남 보성군 벌교읍이다. 벌교읍은 이 소설로 인해 이념 갈등과 국토 분단의 상처를 상징하는 지명으로 떠오른다. 이 소설은 여순민중항쟁과 빨치산 활동 등으로 이어지는 좌익 운동의 실상을 객관적인 시각으로 깊이 파헤치고, 분단과 6·25의 비극성 그리고 우리 민족 내부에 도사리고 있는 모순을 비판적인 시각으로 다룬 작품이다. 이는 오랫동안 금기시된 채 가려져 있던 역사적 사실을 복원해 문제의식을 곁들여 제시하는 데 일정한 성과를 보였다는 점에서 우리 소설의 수준을 한 단계 끌어올린 것으로 평가받고 있다.

4-2-5. 바다와 우주의 근원을 향한 탐색-한승원

전남 장흥 출신 한승원(1939~)은 바다와 우주의 근원을 향한 광기 어린 탐색을 지속해온 소설가이다. 또한 『열애일기』 등 7권의 시집을 펴낸 시인이기도 하다. 그에게 있어서 바다는 원초적 힘이 펄펄 살아 숨 쉬는 생명력의 근원이자 죽음의 냄새를 풍기는 한의 근원이기도 하다. 그가 태어나고 자란 고향 '덕도' 앞바다가 소설의 원천이었을 그의 소설에는 남도의 질퍽한 삶과 한의 역사가 꿈틀댄다. 거기서 그는 「목선」, 「포구」, 「낙지 같은 여자」, 「해일」, 「안개 바다」 등 수많은 소설을 물고기처럼 건져 올렸다.

'물'(바다)의 상상력을 통해 자기 근원을 탐색한 그의 소설은 1980년 5·18광주민중항쟁을 계기로 '불'의 상상력을 통해 민족적 자기 근원 탐색으로 바뀐다. 연작소설집 『불의 딸』, 『아제아제 바라아제』가 그것이다. 『불의 딸』의 밑바탕에는 기독교 신자인 아내와 무당의 아들이자 신내림을 감지한 나 사이의 갈등이 자리하고 있다. 이러한 대립구조를 통해 그가 우리에게 말하고

자 하는 것은 '남의 것'이 '우리 것'(토종)을 파괴하는 폭력성을 동반한다는 사실이다. 그는 기독교보다 우리의 무속에서 불변하는 힘과 생명력을 발견하는데, 이것이 바로 민족의 원형성이다. 그리하여 한승원은 불교와 도교를 통해 우주의 근원을 탐색하는 구도자적인 자세를 견지한다. '아제아제 바라아제'는 『반야바라밀다심경』의 끝에 있는 경문의 일부로 '가자가자 더 높이 가자'라는 의미를 담고 있는데, 득도해탈이라는 불교 최고의 이상을 향한 진언이다. 결국 한승원이 가고자 하는 그 높은 곳은 자신이 끊임없이 지향해온 우주의 근원이다.

4-3. 극작가

4-3-1. 한국근대극의 선구자-김우진

전남 목포 출신 김우진(1897~1926)은 한국근대극의 선구자로 통한다. 또한 그는 앞의 3장에서 상세히 기술했듯이 남도근대문학의 출발점이기도 하다. 그는 1920년 조명희, 홍해성, 조춘광 등과 신극단체인 '극예술협회'를 조직하여 운영자금을 대는 등 리더로 활동했으며, 이들이 전국을 돌며 공연한 「김영일의 사」 등은 신파극을 극복하고 근대극을 본격적으로 실천한 일대 사건이었다.

김우진은 가정·사회·애정문제로 번민하다가 당시 「사의 찬미」로 유명했던 가수 윤심덕과 함께 29세로 현해탄에 투신자살했지만, 불과 6년이라는 짧은 기간 동안 시 49편, 소설 3편, 희곡 5편, 연극 및 문학평론 20편 등을 남겼다. 특히 표현주의에 입각한 희곡「이영녀」는 당시 유달산 아래 사창가(현 양동 일대)를 배경으로 한 작품이다. 한마디로 그는 전근대와 근대의 해협을 항해하다 침몰한 난파선이자, 불꽃 같은 삶을 살다간 비운의 천재였다.

4-3-2. 한국사실주의 연극의 완성자-차범석

전남 목포 출신 차범석(1924~2006)은 한국사실주의 연극의 완성자이다. 전후 작가로 분류되는 그는 전쟁이라는 주제에 고착하지 않고 철저한 사실주의를 바탕으로 한 다양한 주제를 통해 현대적 서민 심리를 추구한 작품을 씀으로써 이해랑, 유치진의 뒤를 이은 한국사실주의 연극을 완성한 대표적인 극작가이자 연출가로 평가받고 있다.

이념의 허구성과 인간의 본능적 욕구를 사실적으로 그려낸「산불」(1962)은 6·25의 비극을 부각시키고 반전의식을 일깨운 전후문학의 대표작으로 꼽힌다. 그리고 그는「옥단어」,「학이여 사랑일레라」등 고향 목포를 배경으로 한 작품도 다수 남겼는데, 특히「옥단어」는 일제 말에서 해방정국에 이르는 시기에 목포의 4대 명물 중 하나였던 '옥단'이라는 실제 인물을 중심으로 급박한 근대사를 살아갔던 민초들의 애환을 그린 그의 마지막 작품이다.

4-4. 평론가

4-4-1. 한국평론문학의 최고봉-김현

전남 목포 출신 김현(1942~1990)은 한국평론문학의 최고봉으로 꼽힌다. 그는 1962년 목포 오거리에서 최하림, 김승옥 등과 함께 한국 최초의 소설동인지 『산문시대』를 발간하고, 4·19혁명 이후 식민지 언어가 아니라 한글로 사유하고 한글로 글을 쓴 제1세대임을 표방하였다. 이 동인지는 1970년 우리나라 최고의 문예지 중 하나인 계간 『문학과지성』의 모태가 되었다. 또한 그는 날카로운 작품 분석과 인문학 전반을 아우르는 지적 관심 그리고 명료하고 아름다운 문체로 비평을 창작에 기생하는 장르가 아닌 독자적인 문학 장르로 끌어올린 최초의 비평가로 평가받고 있다. 시인 황지우는 그를 "100년에 한 번 나올까 말까 한 평론가"라고 극찬했다.

김현은 김윤식과 함께 『한국문학사』(1973)를 펴낸 것을 비롯하여 240여 편에 달하는 문학평론과 저서를 남겼으며, 사후 문학과지성사에서 『김현문학전집』(1993) 전 16권이 집대성되었다. 또한 그는 평론문학의 불모지나 다름없었던 남도에 처음으로 비평의 씨앗을 뿌린 사람이었다.

4-4-2. 탁월한 번역가이자 문학평론가-황현산

전남 목포 출신 황현산(1945~2018)은 김현 이후 남도가 낳은 탁월한 번역가이자 문학평론가이다. 그는 뒤늦게야 등단했지만, 이후 왕성한 저술 활동으로 단숨에 뛰어난 평론가의 반열에 올랐다. 그는 문체에 있어서 동향의 선배 김현과 좋은 대비를 보여주는데, 김현이 명료하고 아름다운 문체라면, 그는 해석의 여지와 반성의 겨를을 누리는 문체를 지녔다. 게다가 두 사람은 프랑스 시문학을 전공했다. 평론집으로 『말과 시간의 깊이』(2002), 『잘 표현된 불행』(2012) 등이 있고, 번역서로 말라르메의 『시집』(2005), 보들레르의 『파리의 우울』(2015) 등이 있으며, 산문집으로 『밤이 선생이다』 등이 있다.

1930년대 시문학파의 요람
— 강진문학

1. 개관

　김영랑과 김현구로 대표되는 강진 현대문학의 출발은 1930년 시문학파의 태동과 밀접한 관련이 있다. 왜냐하면 시문학파의 실제적인 결성 현장이 강진이었기 때문이다. 그리고 그 모태가 된 것은 강진의 문학동인지 ≪청구≫라고 해도 과언은 아닐 것이다. 따라서 1930년대 한국의 현대시를 대표하는 동인지 ≪시문학≫의 창간은 강진과 따로 떼어 생각할 수 없다. 또한 강진은 호남현대시문학의 출발점으로서의 문학사적 위상을 아울러 지니고 있다. 왜냐하면 호남지역의 실질적인 최초의 현대시인이 바로 김영랑이기 때문이다.

　주지하다시피 ≪시문학≫은 광주 송정리의 박용철과 강진의 김영랑이 주도하여 창간됐다. 그런데 그 산파역을 맡았던 박용철은 원래 문학과는 거리가 먼 수학도였다. 그런 그를 부추겨 동경유학시절부터 문학에 눈을 뜨게 만든 장본인이 바로 김영랑이다. 동인지가 발간되기 전까지 박용철은 강진을 직접 찾아오거나 서신을 통해 김영랑으로부터 창작 지도와 자문을 받았다. 그런 의미에서 영랑은 문우이기에 앞서 용아의 문학적 스승인 셈이다.

　그런데 영랑은 이미 1919년 3·1운동 직후부터 김현구, 차부진, 김길수 등 동향의 문학청년들과 강진에서 '청구'라는 문학동인회를 결성, 동인지를 발간했다. 이때부터 영랑과 현구는 4행시를 써서 실었다고 한다(이는 작고한 차부진의 증언에 따른 것이다. 그러나 강진읍사무소에서 작품을 등사하여 발간했다는 이 동인지는 안타깝게도 남아 있지 않다). 말하자면 영랑은 10년 전부터 서서히 이 땅에 새로운 문학의 흐름을 주도할 동인지 발간을 강진에서 준비하고 있었던 것이다.

그리하여 1929년 당시 무명이었던 영랑과 용아는 서울을 오르내리면서 평소 친분이 있는 정지용, 변영로, 정인보, 이하윤을 동인으로 포섭하게 된다. 이들 중 정인보와 변영로는 이미 문명을 떨치고 있던 사람들로서 얼굴마담 역할을, 이하윤에겐 실무를 기대했던 것으로 보인다.

『영랑 김윤식 전기』(국학자료원, 1997)를 썼던 강진 출신 주전이 시인에 따르면, 그해 11월 ≪시문학≫ 창간을 최종 합의하기 위해 박용철과 정지용이 강진으로 내려온다. 이때 자연스럽게 만난 사람들이 '청구'의 멤버들이다. 이들은 영랑의 사랑채에서 사흘 동안 함께 머물면서 친교 및 창간에 따른 충분한 숙의를 나누는데, 문학적 방향도 여기에서 결정된다. 이렇게 하여 탄생한 것이 ≪시문학≫이다. 그러니까 동인지 발간에 따른 실제적인 구상은 모두 영랑에 의해 구체화된 것이다. 그리하여 제2호부터 김현구, 신석정, 허보가 동인으로 합류하게 된다. 따라서 ≪시문학≫의 태동은 강진에서 이루어진 것이며, 그 발판이 되었던 것도 영랑이 주도했던 '청구' 동인이라는 주장이 가능해진다.

그리고 시문학파의 주축 멤버는 크게 보면 전라남도, 작게 보면 강진 출신이다. 전남 출신인 김영랑·박용철·김현구 이 세 사람이야말로 얼굴마담이나 실무역할에 그쳤던 나머지 사람들과는 달리 시문학파의 문학적인 방향을 충실히 시로써 구현한 '순수 시문학파'였기 때문이다. 그래서『한국현대시문학대계·7』(지식산업사, 1981)은 이 세 사람만을 묶어 발간되었으며, 이 책의 해설을 맡은 김현이 이들을 별도로 '강진시파'로 처음 명명한 것은 매우 의미가 있다고 할 것이다.

영랑과 현구가 ≪청구≫를 발간할 당시만 해도 일개 지방 소읍에 불과한 강진의 문화적 열기는 대단했던 것으로 보인다. 이에 대한 차부진의 기록을 보자.

> 영랑 김윤식 군이 일본 동경 청산학원을 마치고 귀향한 때로부터, 우리 비방에는 그 나름으로 문예의 현란기를 이룬다. 낭산 김준연 선생이 독일 유학의 길에서 돌아오자 그의 학술강연회가 우리 고장에서 제 일성으로 열리었고, 이를 필두로 하여 서춘, 윤백남 선생들의 문학강연회가 열렸으며, 시기적 차이는 있지만 육당 최남선 선생, 춘원 이광수, 이난영의 독창회 등이 열렸던 시절이야말로 이 시대에 우리 지방만이 간직한 황금시절이었다 …중략… 이와 때를 같이 하여 많은 젊은이들이 문학서적을 읽었고, 특히『태서문학』을 애독하는 사람들 중에는 셰익스피어의 환상적인 서술과 루소의 자유주의사상, 톨스토이의 인도주의, 도스토예프스키의 혁명적인 사상, 괴테·하이네의 풍부한 감정이 청년계의 사색을 풍유케 하였던 것이다.

그러나 김영랑과 김현구를 배출함으로써 호남 현대시문학의 출발을 알렸던 강진의 현대문학은 1950년 영랑·현구의 타계

이후로 침체 일로에 놓인다. 그러다가 1973년 영랑의 시업을 기리고 또 그의 문학적 전통을 이어받기 위해 조직된 것이 '모란촌문학동인회'다. 물론 이 동인회에 앞서 1960년대에 '직전문학동인회', '청향회', '머시매문학동인회' 등이 있었지만 오래 가지 못했다. 차부진, 이형희, 임상호, 정문석, 주전이 등이 창간한 동인지 ≪모란촌≫은 2023년 현재 50집을 발간한 광주·전남의 최장수 문학동인지의 하나로 강진 출신 문학인 40여 명이 참여하여 강진문학의 맥을 면면히 이어오고 있다.

하지만 1940년대 이후 강진의 시문학은 안타깝게도 그 대가 끊긴 상태나 다름없다. 비록 북한의 시인이긴 하지만, 1950년 의용군으로 월북하여 계관시인이 된 오영재를 제외하면 내세울 만한 문인이 더 이상 나오지 않고 있기 때문이다. 이는 이웃 해남이나 장흥에서 걸출한 작가들이 속속 배출되고 있는 상황과는 매우 대조적이다. 그나마 출향 문인 중 소설가 서종택과 황충상, 동화작가 김옥애, 시인 김선태 등이 나름대로 강진문학의 맥을 이어가고 있다.

영랑·현구 사거 이후 공식 등단한 강진 출신 주요 문인은 서종택(월간문학, 소설), 김옥애(서울신문, 동화), 주전이(한국시, 시), 한옥근(전남일보, 희곡), 김선식(수필공원, 수필), 장생주(월간문학, 수필), 김정태(장편소설집『황혼』, 소설), 조수웅(시), 윤정남(시), 황충상(한국일보, 소설), 송하훈(스포츠서울, 소설), 김재석(세계의문학, 시), 김선태(현대문학, 시·평론), 김미승(작가세계, 시), 장수현(조선일보, 시조), 김한성(문학세계, 시), 최한선(21세기문학, 시), 박주익(시세계, 시조), 백형규(문학세계, 시), 윤영권(광주매일, 시), 이수희(한맥문학, 시) 등이다.

2. 주요 출신 문인

2-1. 김영랑(1902~1950)

 김영랑(본명 김윤식)은 한국순수서정시의 총아요, 호남 최초의 본격적인 현대시인으로 통한다. 또한 그는 한국현대서정시사에서 김소월과 쌍벽을 이루는 존재다. 그래서 '북에는 소월, 남에는 영랑'이라는 표현이 자연스럽다. 또한 그는 일제강점기에 백석과 함께 지방 토착어를 가장 효과적으로 활용하여 민족 고유의 향토성을 빛낸 시인이다.
 김영랑은 1902년 강진의 5백석 지주 김종호의 장남으로 태어나 강진보통학교(현 중앙초등학교)와 휘문의숙(현 휘문고등학교)을 거쳐 동경 청산학원 영문과를 중퇴했다. 1919년 휘문의숙 재학 때 독립선언문을 구두 안창 밑에 감추고 고향에 내려와 독립운동을 주도하다 검거되어 대구형무소에서 6개월간 복역하였고, 1920년 동경 유학시절 혁명가이자 무정부주의자인 박열과 같은 방에서 하숙하다가 1923년 9월 관동대지진으로 학업을 중단하고 귀국했다. 1919년 3·1운동 직후 김현구, 차부진, 김길수 등과 강진에서 『청구』라는 문학동인지를 발간하다가, 1930년 동경 유학 때 사귄 박용철과 함께 동인지 『시문학』을 창간·주도했다. 1945년 해방이 되자 대한독립촉성회 강진군 단장을 맡았고, 1948년 초대 국회의원 선거에 출마하였으나 낙선하여 서울 성동구 신당동으로 이주, 1949년 8월부터 약 7개월간 공보처 출판국장을 역임했다. 1950년 6·25사변 때 서울 수복을 앞두고 복부에 파편을 맞고 쓰러져 48세를 일기로 세상을 떠났다.

　김영랑 시의 특성은 순수서정성, 음악성, 향토성 등으로 요약할 수 있다. 또 그의 시학은 '마음의 시학' 또는 '촉기의 시학' 정도로 이야기할 수 있겠다. 그리고 그의 시세계에 대한 논의는 이미 충분히 진행된 상태에 있다. 따라서 필자는 여기에서 다시 그의 시세계에 대한 상세한 설명을 늘어놓을 필요성을 느끼지 않는다. 그보다는 그의 시가 태어난 직접적 산실이라 할 수 있는 생가의 이모저모를 살펴봄으로써 현장성을 살리고자 한다.

　전술한 바대로, 영랑생가는 김영랑의 시가 태어난 중심 현장이다. 해방 이후에 창작한 후기시 몇 편을 제외한 거의 모든 시가 이곳에서 탄생했다고 해도 과언이 아니다. 그러므로 향토성 짙은 그의 시는 강진의 아름다운 자연경관과 생가의 풍물에서 결코 자유롭지 못하다. 따라서 영랑생가를 찾는 일은 곧 그의 시를 이해하는 길로 통한다.

　먼저 생가에 들어서기 전 만나는 구부러진 돌담은 그의 시 「돌담에 속삭이는 햇발」의 현장이며, 그 돌담들이 늘어선 골목 일대는 「제야除夜」의 현장이다. 따사로운 봄날에 들러 햇살이 돌담에서 놀고 있는 모양을 보고 있노라면 누구나 입가에서 "돌담에 속삭이는 햇발같이"라는 시구가 저절로 튀어나온다. 또한 세모의 저녁에 오래된 돌담 골목을 걸어가노라면 섣달그믐날 밤의 정취가 애틋하게 되살아난다.

　안채 옆 장독대와 부근의 감나무는 전라도 사투리를 감칠맛 나게 구사한 「오매, 단풍들것네」의 현장이다. 예를 들어 이 시구를 표준말로 바꾸어 읽어보면, "어마, 단풍들겠네"로 그 시적 감흥이 전혀 달라지고 만다. 여기에 독특한 전라도 사투리의 묘미가 있다. 그러나 전라도 방언 중에서도 전남과 전북이 다르고, 또 전남 방언 중에서도 각 지역마다 조금씩 그 차이가 있다. 그러니까 이 시에 나오는 전라도 사투리('오매', '골불은', '들것네') 중 가장 핵심적인 "오매"라는 감탄사는 강진 방언이 아니다. 이 시어의 순수 강진 방언은 '웜매'로서 '워매', '아따매' 등과 함께 쓰이며, 더 큰 충격을 받았을 때는 '오매매'를 쓴다. 그러나 아쉽게도 시 속에서 "골불은 감잎"을 날려 보내던 늙은 감나무는 자취를 감춘 지 오래고, 지금 있는 것은 생가 복원 때 이식한 것이다.

그리고 장독대 옆 모란밭은 그의 대표작「모란이 피기까지는」의 현장이다. 당시 이곳에는 수십 년 묵은 모란이 여러 그루 있었다고 한다. 그러나 지금의 모란은 모두 이식했으며, 사랑채 옆 정구장터에 조성한 모란밭도 마찬가지다.

> 모란이 픳기까지는/나는 아즉 나의 봄을 기둘리고 잇슬테요/모란이 뚝뚝 떠러져 버린 날/나는 비로소 봄을 여흰 서름에 잠길테요/오월 어느날 그 하로 무덥든 날/떠러져 누은 꽃닢마저 시드러버리고는/천지에 모란은 자최도 없어지고/뻐쳐오르든 내 보람 서운케 문허졌느니/모란이 지고 말면 그뿐 내 한 해는 다 가고 말아/삼백예순날 하냥 섭섭해 우옵내다/모란이 픳기까지는/나는 아즉 기둘리고 잇슬테요, 찬란한 슬픔의 봄을
> ―「모란이 피기까지」전문

시에서도 드러난 바와 같이 김영랑은 살아생전 유독 모란을

아끼고 사랑했다고 한다. 그런데 이 시가 창작된 배경을 두고 해석이 분분하다. 나라 잃은 슬픔과 광복을 기다리는 마음을 모란에 실어 표현했다는 것이 학자들의 일반적인 견해이지만, 혹자는 무용가 최승희와의 결혼이 이루어지지 않자 자살까지 기도한 이후의 참담한 심경을 노래한 것이라고 보는 견해가 그것이다. 전자는 공적으로 치우친 해석이요, 후자는 사적으로 치우친 해석이라 할 수 있다. 그러나 시인의 의식과 감정에는 공과 사가 복합적으로 겹쳐 있다고 볼 때, 이는 둘 다 일리가 있는 주장이로되 어느 쪽도 정답은 아니다. 시의 해석에는 무슨 딱 부러진 정답이 있을 수 없기 때문이다. 오히려 의식의 저변을 지배하고 있는 상실감을 표현한 것이라고 보아야 더 타당할 것이다. 그 상실감의 면면을 굳이 들추라 한다면 근원적인 자아와 꿈의 상실, 나라와 주권의 상실, 첫 아내의 죽음을 비롯한 사랑의 상실 등등 실로 복합적일 터이다.

영랑생가의 뒤란을 채우는 것은 대나무숲과 늙은 동백나무이다. 그중 동백나무는 김영랑의 등단작인 「동백잎에 빛나는 마음」의 현장이다.

> 내 마음의 어딘듯 한편에 끝없는
> 강물이 흐르네
> 돋쳐오르는 아침 날빛이 뻔질한
> 은결은 도도네
> 가슴엔듯 눈엔듯 또 핏줄엔듯
> 마음이 도른도른 숨어있는 곳
> 내 마음의 어딘듯 한편에 끝없는

강물이 흐르네
  ―「동백잎에 빛나는 마음」 전문.

  영랑생가 이외에도 강진은 어디를 가나 쉽게 동백나무를 볼 수 있다. 옛날에는 집집마다 적어도 한 그루씩은 있었다고 한다. 그래서 영랑은 그의 산문「감나무에 단풍 드는 전남의 9월」에서 "나는 내 고향이 동백이 클 수 있는 남방임을 감사하나이다"라고 적고 있다. 원래 생가 뒤란에는 이 나이 먹은 동백나무들이 수십 그루 있어 대나무와 함께 사시사철 푸르렀다고 한다. 그러나 인공 때 좌익 청년들이 대밭에 불을 질러 거의 타 죽고 서너 그루만이 겨우 남아 있다. 다른 지역의 동백나무들이 대개 4월쯤에야 꽃을 피우지만, 강진의 동백나무들은 해양성 기후의 영향으로 2월이면 꽃을 달기 시작하여 3월 중순이면 절정을 이룬다. 그 윤기가 자르르 흐르는 동백나무 이파리마다 아침 햇빛이 와 닿으면 "빤질한 은결"이 어린아이들의 웃음처럼 깔깔거리는 것이다. 그 빤질한 은결은 영랑의 마음속으로 투사되어 "끝없는 강물"로 굽이치면서 유미주의에 눈을 뜨게 한다. 따라서 영랑의 맑고 섬세한 감성은 동백나무를 비롯한 강진의 자연경관이 키운 것이다.
  그리고 안채는「집」, 사랑채는「북」의 현장이다. 특히「북」은 남도 가락의 멋과 여유를 제대로 승화시킨 절창이다. 영랑은 음악에 대단히 조예가 깊었다고 한다. 원래 그는 동경 유학 때 양악(성악)을 전공하려다 부친의 완강한 반대에 부딪혀 영문학으로 바꾼 뒤 문학의 길로 접어들었다. 그러나 서울에서 무슨 음악회가 열린다고 하면 천 리 길도 마다 않고 전답을 팔아 올라가야 직성이 풀릴 만큼 양악에 관심이 많았다고 한다. 그런가 하면 남도 가락 특히 판소리나 육자배기는 수시로 그의 사랑채 툇마루에 명창들을 불러들여 즐길 만큼 좋아했다. 당시 그의 사랑채를 자주 드나들던 명창들이 바로 임방울, 이화중선, 이중선 등이다. 그는 이들에게서 소위 '촉기'(燭氣, 애이불비의 기름지고도 생생한 기운)의 미학을 배웠다고 한다. 또 그는 거구에 어울리지 않게 음색이 고왔으며 특히 북 치는 솜씨는 웬만한 고수들도 혀를 내둘렀다고 한다. 이는 김영랑 시의 한 특징인 음악성이 어디에 근거하고 있는가를 극명하게 보여주는 근거라 하겠다.

이 밖에 안채 마당 앞에 있는 우물은 「마당 앞 맑은 새암을」, 영랑이 19살 때 심었다는 사랑채 앞의 커다란 그늘을 드리운 은행나무는 「아파 누워 혼자」의 현장이다. 이렇듯 영랑생가는 남도의 큰 서정시인 한 명을 기를만한 풍물과 정취를 두루 갖추고 있었으니, 그의 표현대로 "여기는 먼 남쪽땅 너 쫓겨 숨음직한 외딴 곳"(「두견」)이기도 했지만, 그만의 왕국이기도 했던 것이다.

마지막으로 덧붙이고 싶은 것은 김영랑의 저항적 면모에 관한 것이다. 순수 유미주의 시인이라는 인식이 박힌 그를 두고 민족주의 시인이요 저항시인이라고 주장한다면 아직도 다들 의아한 것이다. 그러나 이러한 주장은 이제 그리 새로울 것도 못 된다. 이미 여러 연구를 통해 밝혀졌기 때문이다. 앞에서도 언급한 바처럼 그는 학창 시절 누구 못지않게 독립운동에 열의를 보인 전력을 갖고 있다. 게다가 일제시대에 강진에서 유일하게 창씨개명을 비롯한 삭발이나 신사참배를 끝끝내 거부한 사람이다. 그는 창씨개명을 강요하는 일경들에게 "내 집 성은 김씨로 창씨

했소"라며 당당하게 받아넘겼다고 한다. 또한 그는 모두가 훼절·투항하던 시대에 맞서 "끝까지 지조를 지키며 단 한 편의 친일문장도 남기지 않은 영광된 작가"(임종국, 『친일문학론』)였다. 비록 그는 모든 것이 막혀버린 암울한 상황 속에서 적극적인 행동이나 강렬한 저항성을 담은 시를 남기지는 못했지만, 결코 비굴하게 지조를 꺾지는 않았다. 차라리 문을 닫아건 자폐적 상황을 택했다. 철저한 저항적 의지로 가슴에 독을 차고 인고의 세월을 보낸 것이다(1938년~1940년 사이에 창작한 「거문고」, 「독毒을 차고」, 「춘향」 등과 같은 시를 보면 저항적 요소가 매섭게 번뜩인다). 이러한 그를 두고 엄혹한 시기에 순수·유미에만 골몰했다고 보는 것은 대단히 편협된 시각이다. 앞으로도 이 점은 영랑의 시를 논할 때 본격적인 재론이 필요하다 할 것이다.

2-2. 김현구(1904~1950)

김현구는 김영랑보다 두 해 늦은 1904년 강진읍 서성리 179번지(현재 생가와 분가가 남아 있음)에서 몰락 관료인 김노식의 셋째 아들로 태어났다. 그러니까 현구는 항렬상 같은 해 김씨 집안인 영랑의 조카뻘이 된다. 김영랑과 함께 향교인 관서제에서 한문을 배운 뒤 강진보통학교를 졸업하고 서울의 배재학당(현 배재고등학교)에 입학(1920년)하여 다니던 중 집안 사정으로 학교를 중퇴하고 향리 강진에 내려와 보은산의 병풍바위와 비둘기바위를 벗 삼아 습작 생활을 한다. 이듬해 다시 일본 유학 길에 오르지만 그리 길지 않은 학업을 중단하고 귀국하게 된다. 김영랑도 휘문고보를 중퇴한 뒤 일본 청산학원에 입학하였으나 관동대지진으로 인하여 학업을 중단하고 귀국한다. 이때부터 김현구는 영랑, 효암 등과 더불어 향리 강진에서 본격적인 시작 생활을 하면서 '청구'라는 문학동인회를 결성하고 동인지를 발간한다. 1927년 25세의 나이로 결혼한 그는 이후 슬하에 3남 6녀를 두게 된다.

　　1930년 5월 김영랑과 박용아의 천거로 『시문학』 2호에 「님이여 강물이 몹시도 퍼럿습니다」를 비롯한 4편의 시를 발표하며 시단에 나온 김현구는 시문학파의 일원으로 가담하여 이후 『문예월간』, 『문학』 등에 총 12편의 시를 발표하는 등 활발한 활동을 전개한다. 그러나 1934년 시문학파가 해체 일로에 놓이자, 『문학』 3호에 「산비둘기 같은」을 마지막으로 시단 활동을 중단하고 강진에 칩거하게 되며, 생계를 위해 강진읍사무소에 들어가 사망할 때까지 공직생활을 전전한다. 반면 상대적으로 부유한 김영랑은 서울을 자주 오르내리며 중앙 문단과 연계 아래 지속적인 시단 활동을 전개함은 물론 1935년 시문학사에서 『영랑시집』을 발간하면서 세상에 알려진다. 그러나 김현구는 김영랑, 정지용에 이어 시문학사에서 시집을 발간키로 약속이 되어 있었으나 박용아의 와병에 이은 사망으로 실패하고 만다.

　　1950년 10월 3일 김현구는 6·25 전란 와중에 좌익분자에 의해 죽임을 당한다. 그의 나이 만 46세였다. 영랑은 그보다 나흘 빠른 9월 29일 서울에서 만 48세로 사망했다. 사후 20년 만인 1970년 유족들과 임상호씨를 비롯한 현구기념사업회에 의해 유고시집 『현구시집』이 고인의 뜻에 따라 비매품으로 발간되었고, 다시 22년 후인 1992년 강진군립도서관 앞 영랑시비가 마주 보이는 자리에 현구시비가 세워져 오늘에 이른다.

이 밖에도 김현구는 김영랑과는 여러 가지 면에서 대비가 된다. 우선 그는 소극적인 데다가 지나치게 결백하고 무욕적인 성격의 소유자였다. 문단 활동에 소극적이었으며, 해방 이후 강진 군수로 천거되었으나 사양한 것이 이를 입증한다. 적극적이고 호방하며 정치적으로 명예욕이 강했던 김영랑과는 좋은 대비가 된다. 아울러 학벌이나 재력으로 볼 때 김현구는 김영랑에게 대단한 콤플렉스를 갖지 않을 수 없었을 것으로 짐작된다. 그는 정치성이 강했던 김영랑을 못마땅하게 여겼으며, 서로의 시적 견해를 가지고 얼굴을 붉히며 싸우는 일이 많았다고 한다. 열등감에 젖을 수밖에 없는 그가 "술만 먹으면 옆 사람을 쥐어뜯는 버릇이 있었다"는 차부진 씨의 증언으로 미루어보아 얼마나 가슴 속에 서러움의 덩어리가 많았던가를 짐작케 한다.

그러나 김현구는 필자의 박사학위논문을 통해 김영랑, 박용아와 함께 가장 순수한 시문학파였으며, 시문학파의 문학적 이념을 충실하게 구현한 시인이었음이 밝혀졌다. 시세계 또한 김영랑과 대단히 유사하면서도 서로 다른 특징을 지닌 시인이었다. 이는 소재 면에서 김영랑이 귀족적인 반면 김현구는 서민적이었다는 점, 표현 면에서 김영랑보다 섬세하진 못하지만 감각적인 시어를 구사하였다는 점 등이 그것이다. 따라서 그는 김영랑의 아류가 아닌 변별적 특징을 지닌 시인이었음이 입증된 바, 우리 시사에서 결코 지나칠 수 없는 중요한 시인으로 재평가되어야 마땅하다 하겠다.

　　무덤길을 찾아가는 유령의 발길이여
　　근심갓치 흘너가는 죽엄의 입김이여

누리의 오랜 서름 늬 입술로 빠러드려
새로 도든 내 무덤에 눈물꼿 피여주리

―「월광 · 1」 전문

　인용한 시는 교교한 달빛을 "유령"과 "죽엄" 그리고 "서름"과 "무덤"으로 연결시켜 은유적으로 형상화한 4행시로 김현구 시의 감각적인 특징을 잘 보여주고 있다. 김영랑의 「쓸쓸한 뫼 아페」가 "유계의식幽界意識"으로 쓰여졌다고 할 만큼 탁월한 시라고 평가받지만, 김현구의 위 작품도 그에 비해 조금도 부족함이 없다고 할 만큼 감각적 묘사가 뛰어나다. 또한 김영랑이 4행시의 귀재로 알려졌지만, 김현구도 이에 못지않을 만큼 4행시를 성공적으로 구사한 시인임을 보여주는 시다. 참고로 김영랑의 시 총 86편 중 28편이 4행시며, 김현구는 총 85편 중 16편이 4행시다. 4행 연시는 오히려 김현구(49편)가 김영랑(39편)보다 많다. 이렇듯 4행시는 김영랑과 김현구의 시적 바탕이었다.

한숨에도 불녀갈 듯 보-하니 떠 잇는
은빛 아지랑이 깨여 흐른 머언 산 둘레
구비구비 노인 길은 하얏케 빗납니다
님이여 강물이 몹시도 퍼럿습니다.
헤여진 성돌에 떨든 햇살도 사라지고
밤 비치 어슴어슴 들 우에 깔니여 갑니다
훗훗 달른 이 얼골 식여줄 바람도 업는 것을
님이여 가이 업는 나의 마음을 아르십니까

―「님이여 강물이 몹시도 퍼럿습니다」 전문

이 시는 『시문학』 2호에 발표되었던 김현구의 데뷔작이다. 여기에서도 감각적인 특징은 잘 드러난다. 흰색('은빛 아지랑이')과 붉은색('훗훗 달른 이 얼골')의 대립, 의태어의 활용('구비구비', '어슴어슴' 등) 등이 그것이다. 그는 '강물'에 '나의 마음'을 실어 시적 출발점으로 삼고 있다. 영랑의 데뷔작도 「동백잎에 빛나는 마음」인 바, 두 사람 공히 '마음의 시학'에 관심을 두고 있었음을 알 수 있다. 화자인 '나'는 아무도 찾아주지 않는 향리의 강변에서 날마다 흘러가는 강물을 바라보고 있다. 그 강물의 빛깔은 몹시도 퍼렇다. '몹시도 퍼렇다'는 시퍼렇다나 짓푸르다로 대체될 수 있는 말로서 그냥 파랗다보다는 그 색상이나 의미가 훨씬 강렬하다고 할 수 있다. 즉 그것은 설움이나 외로움 또는 그리움이 사무쳐서 멍이 들 정도의 '가이 업는 나의 마음'의 빛깔이라 할 수 있다. 그것이 곧 현구의 마음의 색깔이다. 그 마음을 알아 줄 이는 '님'뿐이다. 그런데 그 마음을 알아줄 대상은 여기에 없다. 부재의 님에게 '나의 마음을 아르십니까'라고 안타깝게 물을 수밖에 없는 슬픈 존재, 그것이 곧 암울한 시대에 시골에 처박혀 시를 쓰는 현구의 마음이었을 것이다. 그리하여 그는 기다림을 노래하지만, 그것이 헛되다는 것을 알면서부터 기다림은 인생무상과 죽음으로 바뀐다. 따라서 김현구의 시학을 한마디로 요약한다면 '비애와 무상의 시학'이라 할 만하겠다. 끝으로 그의 호인 '현구玄鳩'를 노래한 자화상이라고 할 수 있는 시 한 편을 더 소개한다.

　　　뉘 눈살에 시다끼여 그 맵시 쓸쓸히/외로운 넋 물고오는 검정 비들

기/해 늙은 느릅나무 가지에 앉어/구구꾸 목노아 슬피우노나

깨우면 꺼져버릴 꿈 같은 세상/사랑도 미움도 물 우에 거품/그 서름 향화처럼 피워지련만/날마다 못잊어 우는 슬픈 비들기

(중략)

높고 푸른 하날은 끝없이 멀리 개여/태고연한 햇빛만 헛되히 흐르는 날/오날도 혼자 앉어 슬피 울다가/어디론지 간 곳 몰을 검정 비들기
― 「검정 비들기」 부분

2-3. 오영재(1934~)

오영재는 1934년 전남 장성에서 태어났으나 소학교 교원이었던 부친을 따라 강진으로 이주하여 성장했다(본인의 고백에 따르면, 태어나기만 장성에서 했을 뿐 대부분 성장기를 강진에서 보냈기 때문에 진정한 고향은 강진이라고 함. 그리고 언론이나 대부분 그의 생애에 대한 기록물에도 강진이 고향으로 소개되어 있음. 따라서 필자는 그를 강진 출신 문인으로 보아도 큰 무리가 없다고 생각함). 국립 강진농업중학교(현 강진농고) 3학년에 재학 중이던 1950년 7월 의용군에 입대한 후 월북하여 자타가 공인하는 북한 최고 시인(계관시인)이 되었다. 월북 후 김형직사범대학 조선어문학부를 졸업한 그는 조선문학예술종합출판사 기자 겸 시인으로 활약하다가 1970년대 조선문학창작사(조선작가동맹 시 분과위 전신)로 자리를 옮겨 현역시인으로 본

격적인 창작활동을 벌였다. 기자로 일했던 20대 중반부터 시인으로서 두각을 나타냈으며, 현재까지 수백 편의 시와 수십 권의 시집을 출간했다. 대표작으로 시집『대동강』,『영원히 당과 함께』등과 서사시「인민의 태양」등이 있다.

특히 그는 평양 대동강변에 있는 주체사상탑의 비문에 새겨진 시「오! 주체사상탑이여」를 지어 북한 최고의 시인임을 과시했다. 1989년 북한 시문학 발전에 기여한 공로로 '김일성상'을 수상했고, 1995년 12월 '노력영웅' 칭호를 받은 데 이어 북한 최고 훈장인 '김일성훈장'을 받았다. 1989년 3월 남북작가 예비회담 대표로 참가했으며, 2000년 8월 이상가족상봉단의 일원으로 서울을 방문함으로써 남한 문단에도 널리 알려졌다. 현재 김정일 총비서의 배려로 만경대 구역 광복거리에 마련된 문예인 전용주택에서 살고 있다.

오영재 시인은 후방에서 노력하는 인민영웅들을 부각시키고 주체사회를 예찬하는 시를 주로 썼다. 그리고 가족을 두고 월북한 개인적 체험을 바탕으로 이산가족의 아픔을 노래한 시도 많이 발표했다.

> 가셨다 말입니까
> 정녕 가셨다 말입니까
> 아닙니다, 어머니 어머니!
> 나는 그 비보를 믿고 싶지조차 않습니다.
>
> 너희들을 만날 때까지
> 꼭 살아있겠다고 하셨는데……

너의 작품, 너의 사진, 편지를 보는 것이

일과이고 락이라 하시며

몸도 건강하고 기분도 좋다고 하셨는데……

그 약속을 어기실 어머니가 아닌데

그 약속을 안 믿을 아들이 아닌데

아, 약속도 믿음도

세월을 이겨낼 수 없었단 말입니까

리별이 너무도 길었습니다.

분렬이 너무도 모질었습니다. 무정했습니다.

―「나의 어머니-무정」 전문

    이는 「아, 나의 어머니」 연작시편 중 어머니의 부음을 듣고 통곡 속에 쓴 「무정」이라는 시이다. 40년 만에 남녘에 살아계신다는 어머니의 소식을 듣고 "생존해 계시다니/팔순이 다 된 그 나이까지/오늘도 어머님이 생존해 계시다니//…중략…//그 기쁨 천근으로 몸에 실려/그만 쓸어져 웁니다/목놓아 이 아들은 울고 웁니다/땅에 엎드려 넋을 잃고/자꾸만 큰절을 합니다"(「나의 어머니-고맙습니다」 부분)라고 기쁨으로 노래했던 그는 그러나 1995년 9월 어머니가 83세로 세상을 떠났다는 소식을 듣고 통곡한다. 통일이 되면 꼭 살아서 만나자고 약속했건만 '세월을 이겨낼 수 없었'던 어머니의 죽음에 대한 안타까움과 비통함이 가슴 절절하게 담겨 있다. 그리고 그럴 수밖에 없었던 원인이 너무 길었던 '이별'과 너무 모질었던 남북 '분렬'과 '무정'에 있음을 토로하고 있다.

아무튼 강진은 우리 현대사 속에서 민족을 대표할 만한 큰 시인을 두 명이나 배출했다. 바로 김영랑과 오영재이다. 이들은 강진 현대문학의 자랑이자 문학적 자존임이 틀림없다.

2-4. 서종택(1944~)

서종택은 1944년 강진군 옴천면에서 출생하였다. 옴천면이 장흥군 유치면과 이웃하고 있다는 점 때문에 종종 장흥 출신으로 편입되곤 하지만, 그는 엄연히 강진 출신 소설가이다. 1969년 『월간문학』 신인상에 「수렁」을, 『문화비평』에 「외출」을 발표하면서 등단했다. 1979년 홍익대 사대 교수, 1985년 고려대 인문대 국문학과 교수를 거쳐 현재 고려대 문예창작학과 교수로 재직 중이다. 창작집으로 『외출』, 『선주하평전』, 『백치의 여름』, 『圓舞』 등이 있다.

그의 소설세계는 주로 1980년대의 악몽과 우리 현대사의 피할 수 없는 중심인 '광주'에 뿌리를 내리고 있다. 젊은 날 지녔던 순수한 세계관이 한순간에 배신과 분노의 불덩이에 휩싸여버렸던 80년대라는 기막힌 시대 상황이 그것을 견디면서 지탱했던 문학적 고뇌로 승화되어 있다.

가령, 그의 대표작의 하나인 「백치의 여름」에서 '광주'가 주인공이 처한 현실을 왜곡시켜 파탄케 하는 부정적 의미로 작용하고 있듯 '아버지'는 시대와 신념이 서로 파탄을 일으키는 요소로 작용한다. 이러한 소설적 장치는 민족분단과 대립의 원인이 되는 이데올로기가 빚어낸 비극이 사회적인 구문 속에서 이해되는 것이 아니라, 대를 이어 재생하고 환생하면서 근본적인 영향을 끼치고 있음을 강조하고 있다. 이것이 서종택이 지닌 작가로서의 인본주의적 역사의식이다. 다시 말해 역사와 현실을 다루되 그것을 개개인의 정신사적 상흔으로 파악하고 있는 것이 서종택 소설의 특징이다.

2-5. 황충상(1945~)

황충상은 서종택과 더불어 강진 출신 소설가로서 쌍벽을 이룬다. 일찍이 출향 이후 서울에서만 활동해왔을 뿐 고향에 거의 들르지 않아 정작 강진에선 잘 모르는 소설가이다. 1981년 ≪한국일보≫ 신춘문예에 소설 「無色界」가 당선되어 등단하였다. 주요 작품으로 『꽃을 드니 미소 짓다』, 『붉은 파도』, 『화생』, 『물과 구름의 순례』 등이 있다. 중앙대 예술대 문예창작과 겸임교수 및 계간 『문학나무』 편집인으로 활동하고 있다.

그는 주로 현실적 삶을 초월하려는 관념적 무속세계를 통하여 존재의 의미를 탐구하는 작가이다. 현실을 초월해서 존재하는 영혼의 세계를 그려내고 있는 등단작 「무색계」에서 그가 말하고자 하는 것은 영혼의 세계에 본래 존재해오고 있는 질서의 원리가 현실에서 얼마나 많이 파괴당하고 있는가 하는 점이다. 그는 자신의 분신들과도 같은 주인공들로 하여금 자신을 부정하게 하고, 그 극한점에 이르러 자기 자신을 긍정하는 '존재 없음'을 통해 마침내 자신의 존재를 긍정하려고 한다. 그것은 '십우도 十牛圖'의 길이다.

2-6. 김옥애(1946~)

김옥애는 1946년 강진읍에서 태어나 광주교육대학을 졸업하고 오랫동안 초등학교 교사를 지낸 중진 동화작가이다. 1975년 ≪전남일보≫ 신춘문예와 1979년 ≪서울신문≫ 신춘문예에 동화가 당선되어 등단했다. 주요 작품집으로 『들고양이 노이』, 『엄마의 나라』, 『별이 된 도깨비 누나』, 『늦둥이』 등 여러 권이 있다. 최근 왕성한 창작활동을 벌이고 있으며, 전남문학상, 광주예술문화상, 한국아동문학상을 받았다. 현재 광주와 강진 저두를 오가면서 한국아동문학인협회 부회장 등을 역임했다.

그는 주로 아이들로선 난해하고 한편으로는 거부감을 느끼기 쉬운 '죽음'을 소재로 한 동화를 삼십 년 이상 써오고 있다. 따라서 그의 동화 속에는 죽음에 대한 다양한 시선이 공존하고 있으며, 그 속에 녹아있는 죽음의 필연성과 생명의 허무함은 곧 자신의 생사관을 반영한다. 그러나 이런 죽음을 소재로 한 동화들이 결코 삶의 부정이나 현실도피로 이어지지 않는다. 오히려 죽음으로 삶의 한계를 인식하고 더욱 진지한 삶에 대한 성찰과 노력으로 이끌어간다. 말하자면 죽음이라는 운명을 담담하게 인정하고 그 의미를 아이들에게 들려주는 데 목적이 있다.

해조음이 키운 뮤즈의 사도들
— 목포문학

1. 애환과 설움의 항구도시

　대전발 0시 50분 호남선 완행열차가 어둠 속을 자맥질하다가 새벽녘에야 낡은 신발을 끌며 천천히 당도하던 종착역. 플랫폼에 내리자마자 이난영의 「목포의 눈물」이 흘러나오고, 때마침 역전 광장에 함박눈이라도 펑펑 내릴라치면 못 견디게 마음은 외롭고 막막해져서 무작정 인근 선술집으로 스며 들어가 날이 새도록 홀로 술을 마시고 싶던 곳. 갯바람이 불고 추적추적 비가 내리는 날이면 비린내 나는 해안통을 거닐며 뱃고동처럼 소리쳐 울고 싶던 곳. 한반도의 서남부 끝머리에 자리한 항도 목포는 내 젊은 날의 스산한 기억 속에서 여전히 애환과 설움의 실루엣을 드리우고 있다.
　실제로 해방 이후 목포는 어둡고 쓰라린 도시의 대명사였다. 일제시대 때 융성했다가 해방이 되자 쇠퇴한 항구도시, 박정희 시대에는 '한국의 하와이'로 불릴 만큼 철저하게 소외되었던 야성의 도시, 갯벌 위에 세운 탓에 만조에는 자꾸만 바닷물이 시가지를 덮치는 도시, 식수원이 없어 전국에서 수도세가 가장 비싼 도시, 토박이들은 떠나고 외지인들이 철새처럼 둥지를 틀고 사는 도시, 최근 40년 동안 인구가 5만 명밖에 불어나지 않은 도시, 그러면서도 애환과 설움이 많은 덕분에 단일 도시로는 전국에서 가장 많은 유행가(약 150곡)를 보유한 도시가 바로 목포이다.

그러나 2000년대 들어 목포는 어둡고 정체된 과거를 청산하고 밝고 진취적인 도시로 다시 태어나기 위한 전기를 맞고 있다. 우선 어둡고 칙칙한 이미지를 벗기 위해 시가지 곳곳에 환한 조명시설이 들어섰다. 그리고 전남도청이 목포 인근으로 옮겨옴에 따라 하당과 남악에 신시가지가 조성되었다. 이 밖에 신항만 건설, 대불산업단지 조성, 망운국제공항 개항, F-1세계자동차경주장 개장, 목포대교 개통 등 새롭게 도약하기 위한 용틀임을 계속하고 있다.

2. 한국 근대문학의 메카

올해로 개항 127주년을 맞이한 목포는 도시의 규모나 역사의 일천함 그리고 한반도의 끄트머리에 자리하고 있다는 지정학적 위치의 불리함에도 불구하고 이 땅을 대표하는 예술가들을 다수 배출함으로써 일찍부터 명실상부한 호남의 '예향'으로 불려왔다. 여러 예술 중에서도 특히 김우진(한국 극예술의 선구자), 김진섭(한국 수필문학의 비조), 박화성(한국 최초의 여성장편소설가), 차범석(한국 사실주의 연극의 완성자), 김지하(목포가 낳은 세계적인 시인), 김현(한국 평론문학의 금자탑), 이가형(추리소설가), 최일수(평론가), 최하림(한국시단의 균형주의자), 천승세(소설가), 황현산(평론가) 등 걸출한 문인들을 배출한 문학 분야의 약진이 두드러진다. 특히 이들이 우리 문학사에서 차지하고 있는 현저한 위치를 고려하면 목포를 제외하고 한국 근대문학을 논할 수 없다고 해도 과언은 아닐 것이다. 그리고 김환기(서양화가), 허건(남종화가), 이매방(승무), 최청자(현대무용가), 장주원(옥돌공예가), 김성옥(연극인), 이난영(대중가수), 남진(대중가수), 조미미(대중가수) 등 이름만 들어도 누구나 알 수 있는 예술인들이 목포 출신이다. 더욱이 이 중에서 5명(박화성, 차범석, 김환기, 허건, 최청자)은 명예로운 대한민국예술원회원이다. 이는 국내의 단일 도시로서는 전무후무한 기록에 해당한다. 이렇게 볼 때 목포의 예술은 일개 지역예술이 아니라 한국예술의 중심이라고 해도 무방할 것이다.

그렇다면 문학을 비롯한 목포의 예술이 이렇듯 발전할 수 있었던 배경이나 요인은 무엇일까. 그것은 ① 근대문화가 빨리 유입되었다는 점, ② 김우진 등 일본 유학생이 타 지역에 비해 눈에 띠게 많았다는 점, ③ 무수한 섬과 바다를 끼고 있는 다도해의 모항으로서 수려한 자연환경과 예술적 풍토, ④ 종합지『호남평론』, 문예지『시정신』, 동인지『산문시대』(나중에『문학과지성』의 모태가 됨.) 등 출판문화의 발달, ⑤ 허건, 조희관, 차재석 등 사재를 털어 젊은 예술인들을 지원한 후견인들이 있었다는 점 등을 들 수 있다. 안타깝게도 지금은 찾아볼 수 없는 모습이지만 70년대까지 목포라는 항구도시의 예술적 분위기는 매우 특별하였다고 할 수 있다.

3. 해조음 가득한 지중해적 공간

앞에서도 언급했지만, 목포가 뛰어난 예술가를 다수 배출할 수 있었던 환경적 요소 중 한 가지를 들라고 한다면 다도해의 모항으로서 입지적 조건과 수려한 자연풍경일 것이다. 쾌청한 날 유달산 일등바위에 올라가 바라보면 천 개 이상의 섬들이 물개처럼 헤엄치며 놀고 있는 다도해가 한눈에 들어온다. 게다가 영산강의 하구에 자리하고 있어 민물과 바닷물이 만나는 곳이 목포다. 목포 사람들은 어머니 뱃속에서부터 해조음 태교를 받고 자란다는 말이 있다. 게다가 어머니 자궁처럼 옴폭한 목포항은 따스하고 융융한 지중해를 연상시킨다. 이러니 목포가 배출한 시인들을 일컬어 뮤즈의 사도라고 부르는 것이다.

목포가 배출한 시인은 헤아릴 수 없이 많지만, 지면 관계상 그 이름을 모두 거론하기는 불가능하다. 따라서 아쉽지만, 문단에 널리 알려진 3명의 시인이 목포를 배경으로 쓴 대표작 1편씩을 일별하는 것으로 대신하고자 한다.

목포에서 처음으로 근대자유시를 썼던 사람은 김우진(1897~1926)이다. 목포 최초의 근대지식인이기도 한 그는 우리에게 윤심덕과 현해탄에서 정사한 극작가로 알려져 있지만, 희곡뿐만 아니라 시와 평론 등 문학 전반에 걸쳐 다재다능했던 사람이다. 그러나 희곡에 비해 그가 남긴 시는 형상화가 부족한 관념과 추상의 덩어리라는 점에서 다소 실망감을 안겨준다. 그러나 목포 최초의 근대시인인 것만은 분명하다.

> 벌목伐木 당한 수풀에 누운 달빛
> 고부古阜에 울린 동학의 말발굽 소리
> 뗏목으로 흐르는 어느 해
> 한여름의 통곡을 귀에 걸고
> 한 마당 징소리를 울릴 양이면

무두귀無頭鬼의 무덤에
비 내린다
비 내린다

지금은 병든 동사動詞와 항구港口
미친 듯 술레 잡는 목마의 꿈을 베고
기약도 없이 저무는
나의 호적과 시집詩集

이 땅은 나를 술 마시게 한다.

천년 바람 미친 듯 휘몰아치고
어깨에 쌓이는 아픈 세월의 껍질
지나쳐 가는 온갖 사랑의 되풀이
화살처럼 허공을 꿰뚫는
이카루스의 황금빛 날개여.

도는구나 세상이여
다섯 마당 여섯 마당… 열 마당째
돌고 도는구나 이승의 인연들이여
끝끝내 나의 사랑 선사先史의 하늘
타는 불씨를 땅 속 깊이 묻을 양이면
비에 젖는 공화국 헌법 제1조.

이 땅은 나를 술 마시게 한다.
　　　　　　　　— 권일송, 「이 땅은 나를 술 마시게 한다」 부분

권일송(1933~1995)은 목포 근대시단의 실질적인 출발을 알리는 선두 주자이다. 1957년 ≪한국일보≫와 ≪동아일보≫에 시가 동시에 당선됨으로써 화려하게 등단한 그는 당시 목포에 소위 '신춘문예 바람'을 몰고 온 장본인이기도 하다. 전북 순창 태생이지만 문태고 등에서 오랜 교편생활을 하며 방황과 좌절 그리고 열정과 고뇌의 청춘을 목포에서 보냈다. 이후 상경하여 적극적인 시작 활동으로 문단의 주목을 받는 데 성공했지만, 아쉽게도 초창기의 시적 열정을 끝까지 밀어붙이는 데는 실패한 것으로 보인다. 따라서 그의 초기시가 아무래도 눈길을 끈다.

　부분 인용한 시는 그의 대표작이면서 첫 시집(1966)의 제목이기도 하다. 원래 이 시는 총 69행의 장시이다. 제목만 보면 다소 퇴폐적이고 낭만적인 색채가 강한 듯 보이지만, 저 4·19혁명으로 대표되는 60년대 이 땅의 모든 것이 녹아들어 있다. 암울한 상황 속 '짓밟힌 청춘'의 방황과 좌절과 절규가 메아리친다. 그는 한반도의 끄트머리인 눈물의 땅 목포에서 청춘의 독주를 마시고는 있었으되, 그의 시정신만큼은 '병든 동사動詞와 항구港口'의 무기력한 분위기에 결코 투항하지 않았다. '독한 어둠을 불사르는 밋밋한 깃발'을 세우고 있었고, '디모크래시의 피 벌은 함성'과 '고부古阜에 울린 동학의 말발굽 소리'를 듣고 있었으며, '비에 젖는 공화국 헌법 제1조'를 되씹으며 '이카루스의 황금빛 날개'를 남몰래 펼치고 있었다. 이것이 이 시가 50여 년이 흐른 지금껏 목포에서 여전히 기억되고 있는 이유이다.

　　아아 무슨 근거로 물결을 출렁이며 아주 끝나거나 싸늘한 바다로
　　나아가고자 했을까 나아가고자 했을까

기계가 의식의 잠 속을 우는 허다한 허다한 항구여
내부에 쌓인 슬픔을 수없이 작별하며 흘러가는 나여
이 운무 속, 찢겨진 시신들이 걸린 침묵 아래서 나뭇잎처럼
토해 놓은 우리들은 오랜 붕괴의 부두를 내려가고
저 시간들, 배신들, 나무와 같이 심은 별
우리들의 소유인 이와 같은 것들이 육체의 격렬한 통로를 지나서

(중략)

들어가라 들어가라 하체를 나부끼며
해안의 아이들이 무심히 선 바닷속으로

막막한 강안을 흘러와 쌓인 사아死兒의 장소. 몇 겹의 죽음.
장마철마다 떠내려온, 노래를 잃어버린 신들의 항구를 지나서.

유리를 통과한 투명한 표류물 앞에서 교미기의 어류들이 듣는 파도소리
익사한 아이들의 꿈

기계가 창으로 모든 노래를 유괴해간 지금은 무엇이 남아 눈을 뜰까

……하체를 나부끼며 해안의 아이들이 무심히 선 바다 속에서.
— 최하림, 「빈약한 올페의 회상」 부분

    최하림(1939~2010)은 목포의 해조음이 길러낸 몽상과 자유의 퓨리턴이다. 신안군 팔금면 원산리에서 태어난 그는 6·25동

란 무렵에 목포로 건너와 오거리 일대를 중심으로 문학청년 시절을 보냈다. 스산한 바람과 칙칙한 어둠이 골목 골목을 어슬렁거리는 당시 오거리는 문학과 미술을 꿈꾸는 청년들이 고뇌와 열정으로 밤낮 술병을 거꾸러뜨리는 아름다운 아지트였다. 그가 그때(1962) 그곳을 빈 주머니에 손 찌르고 어슬렁거리다 만난 사람이 저 김현과 김지하이다. 또 미술을 하는 박석규, 원동석, 김소남, 양계탁 등과 함께 「고도를 기다리며」를 무대에 올렸으며, 김현, 김승옥 등과 함께 산문시대 동인을 결성하여 우리나라 최초의 소설동인지 『산문시대』를 5집까지 발간하기도 했다. 그리고 이들을 따스하게 감싸주는 후견인으로 허건, 차재석(차범석의 동생), 조희관이 버티고 있었다. 마치 한국문학의 중심이 목포 오거리로 옮겨온 듯 부럽기 그지없는 시절이었다. 이때는 매년 신춘문예 당선자가 2~3명은 나올 정도로 목포의 문학적 분위기가 대단했다고 한다. 산문시대 동인으로 활동하던 최하림은 1964년 《조선일보》 신춘문예에 시 「빈약한 올페의 회상」이 당선되어 시단에 나왔다. 1965년 이후 약 30년 동안 서울 생활을 하다가 1988년 광주로 내려와 10년 동안 전남일보 논설위원으로 재직했다. 퇴직하고 충북 영동 산골을 거쳐 경기도 양평에서 투병생활을 하다가 2010년에 세상을 떴다.

최하림은 우리 시단의 균형주의자로 잘 알려진 시인이다. 그는 "김현이 아폴로였다면 김지하는 디오니소스였다"고 술회한 바 있다. 그는 이 두 사람을 합친 이미지를 지니고 있다. 그의 시 세계는 모더니즘에서 리얼리즘으로 바뀌었다가 다시 이를 통합하는 모습을 보여주고 있으며, 시적 사유도 서양적인 것과 동양적인 것이 적절히 혼융되어 있다.

최하림의 시에 나타난 목포는 첫 시집『우리들을 위하여』에 집중되어 있다. 그는 습작 시절 프랑스의 상징주의 시인 발레리의 시집『해변의 묘지』에 경도되어 있었다고 한다. 그래서 그의 첫 시집에는 지중해의 몽환적 이미지가 넘실거린다.「빈약한 올페의 회상」,「황혼」등 초기시의 주요 무대는 목포 해안통에서 대반동에 이르는 바닷가이다. 바다와 관련한 모든 시가 이곳을 배경으로 창작되었다. 그러나 그의 바다와 관련한 시는 구체적인 삶이 살아있는 건강한 것이라기보다는 어둠과 불안과 공포에 휩싸인 추상적인 색채를 지닌 것이 특징이다.

　인용한 시는 그의 등단작으로서, 50~60년대의 어둡고 절망적인 시대 상황을 상징적인 수법으로 노래하고 있다. 이 시의 공간적 배경은 항구, 직접적으로 말하면 최하림이 날마다 어슬렁거렸던 목포의 해안통 거리이다. 시 속에는 도처에 '절망'과 '죽음'의 이미지가 널브러져 있다. '아주 끝나거나 싸늘한 바다', '기계가 의식의 잠 속을 우는 허다한 허다한 항구', '오랜 붕괴의 부두', '저 시간들, 배신들, 나무와 같이 심은 별', '노래를 잃어버린 신들의 항구', '기계가 창으로 모든 노래를 유괴해간 지금' 등과 같은 절망적인 상황과 '찢겨진 시신들', '사아死兒의 장소', '몇 겹의 죽음', '익사한 아이들의 꿈' 등과 같은 죽음 이미지가 그것이다. 이는 비록 겉으로 보기엔 항구의 기능을 상실한 1950~1960년대의 목포항을 배경으로 하고 있지만, 실제로는 처참한 골육상쟁의 현장을 목격해야 했던 6·25와 4·19 당시의 절망적인 현실상황 그리고 근대화와 기계문명의 폐해 등이 복합적으로 겹쳐 있다고 할 수 있겠다.

　이러한 암울한 절망의식 혹은 죽음의식은 그 당시 목포에서 시를 썼던 사람들의 시에서 공통적으로 나타난다. 앞에서 살핀 권일송의 「이 땅은 나를 술 마시게 한다」가 그렇고, 뒤에서 살필 김지하의 「비녀산」이 또한 그렇다. 다만 색채와 목소리가 조금씩 다를 뿐이다. 그 누구를 통해 시를 배운 게 아니라 날마다 목포의 해안통을 거닐다 보니 시가 스스로 찾아왔다는 최하림 스스로의 고백이 생각나는 시다.

> 무성하던 삼밭도 이제
> 기름진 벌판도 없네 비녀산 밤봉우리
> 외쳐 부르던 노래는 통곡이었네 떠나갔네.
>
> 시퍼런 하늘을 찢고
> 치솟아오르는 맨드라미
> 터질 듯 터질 듯
> 거역의 몸짓으로 떨리는 땅
> 어느 곳에서나 어느 곳에서나
> 옛이야기 속에서는 뜨겁고 힘차고
> 가득하던 꿈을 그리다
> 죽도록 황토에만 그리다
> 삶은 일하고 굶주리고 병들어 죽는 것
> 삶은 탁한 강물 속에 빛나는
> 푸른 하늘처럼 괴롭고 견디기 어려운 것
> 송진 타는 여름 머나먼 철길을 따라
> 그리고 삶은 떠나가는 것
> 아아 누군가 그 밤에 호롱불을 밝히고
> 참혹한 옛싸움에 몸 바친 아버지

빛바랜 사진 앞에 숨죽여 울다
박차고 일어섰다
입을 다물고
마지막 우럴은 비녀산 밤봉우리
부르는 노래는 통곡이었네 떠나갔네.

— 김지하 「비녀산」 부분

　　김지하(본명 김영일, 1941~2022)는 목포가 낳은 세계적인 시인이요, 이 땅의 반독재 투쟁의 대명사이며, 자본의 폭력과 파멸의 아수라장인 금세기 말 반생명에 맞선 생명사상가이다. 목포시 산정동 1044번지에서 동학 접주였던 할아버지와 영세상인이자 월출산 빨치산 출신의 외아들로 태어난 그는 산정초등학교를 졸업하고 목포중학교 2학년에 다니던 1954년 아버지를 따라 원주로 이주했다. 서울대 미학과 3학년에 다니던 1961년 남북학생회담 남쪽 대표 3인 중 한 사람으로 지명수배된 그는 학업을 중단하고 해남을 거쳐 다시 목포로 도피하여 항만 인부생활을 하며 20대 초반의 피 끓는 젊음을 고향에서 숨어 지냈다. 이때 그가 날마다 술에 취해 들락거리던 오거리에서 만난 사람이 김현과 최하림이다. 그가 『목포문학』 2호(1963)에 처음으로 「저녁 이야기」라는 시를 발표한 것도 이 시기이며, 제1시집 『황토』에 실린 「산정리 일기」, 「비녀산」, 「성자동 언덕의 눈」, 「용당리에서」 등 목포의 구체적인 지명을 제목으로 한 대부분의 시가 이때의 체험을 모티프로 쓰여진다. 그가 흑산도 어느 여관에서 체포되어 목포를 지나갈 때의 기억을 쓴 글을 보면 당시의 심경이 잘 드러나 있다.

10여 년을 그리던 고향, 그 고향에 나는 수갑을 찬 모습으로 돌아온 것이다. 얼마나 그리던 유달산의 모습이었던가! 그리고 얼마나 초라한 내 모습이던가! 가슴 저 밑바닥에서 갑자기 오열이 터져 올라왔다. 내 시의 어머니, 굽이굽이 한이 얽힌 저 핏빛 황토의 언덕들. 사잣밥을 주워 잡수시던 할머니의 갈퀴 같은 손. 굶어죽은 내 조카 진국이의 시체를 묻으며 뻘밭에 이마를 찍으시던 외할아버지의 통곡, 대창을 휘두르며 비녀산을 내려오던 뚜쟁이의 그 핏덩어리 같은 두 눈, 생매장당한 아버지를 찾기 위해 캄캄한 밤, 송장들마다 들치며 소리 죽여 울던 창남이의 모습. 그 고향에 나는 수갑을 찬 모습으로 돌아온 것이다.

―「고행・1974」 중에서

첫 시집 『황토』에 실린 32편의 시는 대부분 '죽음'을 이야기하고 있다. 인용한 시 「비녀산」('비녀산'은 지금의 목포대 목포캠퍼스 뒷산을 가리킨다. '양을산'이라고도 부르며, 목포 사람들은 '유달산' '유방산'과 함께 목포의 3대 명당으로 꼽고 있다)도 마찬가지다. '무성한 삼밭'과 '기름진 벌판' 그리고 '노래'가 들려오는 곳, '무거운 연자매를 돌려도' 착취되지 아니하는 조화로운 질서가 보장되는 삶의 터전은 꿈속에서나 그려볼 뿐, 현실은 삶의 기반이 되어주지 못하는 결여의 땅이다. 현실의 어긋남은 생명의 피 흘림, 곧 살아있는 것의 죽음이라는 극단적인 양상으로 표현된다. 즉 도시화가 진행되면서 많은 사람들이 허구적 근대화가 제공한 자본주의적 환상을 좇아 비자발적 임금 노동자가 되는 것이다. 근대화 과정에서 급속히 진행된 도시화는 '밤으로 밤으로 무덤을 파는' 그 어떠한 전망도 기대할 수 없는 죽음의 시·공간화를 뜻한다. 다시 말해 도시 이주민들에게 있어 '비녀산'은 이제 '낯선 사람들의 것'일 수밖에 없다. 민중에게 있어 현실은 삶의 기반이 무너지고 파괴당하며 생존을 위협받는 모진 세상이다.

이렇듯 목포를 배경으로 한 김지하의 시는 단호하고도 격렬한 저항적 어조가 살아있다. 그 스스로 고백했듯이 고향 목포는 그에게 '내 시의 어머니, 굽이굽이 한이 얽힌 저 핏빛 황토의 언덕들'로 각인된 것이다.

4. 목포 시문학의 내일을 위하여

지금까지 살펴본 바대로, 목포를 대표하는 3명의 시인들은 목포를 그들의 시적 출발점으로 삼고 있다는 공통점을 보여주고 있다. 그들의 대표작들은 각자 색채나 어조의 차이는 있지만, 모두가 당대의 열악한 현실 상황을 명확히 인식하고 있었으며, 이를 시에 반영하거나 시로써 적극적으로 응전하는 자세를 취하고 있었음을 알 수 있다. 바로 이것이 '목포'라는 시적 공간이 품고 있는 독특한 색깔이다. 그러나 현재 목포의 시인들은 선배 시인들이 이룩한 시적 성과를 이어받고 있는가?

앞에서도 언급했듯이, 1970년대 초반까지만 해도 목포문학은 대단히 융성했던 것으로 보인다. 그때 오거리를 중심으로 김지하·김현·최하림 등이 문학청년 시절을 구가했다. 이들은 나중에 출향하여 한국을 대표하는 시인이나 평론가가 되었다. 그러나 그들은 이후 고향을 되돌아보지 않았다. 그리고 목포는 그들의 기억 속에서 옛 추억의 공간으로만 자리했다. 목포가 그들에게 어떤 몹쓸 기억으로 각인되었기 때문일까. 필자는 오래전 이 세 사람 중 한 명을 만나 여생을 고향에서 보내는 게 어떻겠느냐고 제안한 적이 있다. 그러나 그는 곤혹스러워하며 거절했다. 한마디로 목포의 폐쇄적인 문학 풍토가 그를 받아주지 않는다고 했다. 필자는 그의 구체적인 이야기를 듣고 고개를 끄덕일 수밖에 없었다. 달콤하게 고여 썩은 물에 새로운 물이 틈입하기엔 너무 버거운 것이리라. 그러나 그 후로 40여 년이 지난 오늘 목포에서 생산되는 문학 작품들은 그들이 문학청년 시절에 썼던 것들과 비교할 때 조금도 나아진 것이 없다. 아니 오히려 퇴보했다.

하지만 그간 목포 문인들이 목포문학의 발전을 위해 애를 쓴 것만은 사실이다. 그들의 활동 자체를 부인하거나 폄훼할 마음은 추호도 없으며 또 있어서도 안 된다. 그러나 목포문학의 변화와 발전을 위해선 어떠한 것도 받아들일 줄 아는 열려 있는 정신이 부족하다면 부족하다. 앞으로 목포문단은 노·장·청의 조화가 필요하다. 또한 새로운 변화를 몰고 올 문학 지망생들의 발굴·육성이 무엇보다도 긴요하다. 목포문학이 오랜 침체의 늪에서 벗어나 선배들의 빛나는 문학적 전통을 계승하면서 새롭게 도약해야 할 시점이 바로 지금이 아니겠는가.

해양문학을 향한 원대한 꿈
— 신안문학

1. 섬의 수도 '신안'

대한민국의 섬1)은 2015년 현재 모두 3,409곳으로, 이 가운데 65.1%에 해당하는 2,219곳이 전남 서남해안에 징검돌처럼 흩어져 있다.2) 사람이 사는 섬은 296곳, 무인도는 1,923곳이다. 그런데 2,219곳 중에 1,025곳이 신안에 속해 있다.3) 따라서 신안은 우리나라에서 섬이 가장 많은 '섬의 수도'라고 할 만하다.4)

섬은 고려시대(명종 1197년) 때부터 공도정책5)으로 인해 죄인 등이 몰래 숨어 들어가 사는 곳, 뭍과 멀리 떨어져 있는 데다 생활환경이 척박하여 사람이 살기 부적합한 곳으로 인식되어 왔다. 이로 인해 육지 사람들로부터 은근히 멸시를 받아왔던 것도

---

1) '섬'은 밀물과 썰물에 상관없이 수면 위에 존재하고, 흙과 식물이 존재하는 곳을 가리킨다.
2) 그러나 실제 전남의 섬이 몇 개인지는 공식 집계마다 모두 다른 실정이다. 섬에 대한 기준이 조사하는 기관마다 모두 다른데다가 인공위성으로도 발견하지 못하는 섬이 존재하기 때문이다.
3) 신안군은 '천사' 브랜드를 사용하기 위해 1,004곳으로 발표하고 있지만, 지난 2008년 3,000만 원의 용역비를 들여 조사한 결과 1,025곳(바위 섬 포함, 유인도 72곳)이었다.
4) 위키백과에 따르면, 2013년 12월 말 기준 신안군의 주민등록 인구는 22,272세대, 44,162명이며, 인구가 가장 많은 곳은 현재 군청 소재지인 압해도이다.
5) 실제로 신안의 흑산도 부속섬인 '영산도' 주민들이 고려시대 공도정책으로 인해 나주의 '영산포'로 이주해간 것이 그 실례이다. 영산도는 고려시대 이전까지만 해도 이미섬인 흑산도보다 사람들이 많이 살았다고 한다.

사실이다.

　그러나 근래 들어 이러한 인식은 크게 바뀌고 있다. 옛날에 유배지였던 곳이 오히려 지금은 생태관광의 명소로 탈바꿈하고 있으며, 접근성이 떨어져 개발이 안 된 덕분에 미래의 노른자위 땅으로 부상하고 있기 때문이다. 특히 신안은 '해상관광의 명소'이자 '수산물의 보고'로 각광을 받고 있다. 게다가 연륙6)으로 인해 이제는 신안을 섬으로 부르기도 적절치 않게 되었다. 참으로 격세지감이 든다.

　섬은 섬만의 문화적 원형이 잘 보존된 곳이기도 하다. 이는 격리성 때문에 육지의 문화가 습합되기 어려웠기 때문이다. 지금은 점차 사라져가는 추세여서 안타깝지만, 비금도의 '밤달애'나 '뜀뛰기 강강술래' 같은 경우가 그 좋은 실례이다. 신안은 이러한 해양민속을 잘 계승·발전시켜 관광자원으로 활용할 필요가 있다. 육지에서는 볼 수 없는 독특한 문화이기 때문이다.

　또한 이러한 해양민속을 스토리텔링하거나 문학의 소재로 활용함으로써 지금까지 빈약했던 신안문학을 풍부하게 할 수 있다. 더 나아가 섬의 수도인 신안이 한국 해양문학의 중심으로 떠오를 수 있도록 힘을 모아야 할 것이다. 필자는 이러한 점에 착안하여 최근 '섬의 리비도' 연작시를 써가고 있다. 정년 이후엔 손암 정약전의 『자산어보』을 시로 창작하여 3권의 시집을 펴낼 계획도 갖고 있다.

---

6) 새천년대교의 완공으로 신안은 육지생활권으로 탈바꿈하게 되었다. 이는 오랜 세월 동안 섬에서 살아온 주민들의 입장에서 보면 크게 반길 일이지만, 멀리 내다보면 그리 바람직한 일만은 아니다. 개발로 인한 섬의 정체성 파괴와 생태환경 오염 등을 염려하지 않을 수 없기 때문이다.

2. 신안문학의 미래와 전망

예로부터 신안은 유배객이 많았다. 다산 정약용의 형으로서 흑산도 사리(모래미 마을)에서 우리나라 최초의 어류도감인『자산어보』를 쓴 손암 정약전을 비롯하여, 조선조 위정척사의 대명사로서 흑산도(천촌마을)에서 유배생활을 했던 면암 최익현, 추사 김정희와 더불어 조선 문인화의 쌍벽을 이뤘던 임자도의 우봉 조희룡이 대표적이다. 이들은 유배생활하는 동안 책이나 글이나 그림 속에 신안을 담아냈다. 우이도 출신 홍어장수 문순득의 해상표류기인 정약전의『표해록』도 신안을 배경으로 한 것이다.

신안을 배경으로 한 현대문학작품으로는 전광용의 소설『흑산도』, 송기숙의 소설『암태도』, 한승원의 소설『흑산도 하늘길』, 김훈의 소설『흑산』, 조태일의 시「가거도」, 김창완의 시「안좌도 설화」, 곽재구의 시「전장포 아리랑」그리고 필자의 시「섬의 리비도」연작 등이 대표적으로 꼽힌다.

그러나 정작 신안 출신이 신안을 배경으로 창작한 문학작품은 매우 드물다고 해도 과언이 아니다. 최근 신안 출신으로서 대외적으로 비교적 활발한 작품 활동을 벌이고 있는 문인을 굳이 든다면 김해자 시인, 박선우 시인, 김해등 동화작가 정도이다. 안타깝지만 이는 그만큼 신안의 문학적 인프라가 빈약하다는 증거이다. 여기에는 신안 출신이지만 목포 출신으로 분류되는 문인들이 상당수라는 점도 포함되어 있다. 그러나 무엇보다도 섬으로 이루어진 특성상 신안문학의 구심점 결여가 그 주요 원인이라고 볼 수 있다. 하지만 최근 신안 출신 박선우 시인이『섬의 오디세이』등을 펴냄으로써 신안문학의 새로운 유망주로 떠오르고 있다.

　필자는 개인적으로 신안 출신은 아니지만 신안을 고향처럼 좋아하고 사랑한다. 그 이유는 섬과 바다를 좋아하고 사랑하기 때문이다. 하지만 보다 더 중요한 이유는 신안이야말로 해양문학의 소재가 무한히 널려 있는 보고라는 생각 때문이다. 그래서 앞에서 이야기한 바대로, 최근 「섬의 리비도」 연작시와 오래전부터 『시로 쓴 자산어보』를 구상 중이다.

　여기에서 필자는 다시 한번 신안군에 두 가지를 제안하고자 한다.[7] 첫째는, 압해도나 흑산도쯤에 한국 최초의 해양문학관 혹은 자산어보문학관을 건립하자는 것이다. 현재 우리나라에는 해양문학관이 전무하며, 심지어 해양문학의 개념 정립이나 체계적인 작품 정리마저 되어 있지 않다. 그러니 이 일을 다른 곳이 아닌 대한민국 섬의 수도인 신안군이 선점하자는 것이다. 그렇게 되면 신안이 한국해양문학의 메카로 부상할 수 있으며, 신안문학이 한국해양문학의 중심에 자리할 수 있으리라 감히 확신한다. 둘째는, 신안이 낳은 70년대 대표시인 중 한 사람인 최하림을 선양하는 기념사업을 더욱 적극적으로 벌이자는 것이다. 필자는 최하림 시인의 타계에 발맞추어 그의 문학적 업적을 기리기 위해 최하림연구회를 결성하여 신안군의 지원으로 연구서 『최하림 다시 읽기』(문학과지성사) 발간과 제1회 최하림문학제를 서울에서 개최한바 있다. 그리고 이듬해부터 신안군의 주도

---

[7] 필자는 10여 년 전 김지하 시인의 제안에 따라 신안군과 협의하여 압해도에 '천사의 섬 압해도 바다생명문학관' 건립을 시도한 바 있다. 그러나 안타깝게도 당시 신안군의 사정으로 인해 무산된 바 있다.

아래 최하림문학관 건립을 점진적으로 추진하고 최하림문학상을 제정·시상키로 계획한 바 있다. 그러나 신안군의 사정으로 이를 실천에 옮기지 못하였다. 참으로 안타까운 일이 아닐 수 없다. 그렇지만 이는 섬이 많아 구심점이 부재하고 발전이 더디기만 했던 신안군의 문학이 반드시 해결해야 할 과제다. 그러지 않으면 지금껏 그러했듯이 신안군은 계속 문학의 불모지로 남을 수밖에 없다.

그리고 이 두 가지 제안을 실천할 주인공은 다름 아닌 신안의 문인들이어야 한다. 신안의 문인들이 자신들이 태어나 살아가는 신안의 이야기를 문학작품으로 써야 한다.[8] 저 신안의 섬, 바다, 갯벌, 어촌민의 삶, 해양생태, 해양민속 등에 뜨거운 애착을 갖고 해양문학적 상상력을 발휘해야 한다. 그렇게 할 때 신안문학의 미래와 전망은 그 어느 지역보다 밝을 것이다.

---

[8] 물론 모든 문인이 신안의 이야기만을 쓸 수는 없다. 그러나 가급적 신안문학을 해양문학으로 특성화하기 위해서 일정한 그룹을 형성하는 것이 바람직하다는 뜻이다.

월출산이 배태한 시가문학
– 영암문학

1. 고전시문학

영암의 시가 문학과 관련하여 문헌에 나타난 가장 오래된 문인은 고려 명종 때의 문인 김극기金克己로서 한시 「월출산月出山」과 「동석사動石寺」, 「동석動石」을 남겼다. 조선시대 초기에는 금성 교수 박성건朴成乾이 경기체가 「금성별곡錦城別曲」 6장을 지은 이후 영암에 간죽정間竹亭을 짓고 은거하였다. 김종직金宗直과 김시습金時習은 영암을 지나가면서 각각 「월출산」이라는 한시를 남겼으며, 양사준楊士俊은 1555년 을묘왜변 때 최초의 전쟁 가사인 「남정가南征歌」를 지었다. 조선 시대 중엽에는 팔문장(八文章)이자 삼당시인三唐詩人으로도 불렸던 최경창崔慶昌이 구림리에 살면서 한시 250여 수가 실린 『고죽유고孤竹遺稿』를 남겼다. 고경명高敬命은 월출산을 기행하고 난 후 「유월출기행遊月出紀行」을, 윤선도尹善道는 보길도로 유배 가던 중 시조 「산중신곡山中新曲-조무요朝霧謠」를 남겼다. 영암 구림리 출신 박순우朴淳愚는 54세 때 금강산을 유람한 후 기행 가사 「금강별곡金剛別曲」 등이 실린 문집 『명촌유고明村遺稿』를 남겼다. 조선 후기에는 박순우의 재종손再從孫인 박이화朴履和가 양반 가사 「만고가萬古歌」와 영암 구림의 뛰어난 경치와 역사·인물·향속을 자세하게 묘사한 교훈 가사 「낭호신사朗湖新詞」를 남겼다. 문집으로 『구계집龜溪集』

이 있다. 정약용丁若鏞은 강진으로 유배를 가던 중 월출산 누리령(누릿재)을 넘으며 「탐진촌요耽津村謠 1-누리령樓犁嶺」을 남겼다. 이휴李烋는 영암 구림리 문산재文山齋에서 평생동안 후학을 양성하며 시 163수 등이 실린 문집 『낭해집浪海集』을 남겼다.

1-1. 김극기의 한시 「月出山」

「월출산」은 고려 명종 때의 문신이요 농민시의 개척자로 불렸던 김극기가 국토 산하를 여행하던 중 전라도 영암 일대를 주유하다 잠시 머물면서 월출산의 승경과 주변의 운치를 노래한 기행 한시이다. 『신증동국여지승람新增東國輿地勝覽』 35권 전라도 영암군 산천 월출산 조條에 실려 있는 7언절구의 비교적 긴 한시이다.

"포청월출다이자飽聽月出多異姿(월출산의 많은 기이한 모습을 실컷 들었거니)/음청한서홀상선陰晴寒暑忽相宣(그늘지며 개고 추위와 더위가 서로 알맞도다)"로 시작되는 이 기행 한시는 월출산의 웅장하고 기이한 자태를 비롯한 정상에서 바라본 산하의 아름다움, 꼭대기에 있는 절간과 중들의 모습, 월출산 남쪽 강진 성전면에 자리한 백운원(白雲院, 백운동 정원)에서의 추억, 기후 등을 상세하게 읊고 있다.

「월출산」은 문헌상으로 볼 때 월출산을 노래한 최초의 작품이다. 한시 「동석사動石寺」, 「동석動石」과 함께 김극기가 월출산을 여행할 때 같은 시기에 쓴 것으로 추정된다. 빼어난 문학적 비유로 월출산을 속세와 구별되는 선경仙境으로 묘사하고 있는 점이 이채롭다.

1-2. 최경창의 한시 「送別」과 홍랑의 시조 「묏버들 갈히 것거」

　　조선 중기 '3당 시인'(최고의 문장가인 이달·최경창·백광훈을 묶어서 부르는 용어)으로 손꼽히던 영암의 고죽 최경창과 함남 경성의 최고 관기였던 홍랑의 만남과 이별은 당대를 떠들썩하게 만든 일대 사건으로 기록되고 있다. 이들은 그야말로 뜨거운 사랑을 불태우다가 최경창이 임기를 마치고 다시 한양으로 돌아가게 되자 어쩔 수 없이 눈물로 이별할 수밖에 없게 되었는데, 그때 이들이 주고받은 절절한 시 2편이 있다.

　　묏버들 갈히 것거 보내노라 님의 손다
　　자시는 창(窓)밧긔 심거두고 보쇼셔
　　밤비예 새닙 곳 나거든 날인가도 너기쇼서

　　　　　　　　　　　　　　　　　　　― 홍랑

　　말없이 마주 보며 고운 난초 건네노라
　　이제 하늘 끝 떠나가면 언제 돌아올거나
　　함관령에 올라서 옛 노랠랑 부르지 마오
　　지금까지도 구름 비에 청산이 어둡나니

　　　　　　　　　　　　　　　　　　　― 최경창

　　최경창이 죽어 파주에 묻히자 그녀는 3년 넘게 시묘살이를 하다가 임진란이 일어나서야 그만두었다. 또한 그녀는 유실될 뻔한 최경창의 시를 모아 두었다가 최씨 가문에 넘겨주었다고 한다. 최경창이 죽자 그녀는 묘 앞에서 자결했다. 이에 최씨 문중에서는 홍랑을 최경창의 묘 근처에 묻어주고, 최씨 문중 족보에도 올렸으며, 지금까지 해마다 시제와 제사도 지내고 있다고 한다. 신분을 초월한 실로 놀라운 일이 아닐 수 없다.

기록상으로 볼 때 최초의 영암 출신 문인이라고 할 수 있는 사람은 최경창崔慶昌이다. 최경창은 경기도 파주에서 출생했지만, 어려서부터 영암에 내려와 장흥의 백광훈白光勳과 함께 강진의 이후백李後白·양응정梁應鼎의 문하에서 수학하였으며, 14세 때 영암의 부호였던 임구령林九齡의 사위가 되어 구림리鳩林里에 정착하였다. 1577년(선조 10)에는 영광 군수를 사직하고 영암으로 돌아와 살면서 한시 250여 수가 실린 『고죽유고孤竹遺稿』를 남겼다. 그러므로 최경창이야말로 영암 문학의 진정한 비조鼻祖라고 할 만하다.

1-3. 박이화의 가사 「朗湖新詞」

「낭호신사」에서 '낭호'는 낭주(朗州-지금의 영암)와 서호(西湖-군서면 서구림리에 있는 호수)에서 따온 것으로, 오늘날의 영암군 군서면의 구림 마을(호남의 3대 마을)을 말한다. 「낭호신사」는 조선 후기 영조와 정조 때 박이화(朴履和-1739~1783)가 벼슬을 하지 않고 고향 낭호에 살면서 주민들을 교화하기 위해 지은 교훈 가사이다. 박이화의 유저인 『구계집龜溪集』과 한글 사본으로 된 가사책에 실려 있다. 2음보 1구로 헤아려 총 234구의 정격 가사로서, 3·4조 4·4조가 지배적인 이 작품은 박이화의 고향인 군서면 구림 마을의 주변 경치를 비롯한 역사, 인물, 향속鄕俗

등을 자세하게 묘사하고 있는 작품으로, 고장 사람들을 교화하기 위한 목적으로 지은 교훈 가사이다. 주경야독하면서 물과 같이 빠른 세월을 생각하며 아이들을 가르치자는 교훈을 결구로 삼고 있으며, 구림 마을을 아름답게 묘사하고 지키려는 뜨거운 향토애를 보여주고 있다.

「낭호신사」의 처음과 끝은 "호남의 가려지佳麗地는/ 랑서朗西의 직일이라/ 바우가 신령ᄒ니/ 읍호邑號을 령암靈岩이라/ 월출산月出山 억만장億萬丈이/ 벽락碧落의 소사오나/ 천황봉天皇峯이 서남西南ᄒ고/ 쥬지봉朱芝峯이 남서南西ᄒ니/ 운긔雲氣는 양양揚揚ᄒ고/ 산시山勢는 수절秀絶ᄒ다/⋯⋯/ 이팔청춘二八靑春 아동들아/ 랑호신사 불너보시/ 여수시월如水歲月 싱각ᄒ야/ 아히 경기警戒 갈라치자"(필사본)라고 되어 있다.

「낭호신사」는 한 고을의 모든 것을 노래로 지어 남김으로써 당시 고장 사람들은 물론 후손들까지 길이길이 교화하기 위한 가사로서 영암 문학이 보유한 매우 값진 유산이라고 할 수 있다.

2. 현대시문학

영암 현대시문학의 출발점은 1965년 『현대문학』에 시가 추천되어 등단한 김재흔金在欣이다. 영암 출신으로서 어느 정도 지명도가 있는 문인도 김재흔이 유일하다. 제15회 노산 문학상 등을 수상한 바 있으며, 시집 『잃어버린 풍경』, 『음악 하는 이파리』, 『농향가』, 『무녀 덕담』, 『부활의 아침』, 서사시집 『전라도』 등을 출간했다. 1970년대 들어서면서 김광욱이 1974년 『우리문학』에 시가 당선되어 등단했으며, 시집 『아침의 노래』 등 여러 권을 출간했다. 이진행은 1974년 『심상』에 시가 추천되어 등단했다. 1980년대에는 김지원이 1986년 『현대시학』을 통해 시로 등단한 이후 시집 『다시 시작하는 나라』 등을 출간했다. 박철은 1989년 『아동문학』에 동시가 당선되어 등단했으며, 시집으로 『임께서 아름다운 영으로 계심이』, 『오늘의 하나님』, 『사랑을 위한 기도』 등을 출간했다. 1990년대에는 이태건이 1990년 『한국시』로 등단하여 시집 『비 오는 날에도 새들은』 등을 출간했고, 최이순은 1993년 『아동문학평론』 신인상에 동시가 당선되어 등단했다. 김동하는 1994년 『한겨레문학』 신인상에 시가 당선되어 등단했으며, 시집 『끝없는 그리움을 키우며』 등을 출간했다. 김봉자는 1995년 『문학춘추』 신인상에 시가 당선되어 등단했다. 2000년대 들어서는 전석홍이 2004년 『현대문예』 신인상에 시로 등단한 이후 시집 『담쟁이 넝쿨의 노래』, 『자운영 논둑길을 걸으며』 등을 출간했다.

2-1. 김재흔의 시 「왕인과 월출산」

김재흔의 시는 지知와 정情의 이원적 조화로 삼차원의 시세계를 추구하고 있는데, 이것은 곧 자연과 인생의 초시대적超時代的인 내면의 세계라 할 수 있다. 또한 다양한 소재를 통해 전통적 순수서정시의 세계를 추구한 것으로 평가된다. 박재삼문학상을 받은 시집 『섬진강』(2003)에는 섬진강과 관련된 105편의 시를 싣고 있는데, 남도의 아름다움과 민초들의 고단한 삶을 노래하는 등, 그의 시적 특징을 잘 보여주고 있다.

그의 시 가운데 고향 영암의 자랑인 왕인박사와 월출산 산봉

우리를 닮은꼴로 노래한 시 1편을 소개한다.

>왕인은 산봉우리 월출산을 빼닮았다.
>
>너무 우뚝 솟은 탓인지
>경사가 몹시 가파르구나.
>
>오르기 힘들기 땜에
>모두가 우러러보는 거다.
>
>산이나 사람이나 높을수록 돋보인다.
>
>풍상을 이겨낸 자존
>저 도도한 모습 좀 보랑께.
>
>아무리 고개를 저어도
>영락없는 명산 아닌가.
>
>아, 왕인과 월출산은 영암의 자랑이다.

3. 평가와 과제

영암 문학은 누정과 동인회를 중심으로 꾸준히 발전해 왔다. 고전문학의 경우 호남의 명산인 월출산의 승경을 노래한 외지 문인들과 최경창을 비롯한 영암 출신 문인들의 시가 문학이 주류를 이루고 있다. 현대문학의 경우 다소 출발이 늦었지만 달문학동인회와 솔문학동인회, 그리고 근래에 출범한 한국문인협회 영암지부가 중추적 역할을 해 왔다. 기록물이나 발간물을 통해 본 영암 문학의 특색은 시가 문학이 압도적이라는 점이다. 또한 고전문학에 비해 현대문학의 문학적 성과가 상대적으로 빈약하다는 점이다. 이는 앞으로 영암 문학이 극복해야 할 과제이다. 이를 위해서는 산문 문학을 활성화할 수 있는 방안의 모색이 필요하며, 지역에서 문학동인회 활동을 지속하되 거기에만 그치지 말고 중앙 문단과 교류를 확대하는 것이 필요하다. 그리고 무엇보다도 영암 지역만의 독특한 로컬리티를 살리는 문학적 방향성을 정립해야 할 것이다.

격절과 소외의 유배문학
― 완도문학

1. 개관

완도의 문학 활동은 이웃인 진도군, 신안군과 마찬가지로 미약한 편이다. 이는 무엇보다도 섬이라는 불리한 지리적 여건에 기인한 바 크다고 할 수 있다. 즉, ① 중앙이나 육지와 멀리 떨어져 있거나 격절되어 있어 문화의 전파나 정보의 소통이 어려웠다는 점, ② 경제적·교육적 여건이 열악했다는 점, ③ 여러 개의 섬으로 분산되어 있어 문학 활동을 위한 구심점이 없었다는 점 등이 그것이다.

그러나 천혜의 자연경관을 갖추고 있어 예로부터 유배지로 이름이 높았던 곳이 완도이기도 하다. 따라서 근대 이전의 문학 활동은 자생적인 기반이 거의 없는 반면, 유배객들에 의한 유배문학이 그 자리를 대신해왔다고 해도 과언이 아니다. 고려시대 혜일대사를 비롯하여 조선시대 윤선도, 이광사, 이방익, 김노경, 이세보 등이 그들이다. 그들은 비록 다른 지역에서 태어나 잠시 머물다 가긴 했지만, 완도의 자연경관을 배경으로 다수의 시문 등을 남겼다. 그러므로 그들의 존재나 그들이 남긴 기록물을 배제하고 완도군의 문학을 거론할 수 없다.

하지만 해방 이후 완도군의 문예활동은 여느 시군에 뒤지지 않는다. 그동안 알려지지 않아서 그렇지 많은 문인들이 배출되었다는 사실이 이번 자료조사를 통해 드러났다. 게다가 '청해글마당' 등 문학동인회가 창립되어 활발한 활동을 벌이고 있는 점도 고무적이다. 그러나 아직도 자생적인 기반이 미약한바, 문학단체 구성이나 문학 강좌 개설 등 활성화 방안 마련이 시급한 실정이다.

그러면 지금부터 완도와 관련한 주요 문인들의 명단과 활동사항을 시대와 장르를 구분하여 순차적으로 소개하고자 한다.

2. 근대 이전

① 혜일대사(慧日大師 : 신라~고려시대)

혜일대사는 신라 선덕왕 2년(唐 덕종 2년), AD 781년에 입당入唐하여 청룡사의 혜과화상으로부터 밀교密敎의 법을 배워 신라에 경전을 전하고 포교에 힘쓴 인물로 알려져 있다. 그러나 그의 출생지나 생몰연대는 정확히 알 수 없다. 동국여지승람의 기록에 따르면, 그는 고려 고종 때 조카인 정언(正言, 정육품) 이영李潁이 완도읍 장좌리로 유배를 와서 살고 있을 무렵 입도하여 상왕봉象王峰 아래에 있는 대지골에 중암이란 암자를 짓고 포교에 힘썼다고 한다. 그 후 정언 이영은 유배가 풀려 예부상서라는 벼슬에 올라 귀경하였으나 혜일대사는 홀로 남아 산수를 즐기며 암자를 지켰다. 그가 입적하자 문하의 스님들이 중암사에 부도를 세웠다.

그는 완도에 살면서 포교에만 힘쓴 것이 아니라 상왕봉을 비롯한 주위의 절경 등을 찬미하는 시문을 남겼다. 이는 기록상으로 볼 때 완도를 배경으로 한 최초의 문학작품에 해당한다. 다음은 그가 남긴 시문의 원문과 해석이다.

상왕봉시象王峰詩

蒼翠繁群木 雲霞閱幾年
月昇佛毫朗 塔轉象頭施
澗木宣眞偈 岩花敷梵筵
佳名自圓妙 勿謂浪相傳

푸릇푸릇 나무들은 우거졌는데/구름과 노을은 몇 해나 지났는고?
달이 뜨니 부처님의 백호가 밝고/탑이 구르니 코끼리 머리 도는구나.
시냇물은 진게를 외우는 듯하고/바위 꽃은 자리를 꾸몄구나.
아름다운 이름이 스스로 원묘라/부질없이 전한다고 이르지 말라.

나중에 혜일대사는 청산도로 건너가 백련암白蓮庵이란 절을 짓고 살았다고 한다. 지금 읍리동천에 불상을 새긴 반석이 세워져 있는데, 이것은 혜일스님이 창시했던 유지에서 옮겨다 놓은 것이라 하나 확실하지 않다. 혜일 스님은 청산도 백운암에서도 시를 읊었다.

② 윤선도(尹善道 : 조선시대, 1587~1671)

윤선도의 본관은 해남이요, 호는 고산孤山 또는 해옹海翁, 자는 약이約而다. 1587년(선조 20) 6월 22일 한성부 동부 현 서울의 종로구 연지동에서 아버지 유심惟深과 어머니 순흥 안씨의 2남으로 태어났다. 그러나 해남 종가에 아들이 없자 8세 때 작은 아버지 유기의 양자로 입양돼 해남 윤씨의 대종大宗을 이었다.

    고산의 일생은 당시 정치적으로 열세에 있던 남인의 한 사람으로서 정치적인 역학관계로 인해 관직에 있던 기간은 얼마 되지 않고, 대부분 중앙정계와 멀리 떨어진 궁벽한 곳에서 보냈다. 게다가 그는 천성적으로 강직하고 곧은 성격을 지녀 부당함을 보면 자신의 주장을 감추지 못하였기 때문에 순탄한 일생을 살지 못했다.

    26세에 진사시험에 합격했지만, 당시(광해군)는 이이첨 등 북인들이 득세하여 남인이었던 고산은 힘을 펴지 못하였으며, 광해군에게 아첨하는 권세가들의 횡포가 극에 달했다. 이때 고산은 이이첨 일파의 불의를 비난한 병진상소를 올렸다가 광해군 주변 간신들의 모함으로 함경도 경원으로 첫 유배를 당한다. 그리고 다음 해엔 경상도 기장으로 유배돼 6년 동안 귀양살이를 했다. 1623년 인조반정이 일어나자 유배에서 풀려나 의금부도사가 되었다가 곧 사직하고 낙향하여 해남의 금쇄동과 보길도의 부용동에서 자연을 벗 삼아 은둔생활을 하였다. 42세가 되었을 때 본격적으로 출사의 꿈이 이루어져 별시초시에 장원급제하고 봉림대군과 인평대군의 사부 등 7년간 요직을 두루 거치며 정치적 경륜을 쌓았다. 그러나 48세에 성산현감으로 좌천되고 경세의 뜻이 좌절되자 다음 해 사임하고 해남으로 다시 귀향했다. 시련은 말년에까지 이어져 74세 때 승하한 효종의 장지葬地 문제와 조 대비의 복상服喪 문제로 서인인 송시열 등과 대립하다 함경도 삼수로 유배되었다. 또한 79세(1665년 현종 6)에 광양으로 유배되고 81세에 유배에서 풀려날 때까지 7년 4개월의 긴긴 세월을 유배생활로 채웠다. 유배생활이 풀린 고산은 1671년 6월 1일 보길도 낙서재에서 향년 85세로 파란 많은 생을 마감했다.

이렇듯 고산은 정치적으로 불우했지만 문학적으로 매우 뜻깊은 시대를 살다 간 시인이다. 그래서 그를 국문학의 비조鼻祖요, 호남 시가문학의 거봉으로 부른다. 특히 그의 시조는 정철의 가사와 더불어 조선조 시가문학의 쌍벽을 이루는 것으로 평가받고 있다.

고산의 문학작품은 그의 유배지와 은둔지의 공간적인 배경과 깊은 관련을 맺고 있다. 고산이 택한 은둔지는 크게 해남 현산 금쇄동과 완도 보길도 부용동이었다. 현산은 첩첩산중이어서 육로를 거쳐 찾아가야 할 산수자연이요, 보길도는 배를 타고 찾아가야 할 해중자연이라는 점에서 서로 대조되는 삶의 공간이 된다. 해남에서 문학생활의 주무대는 현산면 만안리에 있는 금쇄동, 수정동, 문소동으로 이곳에서 약 10년을 번갈아 머물며 「산중신곡」,「금쇄동기」등의 작품을 쏟아냈고, 보길도의 부용동에서는 일곱 차례에 걸쳐 약 12년간을 수려한 바다 경관을 벗삼아 살았다

특히 완도 보길도 부용동에 머물면서 67세에 지은 「어부사시사」는 국문학사상 불세출의 명작으로 꼽힌다. 이 작품은 춘하추동 네 계절을 각각 10수씩 40수로 읊은 연시조이다. 고려 때부터 전하여 온 「어부사」를 명종 때 이현보李賢輔가 「어부가」 9장으로 개작하였고, 이것을 다시 고산이 후렴구만 그대로 넣어 40수로 고친 것이다. 이현보의 어부가에서 시상을 빌려왔다고는 하나, 후렴구만 떼고 나면 완전한 3장 6구의 시조 형식으로서 새롭고 독창적인 언어의 세계를 보여준다. 보길도의 4계절을 배경으로 펼쳐지는 어촌의 아름다운 경치와 어부 생활의 흥취가

여음餘音과 더불어 잘 드러나 있다. 조선시대 시조문학의 백미가 보길도의 수려한 자연경관 속에서 탄생했다는 점에서 완도와 불가분의 관계를 맺고 있으며, 큰 자랑거리가 아닐 수 없다. 여기에 「춘사春詞」를 소개한다.

어부사시사(漁父四時詞)-춘사(春詞)

앞개에 안개 걷고 뒷산에 해 비친다
배 떠라 배 떠라
밤물은 거의 지고 낮물이 밀려 온다
지국총 지국총 어사와
강촌의 온갖 꽃이 먼 빛이 더욱 좋다.

날이 덥도다 물 위에 고기 떴다
닻 들어라 닻 들어라
갈매기 둘씩 셋씩 오락가락 하는고야
지국총 지국총 어사와
낚대는 쥐어 있다 탁줏병 실었느냐.

동풍이 건듯 부니 물결이 고이 인다
돛 달아라 돛 달아라
동호를 돌아보며 서호로 가자스라
지국총 지국총 어사와
앞 뫼히 지나가고 뒷 뫼히 나아온다.

우는 것이 뻐꾸기가 푸른 것이 버들숲가

이어라 이어라
어촌 두어 집이 냇속에 날락들락
지국총 지국총 어사와
말가한 깊은 소에 온갖 고기 뛰노나다.

고운 볕이 쬐었는데 물결이 기름 같다
이어라 이어라
그물을 주어두랴 낚시를 놓을일까
지국총 지국총 어사와
탁영가의 흥이나니 고기도 잊을노다.

석양이 비꼈으니 그만하여 돌아가자
돛 지어라 돛 지어라
안류정화는 굽이굽이 새롭고야
지국총 지국총 어사와
삼공을 부를소냐 만사를 생각하랴.

방초를 밟아 보며 난지도 뜯어 보자
배 세워라 배 세워라
일엽편주에 실은 것이 므스것고
지국총 지국총 어사와
갈 제는 내뿐이요 올 제는 달이로다.

취하여 누웠다가 여울 아래 내리려다
배 매어라 배 매어라
낙홍이 흘러오니 도원이 가깝도다

지국총 지국총 어사와
인세홍진이 얼마나 가렸나니.

낚싯줄 걸어 놓고 봉창의 달을 보자
닻 지어라 닻 지어라
하마 밤 들거냐 자규 소리 맑게 난다
지국총 지국총 어사와
남은 흥이 무궁하니 갈 길을 잊었닷다.

내일이 또 없으랴 봄밤이 몇 덧 새리
배 붙여라 배 붙여라
낚대로 막대 삼고 시비를 찾아보자
지국총 지국총 어사와
어부의 생애는 이렁굴어 지낼로다.

　이 작품의 관심은 강호의 생활에서 누리는 나날의 여유로움과 아름다움에 집중되어 있다. 이로 인해 고양된 기쁨과 충족감은 '흥興'이라는 말에 압축되어 나타난다. 이 작품에서 '흥'은 구체적인 생활의 정황과 화자의 행위, 그리고 자연의 묘사 과정에서 일어나는 강렬한 도취의 모습으로 그려져 있다. 이는 조선 후기에 이르러 현실 정치의 혼탁함에서 벗어나 자연의 아름다움과 여유로운 삶을 누리고자 했던 작자의 현실관이 반영된 것이라 하겠다. 특히, 심미적 충족과 풍부한 흥취의 공간적 형상화가 참신한 느낌을 주는 것은 자연적 대상 자체가 지닌 아름다움과 자연경관 및 사물에 대한 묘사가 관습적이지 않기 때문이다.

③ 이방익(李邦翊 : 조선시대, 영조~정조)

이방익은 조선조 영·정조 때 강릉에서 살았던 무인으로 벼슬이 중추도사中樞都事를 지낸 것을 알 수 있을 뿐 본관이나 생몰연대를 알 수 없는 사람이다. 그는 정조 6년(1782)에 고향 사람 이택징을 은신시켜 준 죄로 지금의 완도군에 딸린 구자도龜玆島로 유배되어 살다가 정조 8년(1784)에 방면되었다. 이때 유배를 떠나는 길과 적소에서의 암담한 삶을 노래한 가사 「홍리가鴻罹歌」를 남겼다.

이 유배가사는 안춘근에 의하여 이방익李邦翊이 지은 것으로 처음 학계에 공개되었다. 그러나 이에 대하여 이상보 교수가 같은 지면에서 「절도 유배의 한恨」이라는 제목으로 이방익李邦翊은 「표해가」의 작자 이방익李邦翼과 같은 사람이고, 그 이름의 '익翼'은 '익翊'이 옳으니 '翊'으로 고쳐져야 하며, 동시에 이방익은 가사를 2편이나 창작한 무부 출신의 가사 작가로 인정되어야 마땅하다고 주장한 바 있다. 하지만 최강현 교수가 다시 「한국해양문학연구」(성곡논총 제12집, 1981)와 「홍리가鴻罹歌의 지은이에 대하여」(한국언어문학 제20집, 형설출판사, 1981. 12) 등의 논문을 통해 이방익李邦翊은 「표해가漂海歌」의 작자 이방익李邦翼과 다름을 입증하였다. 유배 가는 길의 주변의 자연풍광과 구자도에서의 삶을 흥미진진하게 묘사한 이 작품 역시 완도와 관련한 소중한 문학적 유산이 아닐 수 없다. 여기에 그 전문을 소개한다.

홍리가(鴻罹歌)

어져! 내일이야!/이러홀 줄 어이 알니?

班超의 붓을 던져/立身揚名 ᄒᆞ랴 홀 제,
出將 入相은/ᄇᆞ라지 못ᄒᆞ여도
南統 此闠은/掌中物로 알앗더니,
氣質이 魯鈍ᄒᆞ여/怜悧치 못혼 말이
俗態에 버서나니/時事인들 어이 알니?
進寸 退尺ᄒᆞ여/卒無 所成ᄒᆞ고,
神妬 鬼神中에/命道ᄒᆞ나 崎嶇홀샤.
偶然이 得罪ᄒᆞ야/配所를 磨練ᄒᆞ니,
고기 금을 베펴다가/기러기 걸닌 模樣
꿀 먹은 벙어린 듯/發明홀 터이 업다.
王命이 至重ᄒᆞ니/죽기라도 甘受로다.
老母의 上書ᄒᆞ랴/부즐 들고 안즌 말이
淚下 筆前ᄒᆞ니/成字를 엇지ᄒᆞ리?
大槪로 알왼 말ᄉᆞᆷ/寬饙無常 而已로다.
言忠信 行篤敬은/내 집의 警戒러니,
橫厄이 이러ᄒᆞ니/世上事를 모를노라.
肯構堂 奉甘旨ᄂᆞᆫ/다만 내 몸쑨이어니,
子息들 어려시니/家事를 엇지ᄒᆞ리?
五倫으로 긔걸ᄒᆞ여/大小事 付託ᄒᆞ고,
匹馬 單僮으로/南大門 내다르니,
行色이 蒼黃ᄒᆞᆫ되/羅將의 所驅로다.
銅雀이 막 건너며/三角山 도라보니,
故國山川 죠타마ᄂᆞᆫ/다시 볼 줄 어이 알니?
大海를 두 번 건너/絶島 섬의 드러가니,
江山은 異域이요/瘴氣ᄂᆞᆫ 侵身이라.
痛哭을 ᄒᆞ려ᄒᆞ니/遠國인 듯 不安ᄒᆞ여

춤고 다시 춤아/죠흔 체 ᄒ노라니,
言語 비록 如常ᄒ나/顔色憔悴 졀노 흔다.
窓 앏픠 아층 가치/죠흔 消息 브라더니,
네 소리 無靈ᄒ니/도로혀 듯기 슬타.
故鄕이 어듸민요?/東다히 브라보니,
雲山은 疊疊ᄒ여/千里의 杳然ᄒ고,
海霧ᄂ ᄌ옥ᄒ여/指向이 전혀 업다.
家室이 蒼茫ᄒ고/信使도 咀絶ᄒ듸,
邦禁이 至嚴ᄒ니/書問을 莫通이라.
歲月이 如流ᄒ여/뵈오리에 북 지나 듯
荏苒 瞬息間의/朞年이 되거고나.
堂上의 鶴髮老親/朝暮의 倚閭ᄒ셔
榮養은 못ᄒ고셔/싱각 얼마 ᄒ시ᄂ고?
當此 喜懼年의/이러흔 不孝子를
도로혀 貽憂ᄒ기/이듸도록 甚홀시고?
晨昏 定省은/홀 일이업거니와
衣服飮食 扶護疾恙/뉘라셔 흔단 말고?
子職이 戱闕ᄒ니/罪 우희 또 罪로다.
이리 싱각 져리 싱각/ 줌을 어이 일울소니?
二三庚 明月下의 杜鵑이 啼血ᄒ니,
슬프다 져 새소릭/내 말ᄀ치 不如歸라.
형해ᄂ 예 이시나/精神은 집이로다.
片時 春夢中의 내 집의 도라가셔
陪父兄 率妻子ᄂ/常時와 ᄀ틀시고.
人子之 事父母와 人臣之 事君王이
忠孝의 兼ᄒ 情義/秋毫나 다를소냐?

入侍도 ᄒᆞ여 보고/隨駕도 ᄒᆞ여 뵈니,
有思者의 有夢인가?/蒙有ᄒᆞᆯ 吉兆런가?
胡蝶이 忽散ᄒᆞ니/似眞而 非眞이라.
噓唏 退枕ᄒᆞ고/이러 안저 싱각ᄒᆞ니,
어와! 애돌올사!/ᄭᅮᆷ을 常時 삼고 지고.
朝旭은 滿窓ᄒᆞ고/竹林에 風淸ᄒᆞᆯ 졔
ᄭᅬᆺ고리 ᄆᆞᆰ은 소리/낫ᄌᆞᆷ ᄭᅵ기 有益ᄒᆞ나,
궁궁 벅국 비들기ᄂᆞᆫ/加一層 心亂이라.
들마다 監營關子/罪人申飭ᄒᆞᄂᆞ고나.
朔望點考 別點考에 마즈리라 드러가서
庭下의 ᄭᅮᆯ엇다가/일홈 나며 다답 ᄒᆞᆯ졔,
無心코 칩더 보니/萬戶의 안즌 擧動
趦趦武夫아니런가?/地上의 神仙
그려도 官家威儀/客舍東軒갈나
將校衙前 업다 ᄒᆞ랴?/通引急唱벼
猿生이 사름 貌樣/임내ᄂᆞᆫ 다 내ᄂᆞᆫ 체,
朝夕吹打 開閉門은 無虎洞中 쟉호라.
本官은 刑吏摘奸/本鎭은
官슈이 이러ᄒᆞ니/措手足을 어이 ᄒᆞ리?
戶庭 一步地를/任意로 못나가니,
棘圍를 ᄒᆞᆫ 罪人과/間隔이 젼혀 업다.
僻陋海島 깁흔 곳의/裏而鳥語만
風俗을 볼작시면/化外에 蒼生이라.
錢穀으로 트집ᄒᆞ고/所任으로 自尊月大
얼풋ᄒᆞ면 詬辱이요/죠곰ᄒᆞ면 ᄊᆞ홈ᄒᆞ니,
어룬의게 비ᄒᆞᆫ 行實/아희 辱說 더 잘 ᄒᆞᆫ다.

사름들 擧動보쇼./날 곳 보면 外面ᄒᆞ니
몸이 비록 罪人이나/얼굴죠차 덜업더냐?
不相 干涉이라./是非ᄂᆞᆫ 무슴 일고?
我東方 禮儀 말은/일커느니 天下사
立紀綱 正名分은/國朝의 法이
有罪 無罪間의/一時竄配 고이
削奪官職ᄒᆞ여시랴?/爲奴定屬ᄒᆞ여
그러도 이 내 몸이/士夫ᄃᆡ로 朝官ᄃᆡ로
절문 主人 衙前이니/ᄒᆞ여란 말 고이ᄒᆞ랴?
當치 아닌 놈의 잔칙/감 노ᄒᆞ라 빅노ᄒᆞ라.
自過ᄂᆞᆫ 不知ᄒᆞ고/責人則 明이로다.
眞實노 전底蛙라./義理를 제 어이 알니?
二十里 龜玆셤에/生於斯 長於斯라.
저를 어이 責望ᄒᆞ리?/付之一笑ᄲᅮᆫ이로다.
弊ᄒᆞᄂᆞᆫ 이 主人이오/불샹ᄒᆞᆯ손 保授ᄆᆞᆯ.
ᄒᆞᆫ 둘의 서말 糧食/변변튼 아니ᄒᆞ나,
글인들 空ᄒᆞᆫ 거시/어디셔 난단 말고?
저희도 艱難ᄒᆞ여/먹은 軍餉 지은 稅米
推移가 無路ᄒᆞ여/나며 들며 걱정인ᄃᆡ,
귀향다리 군 食口/이 아니 可憐ᄒᆞ냐?
筮仕를 八年ᄒᆞ니/國恩이 隆重이라.
赤心으로 惠民ᄒᆞ여/萬一을 갑ᄌᆞ터니,
百姓에 貽弊ᄒᆞ기/이ᄃᆡ도록 甚ᄒᆞᆯ시고?
風土도 괴이ᄒᆞ사/낫이면 ᄑᆞ리 즈을,
밤이면 벼록 빈ᄃᆡ/모귀ᄂᆞᆫ 무슴 일고?
기동 ᄀᆞᆺ튼 굴헝이와/ᄇᆞᄃᆡ ᄀᆞᆺ튼 진의 形狀

島中에 風俗 아냐?/農家에 法이런가?
아츰인 未明이요/저녁은 二庚 못춤
情神도 죠홀시고!/째 마초와 잘도 ᄒᆞᆫ니.
물통보리 콩 조밥의/돌도 만코 뉘도 만타.
가지가지 석거시니/落葉에 秋聲이라.
饑者의 甘食이라./죠흠도 죠홀시고!
富貴 아녀 貧賤ᄒᆞ되/換腸을 절노 ᄒᆞ다.
海産은 무엇무엇/먹을 식 아니 알냐?
귀눈만 有福ᄒᆞ니/畵餠의 充饑로다.
大丈夫 시름ᄒᆞ면/窮狀이 인다 ᄒᆞ니,
ᄀᆞᆺ득의 이런 듕의/雪上加霜 염녀로다.
도로혀 플쳐 혜니/내 몸이 侍下로다.
이러ᄒᆞ여 어이ᄒᆞ리?/或 살아 도라가면,
涓埃를 圖報ᄒᆞ고/母子相見 ᄒᆞ올이다.
無罪ᄒᆞᆫ 귀향 罪人/네도 或 잇건마ᄂᆞᆫ
이러ᄒᆞᆫ 太平聖代/더욱 아니 寃痛ᄒᆞ냐?
天作孼 自作孼이/條目이 各各이라.
有罪 以罪 아녀/得罪ᄒᆞᆫ 타시로다.
八蠻家 만흔 사름/曖昧ᄒᆞᆫ 줄 뉘 모로랴?
公議가 자재 ᄒᆞ니/현마 아니 플녀 가랴?
日月 ᄀᆞᄐᆞᆫ 우리 聖上/堯舜禹湯 文武시라.
玉石을 굴희시고/特命放送 ᄒᆞ시거든
춤 추고 도라가서/天恩을 感祝ᄒᆞ고,
萱堂膝下 餘年을/繁華로이 지내리라.

④ 이세보(李世輔 : 조선시대, 1832~1895)

이세보의 본관은 전주이고, 자는 좌보左甫이다. 1832년 6월 21일 경기도 과천에서 아버지 이단화와 어머니 해남 윤씨 사이의 장남으로 태어났다. 좌보는 20세 때인 1851년 8월에 입양으로 중계군 당의 후예가 되었고, 동시에 이름을 호皓로 개명한 다음 소의대부(종2품) 경평군의 작호를 받았다. 같은 해에 중의대부 숭헌대부가 되었고 곧 이어 선덕대부 현록대부(정1품)가 되어 철종의 수라상을 감선監膳하는 직책을 맡았다. 1860년(철종 11)에는 외척 세도일가의 전횡을 논한 일로 인하여 전라도 강진(지금의 완도) 신지도에 유배되었다가 1863년(고종 즉위년) 조대비와 흥선대원군의 배려로 석방되었다. 1865년(고종 2)에 부총관으로 벼슬을 다시 시작하여 1894년까지 여주목사, 도총관, 한성부판윤, 형조판서, 공조판서 등을 지냈다.

좌보는 조선시대 시조작가 중 가장 많은 459수의 시조 작품을 남긴 것으로 유명하다. 당시 다른 사대부들이 관념적이고 음풍농월적인 시조로 일관했던 것과는 달리 부정부패 비판, 유배, 애정, 도덕, 절후節候, 기행, 계고稽古, 유람유흥, 농사 등 매우 다양한 주제를 지닌 것이 특징이다. 특히 세도정치로 혼미했던 조선 후기에 고관대작의 위치에 있으면서도 당시 관료사회의 부정부패와 참상을 시조에 담아 비판·고발함으로써 사회질서를 바로잡고자 노력했으며, 판소리나 민요 등에서 보이는 현실비판의 민중가요 형식을 시조에 도입하고 월령체 시조를 처음으로 쓰는 등 기존의 전통적인 평시조의 형식과 내용에 새로운 변화를 주었다는 평가를 받았다. 시조집으로는 『풍아風雅』, 『시가詩歌』 등이 전해지고 있다.

경평군 이세보는 조선 25대 철종의 사촌동생이다. 1860년 당시 왕실의 동량이 될 만한 영재는 모조리 없애 버리려는 계략을 세운 안동 김씨 일파는 이세보의 영특함을 내심 불안히 여겨 터무니없는 죄명을 씌워 신지도 송곡리로 유배시켰다고 한다. 다시 말해 아무 잘못 없는 그는 왕족인 것이 화근이 되어 유배된 것이다. 그는 달 밝은 밤이면 망향의 정이 사무쳐 지팡이로 백사장에 무수한 시를 썼다. 마치 멀리서 들려오는 모래 우는 소리가 한스러운 자신의 심정을 대신한 것 같아 "모래 우는 소리가 십리를 들리는구나"라고 노래했는데, 여기서 유래한 지명이 '명사십리鳴沙十里'라는 설이 있다. 현재 완도읍 장좌리 해변에 자리한 수석공원 내에 이세보의 시조비가 세워져 있으며, 그가 쓴 유배일기인 『신도일록』에는 신지도에서 지은 시조 77수가 실려 있다. 이 중에 임금에 대한 그리움과 유배생활의 사무친 외로움을 읊은 시조 3수를 여기에 소개한다.

조석에 뫼시던 임을 삼 년을 못 뵈오니
목석간장(木石肝腸)이 아니어든 침식이 온전하랴
지금에 벽해천리(碧海千里) 멀었으니 그를 서러하노라.

내 나이를 헤어 보니 명년이 삼십이라
수구여병(守口如甁) 왜 모르고 천리거적(千里居謫) 무삼일꼬
아마도 충언(忠言)이 역이(逆耳)나 이어행(利於行)인가.

전전반측(輾轉反側) 못 이룬 잠 사오경에 닭이 운다
시비를 열고 보니 눈이 오고 달이로다

어찌타 유벽산촌(幽僻山村)에 개는 짖어대는가.

⑤ 이광사(李匡師 : 조선시대, 1705~1777)

이광사의 본관은 전주요, 호는 원교圓嶠 또는 수북壽北이다. 조선조 영조 때의 명필로 진眞, 장章, 전篆, 예서隸書 등에 두루 능하여 '원교체'라는 독특한 필체를 이룩했다. 그림에도 뛰어나 산수·인물·초충草蟲을 잘 그렸다. 1755년 백부인 이진유의 나주 괘서사건에 연루되어 처음 의령에 유배되었다가 1762년 7월 진도를 거쳐 9월 완도 신지도 대평리로 이배되어 16년 동안 귀양살이를 하며 많은 문하생을 길러냈다. 당시 신지도 상산象山의 영주암에 친필 서액書額을 걸어주었다고 하나 세월이 흘러 퇴락한 나머지 현재는 흔적조차 없어졌으며, 문하생들이 소장하였던 친필은 현전한다. 원교는 정재두에게서 양명학을 배웠고, 동국진체의 창시자인 옥동 이서와 공재 윤두서, 공재의 이질인 백하 윤순에 이어 민족 고유의 정서와 감성을 통대로 한 동국진체東國眞體를 완성하는 대업을 이루었다. 또한 그의 필적은 가까운 해남 대흥사의 대웅보전大雄寶殿, 천불전千佛殿, 침계루枕溪樓, 해탈문解脫門과 강진 백련사의 대웅보전과 만경루萬景樓에도 편액으로 걸려 있다. 저서에는 우리나라의 서법을 평론한 『원교서결』, 『원교집선』 등이 있다. 1777년 신지면 금곡리 황치곤(현 정대준 씨)의 집에서 72세로 일생을 마쳤다. 문학작품으로는 단군 이래의 역사를 읊은 「동국악부」 30수와 완도 신지도의 생활과 풍속을 그린 「기속記俗」 등이 있다. 여기에 신지도의 향사례를 묘사하고, 상부상조하며 살아가는 모습을 칭송한 「기속記俗」 제7수를 소개한다.

기속(記俗) 第7首

村村植候桓/農閒盛萃習

走書要隣社/指日爭升揖

期至闢座位/觀者足成揖

進羞矜驕健/娿娿孺奚翕

盛服耦矢發/雷鼓聲動蟄

林曛藝告完/三魁傑然立

前輩胥喚出/圖面粉墨湢

高竿揭畫紙/唱噪各家入

尊屬設喜宴/立券良田給

三日極遊衍/倡優笙篍集

鄰社復治具/往復相侑急

蓋緣京國邈/望絶科第及

窮聊自絶榮/流風久相襲

虚俗莫聞笑/我欲一世揖

마을마다 과녁을 세워두고/농한기면 성대하게 모임을 갖나니

글 띄워 이웃 마을사람들 청해/날 받아선 다투어 예법을 차리고

기일이 되면 자리를 벌여/구경꾼이 마을을 이룬다

진수를 내어오면 청년들은 으스대고/어린아이들은 그저 즐겁고,

성년이 된 이들이 둘씩 화살을 쏘면/북소리 요란하여 웅크린 용이 놀랄 정도

숲에 그림자 질 때 겨루기 끝나고/우승자 셋이 우뚝 서면

선배들이 서로 불러내어/얼굴에 얼룩덜룩 칠해주고는

높은 장대에 그림종이 걸고서/노래하며 떠들며 집집마다 들어간다

어른들은 경사 났다 잔치상 벌이고/문권 만들어 좋은 밭을 떼어주며
사흘을 실컷 놀다보니/배우에 풍각쟁이 모두 모이는데
이웃마을이 자리를 또 마련하면/서로 가서 급한 일 돕 듯하다
서울과 멀리 떨어져/과거는 아예 꿈도 못 꾸어,
벽촌에서 출세욕을 아주 끊었기에/이 풍습이 오래도록 전해왔구나
순후한 이 풍속을 비웃지 마오/나는 세상을 대신하여 읍례하려오.

3. 근대 이후

① **최금동**(崔琴桐, 1916~1995)

시나리오작가 최금동은 1916년 완도군 신지면 양천리에서 태어났다. 약관 20세로 동아일보 시나리오 현상공모에 「애련송」이 당선되어 등단했다. 주요 작품으로 「해빙기」, 「원효대사」, 「이순신」, 「의사 안중근」, 「아! 백범 김구 선생」, 「동학란」, 「상해임시정부」, 「이름 없는 별들」, 「8·15전야」, 「흙」, 「극락조」 등 많은 시나리오 작품을 창작하여 영화계의 발전은 물론이거니와 후학들에게는 큰 귀감이 되었다. 1967년부터 전후 17년간이나 한국 시나리오 작가협회 회장을 역임하였고, 대한민국예술원 회원으로 선임되어 대한민국예술원상을 비롯한 많은 문화관련 상을 받은 바 있고 '보관문화훈장'까지 수훈하였다. 후학들이 한국 시나리오의 역사를 개척한 그의 눈물 어린 집념을 기리기 위해 유소년기 성장지인 신지면 소재지에 2000년 8월에 기념비를 세웠다.

② **백우암**(白雨岩, 1938~2012)

소설가 백우암은 1938년 완도군 노화읍 동천리에서 태어났다. 1965년 『자유전선』에 단편 「궤도」를 발표하고, 장편 『전쟁과 영웅과 바보』를 출간한 다음, 단편 「웃음소리」를 추천받아 등단했다. 주요 작품으로 단편 「산동네 사람들」(연작), 「갯벌」, 「시아버지와 며느리의 계약」, 「어디서도 끝나지 않는 벽」, 「거인 꿈」 등, 중편으로 『갯바람』, 『메살이』, 『중간군상』, 『어머니와 아들의 이야기』(연작), 『태풍』 등, 장편으로 『갯바람』, 『서울타령』, 『기다리는 사람들』, 『동학』, 『환향녀』, 『허영의 도시』, 『이놈들』, 『산동네 사람들』, 『아주 오래된 기억』, 『어머니와 아들의 이야기』, 『바보 부부의 귀엣말』 등이 있다. 그의 소설은 주로 바보, 병신 등을 등장시켜 인간의 본질과 진면목을 탐구하고 있다.

③ 이삼교(李三敎, 1938~)

소설가 이삼교는 1938년 전라남도 완도군 신지면 월양리에서 태어나, 후에 광주로 이주하여 성장하였다. 그는 1961년 조선대학 법학과에 입학하면서 조선대학과 인연을 맺게 되었다. 그가 문단에 얼굴을 보이기 시작한 것은 언론 통폐합 직전인 1980년 전남매일신문 신춘문예에 단편 「석화포」가 당선되면서부터이다. 이로써 그는 40이 넘은 나이에 늦깎이 신인 작가가 된 것이다. 여기에 그치지 않고 이듬해인 1981년에는 동아일보 신춘문예에 단편 「대각선」이 당선됨으로써 중앙문단에 화려하게 데뷔했다. 그는 그 해에만 4편의 단편을 각종 문예지에 발표함으로써 늦깎이 출발을 만회하였다. 「백자」(전남문단, 1981), 「환상의 못」(소설문학, 1981), 「무너지는 밤」(한국문학, 1981),

「그 목선의 세계」(문학사상, 1981)가 그것이다.

그 이후에도 「비상하는 바위」(소설문학, 1982), 「정물점경」(주간조선, 1983), 「틈입자」(월간문학, 1983), 「미로의 여름」(전남문단, 1984), 「안개해빙」(소설문학, 1984), 「여름의 끝」(지역문화, 1985), 「가항종점」(월간문학, 1985), 「아살박」(한국문학, 1985), 「역광」(현대문학, 1986), 「종이칼」(한국문학, 1986), 「날개와 풍향」(소설문학, 1986) 등 화제작을 꾸준히 발표함으로써 각종 문예지 월평에서 평론가들로부터 좋은 평가를 받아 문단의 주목을 받았다. 1986년 등단 이후 발표한 단편 16편을 묶어 첫 소설집 『아살박』(도서출판 산하)을 내놓았다.

④ 김만옥(金萬玉, 1946~1975)

요절한 천재시인 김만옥은 1946년 전남 완도군 청산면 여서리에서 태어났다. 어릴 적에 아버지를 여읜 그는 홀어머니의 슬하에서 곤궁하게 자랐다. 고향 여서도에서 초등학교를 졸업하고 1960년 완도중학교에 진학한다. 그는 당시 전국적으로 널리 읽혔던 청소년 월간잡지 『학원』의 기자로 활동하면서, 이 잡지에 시와 수필 등을 발표하여 청소년 문단에 알려지게 된다. 중학교를 졸업하고 1963년에 조선대학교 부속고등학교에 입학하면서, 그는 홀어머니와 함께 광주로 이주하게 된다. 고등학교를 졸업하고 조선대 국문과에 입학 1967년 『사상계』 제8회 신인문학상에 시 「아침 장미원」이 당선됨으로써 중앙문단에 발을 들여놓는다. 같은 해 전남일보 신춘문예에 단편소설이 가작으로 당선되었고, 1971년에는 대한일보 신춘문예에 단편소설이 당선되기도 했다. 대학 입학 당시 이미 아내와 동거하고 있었고 딸도 태어나 있었다. 그가 3학년 2학기에 대학을 중퇴하게 된 배경도 바로 이러한 생활의 어려움 때문이었다. 그는 심지어 가족들을 이끌고 무등산에 들어가 움막에서 생활하기도 하였다. 그러나 1975년 생활고를 이기지 못하고 농약으로 목숨을 끊음으로써 안타깝게도 세상을 등지게 되었다. 세상을 떠난 지 10년 만인 1985년 유고시집 『오늘 죽지 않고 오늘 살아 있다』가 발간되었다.

⑤ 임철우(林哲佑 : 1954~)

소설가 임철우는 1954년 전남 완도군 평일도에서 출생하였다. 1981년 서울신문 신춘문예에 「개도둑」이 당선되어 문단에 나왔으며, 주요 작품으로 「개도둑」(1981), 「사평역」(1983), 「아버지의 땅」(1984, 한국일보문학상 수상작), 「그리운 남쪽」(1985), 「달빛밟기」(1987), 「붉은 방」(1988, 이상문학상 수상작), 「직선과 독가스」(1989), 장편으로 『붉은 산, 흰 새』(1990), 『등대 아래서 휘파람』(1993), 『그 섬에 가고 싶다』(1991), 『물 그림자』(1991), 『봄날』(1998) 등이 있다. 그는 현실의 왜곡된 실상을 통하여 인간의 절대적 존재의식을 탐구하는 작가로 알려져 있다. 1995년부터 한신대학교 문예창작과 교수로 재직하다가 정년 이후 제주에서 창작에 몰두하고 있다.

낙일도의 6·25전쟁을 배경으로 친구의 죽음을 방치할 수밖에 없었던 한 청년의 죄의식을 다룬 『뒤안에 바람소리』, 고향인 완도군 평일도를 배경으로 6·25전쟁과 분단의 문제를 다룬 『붉은 산 흰 새』, 1980년 5월16일부터 27일까지 5·18을 전후한 열이틀 동안의 한정된 기간을 자신의 체험과 수많은 사람들의 증언 자료를 가지고 쓴 『봄날』은 임철우의 대표작으로 꼽을 만하다. 그는 위의 작품들을 발표함으로써 한국문단을 대표하는 완도 출신 소설가로 확고한 자리를 잡았다.

이처럼 그의 작품은 고향과 직접 겪은 경험을 바탕으로 6·25 분단의 문제와 이데올로기의 폭력성 등 무거운 주제를 다루고 있지만, 작가만의 서정적인 문체로 표현한 데 그 특징이 있다. 세상에 뿌리를 내리고 살아가야 하는 우리에게, 고향은 더없이 소중하고 그리운 근원이며 꿈과 용기와 추억을 불어넣어 주기도 하고, 혹은 아픔과 상처와 회한을 남모르게 간직하게 만들기도 한다. 그러나 그의 소설은 기쁨과 슬픔, 추억과 회한이 한데 섞여 있는 모습 그대로 늘 어쩔 수 없이 애틋하고 그리운 이름이 바로 고향임을 깨우쳐주고 있다.

⑥ 이상락(李相樂, 1954~)

소설가 이상락은 1954년 완도군 생일도에서 태어났다. 1985년 『실천문학』에 장편 『난지도의 딸』을 발표하며 문단에 데뷔했다. 대표작품으로 소설집 『난지도의 딸』, 꽁트집 『지구는 가끔 독재자를 중심으로 돈다』, 중편 『동냥치별』, 장편 『광대 선언』, 『누더기 시인의 사랑』 등이 있다. 그는 오랜 기간 야간학교에서 공장근로자와 빈민촌 청소년 등을 가르치며 주로 소외계층을 위한 작품을 써왔다.

⑦ 이명원(李明遠 : 1969~)

문학평론가 이명원은 1969년 전남 완도에서 출생해 서울에서 성장했다. 서울시립대 국어국문학과 졸업 및 동 대학원 박사

과정 수학, 성균관대 국어국문학과 박사과정을 수료하였다. 1993년 문화일보 신춘문예에 문학평론「세상이 생긴 때부터 숨겨져 온 것」이 당선되면서 비평 활동을 시작했던 그는 서울시립대 대학원 시절 한국문학비평계의 대가 김윤식 교수의 표절 문제를 지적해 큰 논란을 일으키고 그로 인해 학교를 떠나는 비운을 겪었다. 이후 젊은 문예지 『비평과전망』을 주도적으로 이끌며 한국문학계의 고질적인 병폐로 문제시된 '문학권력 논쟁'을 쟁점화했다. 학적을 성균관대로 옮겨 국어국문학과 박사과정에 있으면서 '김정란', '안티조선', '이문열', '주례사 비평' 논쟁 등에 주도적으로 참여해 '쓴소리' 잘하는 문단의 이단아(?)로서 환호와 질시의 대상이 되었다. 단독 저서로 김현, 김윤식, 백낙청 등 대가의 비평세계를 비판적으로 연구한 『타는 혀』와 비평과 에세이를 접목시킨 『해독』이 있고, 공저로는 『페니스 파시즘』, 『주례사 비평을 넘어서』 등이 있다.

제4부

생명의 가치와 여여한 삶
— 최두석 시집, 『숨살이꽃』
— 양문규 시집, 『여여하였다』

1. 들어가며

요즘 들어 인간적이라는 말이 동물적 혹은 식물적이라는 말보다 결코 아름답지 못하다는 생각을 할 때가 많다. 만물의 조화와 공존을 깨뜨리는 주범이 다름 아닌 인간이기 때문이다. 그런 의미에서 인간은 조물주의 뜻을 어기는 유일한 후레자식이 아닐 수 없다. 만물 위에 군림하려는 인간의 오만방자함은 통렬한 반성이 따르지 않는 한 종국엔 세계의 파멸을 초래할 것이다. 자연은 여여如如한데 인간만이 여여如如하지 못하다.

원래 만물의 언어는 하나였다고 한다. 그러나 인간의 언어만이 발달이라는 미명 아래 분화를 거듭해왔다. 인간의 언어가 발달할수록 만물과의 의사소통의 거리는 그만큼 멀어지고 연결고리는 끊어졌다. 인간의 언어만 고립을 자초한 셈이다. 시인은 눈과 귀가 밝은 사람이다. 보이지 않는 세계를 보고, 들리지 않는 소리를 들음으로써 막힌 대화의 통로를 뚫어주는 사람이다. 특히 하찮은 미물에 불과한 풀과 나무와 짐승들에게 낮은 자세로 다가가 소통하고, 그 생명의 가치를 소중하게 들려주는 사람이다. 최두석의 『숨살이꽃』과 양문규의 『여여하였다』는 이러한 맥락에서 읽을 수 있는 시집이다.

2. 낮은 자세로 만물을 들여다보다-최두석

최두석의 일곱 번째 시집 『숨살이꽃』(문학과지성사)은 그가 '꽃'의 시인임을 보여준다. 그는 그동안 『대꽃』, 『성에꽃』, 『사람들 사이에 꽃이 필 때』, 『꽃에게 길을 묻는다』, 『투구꽃』 등 일관되게 '꽃'을 시적 화두로 삼은 시집들을 세상에 내놓았다. 이전의 시집들이 주로 현실의 전면에서 억압과 폭력에 저항하는 생명의 꽃을 다루었다면, 이번 시집은 실제 이 땅에 존재하는 미미한 꽃들을 직접 찾아가 만난 다음 그 생명의 가치를 낮은 목소리로 들려준다. 꽃에 대한 탐색의 대상이 인간에서 만물로, 탐색의 공간이 현실에서 자연으로 이동했다는 점이 근래의 중요한 변화로 읽힌다. 이는 이순 중반에 접어든 그의 세계관이 인간 본위가 아닌 인간도 자연의 일부라는 보다 생태적이고 근원적인 인식에 도달해 있음을 뜻한다. 그러나 이번 시집에서 인간과 자연은 서로 분리되지 않고 상생과 조화를 꿈꾼다. 오히려 자연은 인간을 되비추며 성찰에 이르게 하는 거울이 된다.

이번 시집은 주로 제1부 음식과 관련한 시편, 제2부 꽃과 관련한 시편, 제3·4부 지명과 나무와 동물과 관련한 시편들로 구성되어 있다. 동식물과 인간을 아우르는 모든 소재들이 생태적 상상력과 사유를 바탕으로 생명공동체정신을 지향하고 있다고 볼 수 있다. 그 중심에 목숨을 살리는 꽃, 즉 이 시집의 표제인 '숨살이꽃'이 포괄하는 의미가 자리하고 있다.

먼저, 음식과 관련한 시 한 편을 보자. 음식은 목숨을 지탱해주는 자연 식재료라는 점에서 제일 먼저 '숨살이꽃'의 맥락에 부합하는 요소라고 할 수 있다. 문제는 음식을 대하는 마음가짐과

태도에 대한 새로운 인식이다.

> 멸치야 갈치야 날 살려라/너는 죽고 나는 살자/에야 술배야/가거도 어부들의 고기 잡는 소리를/밥상머리에서 환청으로 듣곤 한다//벼야 조야 배추야 시금치야/콩아 닭아 김아 마늘아 날 살려라/너는 죽고 나는 살자/놓인 밥과 반찬에 따라 가사를 바꿔 부르며/숟가락 젓가락을 들곤 한다//그토록 쓸데없는 생각이 많아/소화가 되겠느냐 핀잔하는 이 있겠지만/나는 오히려 그이에게 권하고 싶다/술배소리 음미하며 한 끼 먹어보라고/그래야 음식마다 맛이 새롭고/먹고사는 일이 더욱 생생하게 소중해지므로.
>
> ―「술배소리」 전문

우리는 음식을 먹을 때 맛이나 영양소만 따질 뿐 그 식재료가 지닌 생명의 가치나 그것을 생산하기 위해 땀 흘리는 사람들의 노동의 가치를 망각한다. 그러나 이 시의 화자는 "나"를 살리기 위해 죽은 "멸치" 등 온갖 생명들을 일일이 호명하거나, 가거도 어부들의 고기 잡는 소리인 "술배소리"를 환청으로 듣고 또 부른다. 이러한 밥상머리에서의 행위는 어떤 이들에겐 유난스럽게 보일지 모르지만, 먹고사는 일에 대한 근원적 인식과 성찰에가 닿아 있다. 즉 "너는 죽고 나는 살자"에서 보듯 먹고(살고) 먹히는(죽는) 것이 생태계의 순환원리이긴 하지만, 살리기 위해 죽어야 하는 소중한 생명들에 대한 미안함과 그것들을 제공하기 위해 대신 고된 노동을 마다하지 않은 사람들에 대한 고마움을 가져야만 먹고사는 일의 참다운 맛을 새롭게 음미할 수 있다는 전언이 담겨 있다고 할 수 있다.

다음은 이번 시집의 표제시이다.

　산길 가다가 좋은 꽃밭 만나면/살살이꽃이 어디에 숨어 있나/숨살이꽃이 어디에 숨어 있나/두리번거리는 버릇이 있다/마치 산삼 찾는 심마니처럼//깊은 산 희미한 산 길 가다가/멧돼지 가족이 파헤쳐놓은 꽃밭 만나며/녀석들도 살살이꽃 혹은 숨살이꽃 찾아/밤중에 주둥이로/쟁기질하나 하는 생각이 든다//사진으로는 찍을 수 없고/늙은 무녀의 목쉰 노래로/귓가에 맴돌며 피는 꽃/상처에 문지르면 살이 돋아 살살이꽃/가슴에 문지르면 숨이 트여 숨살이꽃//산길 가다가 그윽한 꽃내음 맡으면/향내가 숨결에 스미고/핏속에 번지는 느낌이 좋아/잠시나마 그 꽃을 두고 살살이꽃 혹은/숨살이꽃이라 여기기도 한다.
ー「숨살이꽃」 전문

꽃은 생명의 가치와 존재의 발현을 의미하는 표상이다. 돌아보면 이 세상에 존재하는 모든 풀과 나무는 아무리 하찮은 것이라 할지라도 저마다 꽃을 피운다. 인간을 포함한 동물들도 마찬가지다. 그런 의미에서 '다, 꽃'이고 '다꽃'이니 무엇 하나 소중하지 않는 것이 없다고 할 수 있다. 원래 '숨살이꽃'은 죽은 사람의 삶을 되돌린다는 뜻을 지닌 바리데기 설화에 나오는 꽃이라고 한다. '살살이꽃'도 마찬가지일 터이다. 그러나 이 시 속에서는 어느 구체적이고 특정한 꽃을 지칭하는 것이라기보다 "산길 가다가 그윽한 꽃내음 맡으면/향내가 숨결에 스미고/핏속에 번지는 느낌"이 드는 모든 꽃이다. 즉 "상처에 문지르면 살이 돋아 살살이꽃/가슴에 문지르면 숨이 트여 숨살이꽃"인 것이다. 이러한 "살살이꽃" 혹은 "숨살이꽃"을 찾아가는 과정이 시적 화자가 추구하는 숨을 살리는 삶이라고 할 수 있다. 최두석 시인은 시를 쓰는 일도 이와 같아서 살을 돋게 하고 숨을 트이게 하는 일이며, "시인이란 자신의 말길을 열어/세상의 물길과 숨길과/은밀히 소통하는 자"(「시인」)라고 말하고 있다. 이번 시집의 목소리가 시종 낮고 은밀한 것도 이러한 연유에서일 터이다.

3. 천태산에 깃든 자의 여여한 노래-양문규

양문규의 다섯 번째 시집 『여여하였다』(시와에세이)는 천태산이라는 자연의 품에 깃들어 사는 자의 여여如如한 삶을 노래하고 있다. 또한 천태산 자락에서 밀려난 아픔도 담고 있다. 주지하다시피 그는 1989년 『한국문학』을 통해 등단한 이후 얼마간의 서울생활을 청산하고 1999년 불혹의 나이에 낙향하였다. 그리하여 천태산 자락에 '여여산방如如山房'이라는 작은 토담집을 마련하고 시를 써온 지 20여 년, 어언 이순이 눈앞에 이르렀다. 또한 수령 천 년이 넘은 영국사 앞 은행나무를 부처님처럼 모시고, 전국의 문화예술인들로 구성된 '천태산 은행나무를 사랑하는 사람들'이라는 모임을 이끌면서 매년 은행나무를 기리는 시제詩祭와 시화전을 열고 작품집도 발간하는 등 자연과 함께하는 삶을 실천해왔다. 그러나 근래에 안타깝게도 탐욕스런 영국사 주지와 갈등을 빚어 2015년 인근 삼봉산으로 거처를 옮겼다. 하지만 그의 시와 삶은 "천태산 여여산방을 떠났음에도 불구하고 천태산 은행나무 그늘에서 한 발짝도 벗어나지 못하고 있다."(시인의 산문-「자연 그대로의 시학」)는 고백처럼 여전히 천태산에 꽂혀 있다.

그가 산방 앞에 '여여'라는 이름을 붙인 것은 "모든 것을 비우고 천태산의 자연에 순응하며 살아가겠다."(「여여산방에서 보내는 편지」)는 다짐 때문이다. '여여如如'란 산크리스트어 타타타(tatata)를 의역한 것으로 '있는 그대로의 진실한 모습'을 뜻한다. 그래서 이번 시집에는 당연히 천태산의 꽃 한 송이, 돌멩이 하나, 주변 마을 사람들과 하나가 되는 공동체적 삶을 지향하는 시들이 빼곡하다. 그렇다면 그의 삶의 보금자리인 여여산방은 어떤 곳인가.

> 천태산 영국동 여여산방/거기 작은 토담길 들였다//숲 속 수런거림은 심장 콩당콩당 뛰게 하고/귀 쫑긋 열게 하는 싱싱 놀이터//돌멩이 하나 풀 한 포기 저마다 죽어가는 것 없이/삶이 어두워질 때까지 또한 생생生生//비가 오면 비가 온다고 개구리 개골개골/눈이 오면 눈이 온다고 부엉이 부엉부엉//동네 안팎 이런저런 소리 흘러들고/마음 안팎 저런 이런 소리 일렁이는 곳
> ―「여여산방 떠났다」 부분

여여산방은 "싱싱", "생생生生"이라는 수식어로 요약될 수 있을 만큼 모든 생명들의 움직임과 소리들이 살아 있는 곳이다. "숲 속 수런거림", "돌멩이 하나", "풀 한 포기" 그리고 "개구리", "부엉이", "동네"에서 들려오는 사람들의 소리가 한데 어울려 화음을 이룬다. 여기에 시적 화자의 몸과 마음이 그대로 소통하고 교감한다. 자연과 인간이 꾸밈없이 하나가 되는 세계. 이것이 바로 양문규 시인이 꿈꾸는 이상적인 시의 세계이며, 있는 그대로의 여여한 삶의 모습이다.

천태산의 만물 중에서도 양문규 시인이 가장 높이 받드는 중심은 영국사 앞에 서 있는 천 년 묵은 은행나무이다. 이 나무는 한마디로 그의 정신적 지주이자 살아 있는 신이다. 그러기에 전술했다시피 그는 은행잎이 노랗게 물드는 가을이면 해마다 어김없이 시제詩祭를 지내오고 있다. 그뿐만 아니라 이 늙은 은행나무는 "구름과 바람과 비와 햇살"과 함께하고, "풀과 꽃과 까치와 다람쥐와 애기벌레들"(「늙은 나무가 사는 법」)에게 집과 그늘과 양식을 베풀며, "애원하지 않아도 농사가 시와 노래가 되는 풍경"(「텃밭」)을 연출한다. 그야말로 "천수천안관세음千手千眼觀世音"(「겨울나무」)이 따로 없다. 그래서 그는 이 은행나무를 떠나지 않고 영원히 살고 싶은 마음을 "내가 살아가는 동안/아니, 죽어 살과 뼈가 녹아/꽃이 될 때까지/천태산 은행나무/언덕에 기대어/살았으면 좋겠다, 골백번"(「찔레꽃」)이라고 "찔레꽃" 한 송이에 빗대어 간절하게 고백하고 있지 않은가. 그러나 그 바람은 안타깝게도 중단되었다. 필자가 굳이 좌절되었다가 아니라 중단되었다고 표현한 것은 그 꿈이 그의 마음속에서 여전히 여여하기 때문이다. 그리고 언젠가는 원상 복귀할 것 같은 예감이 들기 때문이다. 다음 시는 그 여여함을 적실하게 보여주고 있다.

　　지난겨울 천태산은 눈보라 치는 절벽에서도 여여하였다//천태산 산방 주인 잃고 구들장 내려앉아도 여여하였다//키 큰 미루나무 싸늘히 식은 가지들 매달고도 여여하였다//까치집 흔들어놓는 세찬 바람소리에도 여여하였다//언덕 위 날망집 늙은 과부 찬물에 홀로 밥 짓고 빨래하면서도 여여하였다//천 년 은행나무 폭설 속에 잔가지 뚝뚝 내려놓고도 여여하였다//옆 감나무 꼭대기 얼어 터진 홍시 쭈그렁 살

내리고도 여여하였다//감나무 지나 깔딱고개 가시철망 둘러쳐져 고라니 넘나들지 않아도 여여하였다//빙판길 숨 고르며 오르는 사람 발자국 하나 없어도 여여하였다//염불하는 젊은 중 빤질빤질한 이마빼기도 여여하였다

—「여여하였다」 전문

4. 나오며

지금까지 일별한 바대로, 최두석의 시집 『숨살이꽃』과 양문규의 시집 『여여하였다』는 요즘 시단에서 필요 이상으로 말이 많고 떠들썩한 시들과는 달리 조용히 그 뒷전에서 낮은 목소리로 생명의 소중한 가치와 여여한 삶을 우리에게 들려준다. 한 사람은 그 대상을 만나기 위해 직접 발품을 팔아 돌아다니고, 또 한 사람은 아예 천태산이라는 특정의 자연 속에 깃들어 산다. 대상에 대한 접근 방식은 달라도 둘 다 자연과 인간이 한데 어우러진 공동체적 삶을 노래하고 있다. 인간을 앞세우는 것이 아니라 인간이 자연의 일부로서 공존하는 삶을 지향하고 있다. 이러한 삶의 지향이야말로 우리가 바라는 최고의 이상이며, 파멸의 시대에 세계를 구원할 수 있는 길임을 제시하고 있다. 필자는 우리가 살고 있는 '지금, 여기'가 아무리 복잡다기하고 고통스럽더라도 그저 비명만 지를 것이 아니라 그럴수록 따뜻한 위안을 주고 그 대안을 보여줄 수 있는 시들이 필요하다고 생각한다. 그런 의미에서 한 사람의 독자로서 두 시인에게 감사와 경의를 표하고 싶다.

섬세한 감각과 건강한 상상력
― 김성태 시집, 『봄을 그리다』

1. 프롤로그

　김성태 시인은 한마디로 노년을 잊은 소년이다. 그는 고희에 이르러서야 시에 입문하여 10여 년 동안 열심히 언어를 갈고 닦은 끝에 마침내 시인이 되었다. 젊은 시절 문학에 대한 열정이 아무리 강했다고 할지라도 노년에 이르러 그 꿈을 실현하기란 실로 어려운 일이다. 우선 몸이 받쳐주질 않고, 감각이 둔해졌으며, 기억이 가물거리기 때문이다. 그러나 그는 나이답지 않은 건강한 체력과 섬세한 언어감각 그리고 놀라운 촉기觸氣로 이러한 우리의 기우를 가뜬히 불식시킨 사람이다. 그리하여 그간 습작한 시들을 모아 78세에 처녀시집을 세상에 내놓게 되었다는 사실 하나만으로도 그는 칭송받아 마땅한 사람이다. 나이에 굴하지 않고 소년처럼 씩씩한 노년을 사는 경우란 바로 이를 두고 하는 말일 터이다.
　여기에서 필자와 김성태 시인과의 사적인 인연을 이야기하지 않을 수 없다. 그를 처음으로 만난 건 지금으로부터 10년 전 목포대학교 평생교육원 현대시 창작 강의실에서였다. 40~50대가 대부분인 수강생 중에서 70대로 보이는 노인이 눈에 띄었는데, 그가 바로 김성태 시인이었다. 연세가 드신 분답게 과묵하고 점잖았던 그는 수강생들에게 큰형님, 큰오빠로 통했다. 비가 오나 눈이 오나 해남에서 목포까지 만만찮은 거리를 한 번도 빼먹지 않고 강의를 들으러 다니는 모범생이었다. 그 후로도 그는 장흥천관문학관, 목포문학관 등 필자가 시 창작 강의를 한다고 하면 때와 장소를 가리지 않고 달려와 지극정성으로 배움을 구했다. 그러한 그의 열성적인 모습에 필자는 감동했고, 우리는 나이를 초월하여 인간적인 신의로 사제관계를 맺어 오늘에 이르렀다.

또한 그는 필자의 소중한 낚시 벗이기도 하다. 밤 바다낚시를 좋아하는 필자를 위해 그는 먼 거리를 마다 않고 달려와 새벽토록 방파제에서 함께 낚시를 즐기다가 돌아가곤 했다. 칠흑 같은 밤바다에 띄운 야광찌를 바라보며 소주잔을 기울이던 기억이 눈에 선하다. 한편으론 아무리 외롭다고 심신이 연로하신 분을 밤낚시 벗으로 삼아야 했는지 돌이켜보면 죄송스럽기도 하다. 그러나 싫은 기색 하나 없이 소년처럼 즐거워하던 그를 생각하면 어디서 그런 넉넉한 아량과 무구한 인간미가 샘솟는지 경이롭기까지 하다. 아무튼 이러한 사적 인연들로 하여 필자는 그를 인간적으로 깊이 존경하고 신뢰하게 되었다. 만사를 제쳐놓고 그의 처녀시집 해설을 기꺼이 맡게 된 이유도 여기에 있다.

2. 자연풍경과 섬세한 언어감각

김성태 시인이 특장으로 내세울 만한 문학적 자질은 섬세한 언어감각이다. 이번 시집의 최대 성과는 그가 80세에 가까운 노인임에도 불구하고 여전히 뛰어난 언어감각의 소유자임을 유감없이 보여주고 있다는 점이다. 이러한 섬세하고도 정밀한 언어감각은 선천적이지 않고서는 불가능한바, 그가 시인으로서의 자질을 타고났음이 분명하다.

①
가지 끝 꽃눈으로 물오르는
소리 들으며 금오산 오르는데

산꼬대는 언덕길을 굴러 내려
꿈속에 졸고 있는 섬들의 가슴에 든다

얼음장 아래 피라미들
꼬리를 흔들어 겨울 녹이고

짝을 등에 업고 마른 풀숲에 드는
산개구리 발꿈치 드는 소리
산 오르며 흐르는 땀 훔치는 소리
미풍과 햇살이 얼굴 비비는 소리
연둣빛 새싹에 덧칠하는 소리

사중주의 화음에 가슴 부푼
진달래 꽃망울
적삼 미어지고 있다

―「화음」 전문

②
기운 달이 새벽길을 걸어가면서

담장에 박꽃 한 송이 떨어트린다

　　동살이 산마루 기어오르며
　　다시 산천을 또렷하게 그린다

——「하루」 부분

　①은 봄이 오는 산야의 내밀한 정경을 묘사한 시로서, 이번 시집에서 언어감각의 극점을 보여주는 명편이다. 흔히들 시인을 일러 일반인들이 볼 수 없고 들을 수 없는 세계를 형상화하는 언어의 마술사라고 한다. 그런데 이 시는 그러한 세계가 어떤 것인지를 구체적으로 보여주고 있다. 1연에서 시적 화자는 "가지 끝 꽃눈으로 물오르는" 들리지 않는 소리를 예민한 귀로 듣는다. 2연·3연·5연에서는 "산꼬대"(밤중에 산 위에서 바람이 불어 몹시 추워지는 현상)가 "언덕길을 굴러 내려/꿈속에 졸고 있는 섬들의 가슴에" 들고, "얼음장 아래 피라미들/꼬리를 흔들어 겨울 녹이"며, "진달래 꽃망울/적삼 미어지고 있"는 보이지 않는 내밀한 자연현상을 밝은 눈으로 각각 꿰뚫어본다. 특히 4행은 이러한 '듣고', '보는' 일이 하나가 되는 공감각의 세계를 정치하게 묘파한 압권에 해당한다. 먼저, "산개구리 발꿈치 드는 소리"를 보자. 보통 사람 같으면 산개구리가 점프하기 위해 발꿈치 드는 모습조차도 주의를 기울이지 않으면 보기 어렵다. 그런데 시인은 그것을 뛰어넘어 가만히 발꿈치를 들 때 나는 도저히 들리지 않는 소리까지 듣고 있다. 다음으로, "땀 훔치는 소리"이다. 사람들이 힘들게 산을 오르며 손으로 땀을 훔치는 모습이야 흔히 볼 수 있지만, 이 역시 소리까지 듣기는 어렵다. 그다음으로, "얼굴 비

비는 소리"이다. 그것도 보이지 않는 봄의 미풍과 햇살이 서로 만나 얼굴 비비는 소리이다. 이는 실체도 볼 수 없지만 도저히 들을 수 없는 소리에 해당한다. 마지막으로, "덧칠하는 소리"이다. 이는 이제 갓 얼굴을 내민 연둣빛 새싹이 햇살과 공기와 물을 공급받으며 조금씩 색깔이 짙어가는 모습이자 소리이다. 이들 보이지 않고 들을 수 없는 네 가지 소리들은 서로가 은밀히 교감하면서 자연의 오케스트라인 사중주 화음으로 아름다운 봄을 연주하고 있는 것이다.

② 역시 감각적 묘사가 돋보이는 시다. 하루 중 새벽에서 아침에 이르는 시간과 풍경을 한 폭의 생생한 수채화로 그려놓고 있다. 앞 연은 서쪽으로 기울어가는 희미한 새벽 달빛이 담장에 핀 하얀 박꽃 한 송이를 비추는 모습을 "떨어트린다"고 표현하고 있으며, 뒷 연은 산마루에서 부챗살처럼 퍼지는 "동살"(해돋이 전 동이 트면서 푸르스름하게 비치는 빛줄기)이 어둠에 가려 있던 우주만물을 환히 비추는 모습을 "그린다"고 표현하고 있다.

이 밖에 이번 시집에서 뛰어난 언어감각을 보여주는 시들이 도처에 널려 있다. 이러한 감각적 표현이 빛나는 시들은 주로 자연풍경이나 향토적 정서를 노래한 시편들에 집중되어 있다. 이는 사물을 바라보는 그의 시각이나 상상력이 어린아이처럼 순수한 데서 기인한다.

3. 농촌의 현실인식과 애환

김성태 시인은 전남 해남에서 직접 농사를 짓는 농부이다. 그것도 평생토록 고향을 지키며 소박하게 살아온 토박이 농부이다. 그런 만큼 이번 시집에는 농촌의 현실과 애환을 노래하는 시편들이 많이 포함되어 있다. 주지하다시피, 작금의 우리 농촌은 유사 이래 가장 어렵고 힘든 상황에 처해 있다. 이러한 상황 속에서 문학은 농촌의 현실을 가감 없이 담아내는 작업이 절실히 필요하다. 더욱이 농부 출신 시인이 농촌의 현실을 직시하지 못한다면 그것은 직무유기다. 그런 의미에서 그의 시는 매우 바람직한 자세를 견지하고 있다고 할 수 있다.

①
하우스 지키던 비닐 필름 찢겨 날아가고
보호막 속에 살던 감자, 오이, 토마토
파편 관통해 피멍이 낭자하다

설치던 난리 끝나고
간밤에 무슨 일이 있었냐는 듯
환한 햇살이 안부 묻는 아침
앙상한 골재 속 작물 같은 농심

전범도 승자도 없는 하늘의 난리
피해의 해진 옷을 농자에게 입혀놓고
보상은 누가 하며 위로는 누가 하나
—「노대바람」부분

②
유월의 허리에 쥐똥나무가 차린 좁쌀 고봉밥

흉년에 부황 들어 세상 떠난 순영이 아버지
벌이 되어 돌아왔는지

왠 풍년이냐고 말도 없이 포식한다
먹어도 또 먹어도 배는 고프다

쌀값 오를 낌새 없는 논에 모내기하는 것보다
요샌 누런 좁쌀밥이 더 비싸다며

이 그릇 저 그릇 다 챙긴다
―「좁쌀 고봉밥」 전문

 ①은 자연재해로 피해를 입은 안타까운 농심을 노래하고 있다. 1연은 태풍에 버금가는 "노대바람"(나무가 뽑히고 상당한 건물의 피해가 발생하는 초속 24.5~28.4미터로 부는 바람)이 비닐하우스를 휩쓸고 지나가면서 "피멍이 낭자한" 작물의 모습을 그리고 있다. 2연은 그렇게 난리를 치던 노대바람이 "간밤에 무슨 일이 있었냐는 듯/환한 햇살이 안부 묻는 아침"을 그리고 있다. 그러나 농부의 마음은 "앙상한 골재 속 작물"처럼 처참하게 망가져 있다. 많은 돈을 들여 지은 비닐하우스가 망가지고, 정성을 다해 길러온 작물을 모두 버렸으니 왜 그렇지 않겠는가. 그야말로 일 년 농사가 헛수고가 된 셈이다. 3연은 이러한 자연재해가 "전범도 승자도 없는 하늘의 난리"이므로 그 피해는 고스란히 "농자"에게 돌아갈 뿐 "보상"이나 "위로" 등 누구에게 하소연 할

곳 없는 농촌의 안타까운 실상을 증언하고 있다.

②는 "쥐똥나무"꽃을 "좁쌀 고봉밥"으로, "순영이 아버지"를 "벌"로 각각 연결하여 배고프고 가난했던 시절의 농촌현실을 회상하고 있다. 쥐똥나무는 유월에 꽃이 피고, 시월에 쥐똥처럼 까만 열매가 열리는 나무이다. 이팝나무처럼 쥐똥나무도 흰 쌀밥같이 탐스러운 꽃을 주렁주렁 매단다. 시적 화자에게 쥐똥나무 꽃은 옛날 보릿고개를 연상시키고, 때마침 날아온 벌은 곧장 "흉년에 부황 들어 세상 떠난 순영이 아버지"를 떠올리게 한다. 그러니까 이 시에서 "벌"은 곧 "순영이 아버지"가 된다. "먹어도 또 먹어도 배"가 고픈 순영이 아버지는 여기저기 차려진 "좁쌀 고봉밥"을 포식한다. 4연 "쌀값 오를 낌새 없는 논에 모내기하는 것보다/요샌 누런 좁쌀밥이 더 비싸다"는 구절은 쌀값이 좁쌀값보다 못한 오늘의 실정을 그대로 보여준다. 주지하다시피 보릿고개 시절에 쌀밥은 좀처럼 먹어보기 힘들었다. 그래서 벼농사를 지을 논은 부의 척도였고, 부잣집 식구들이나 먹을 수 있는 쌀밥은 부러움의 대상이었다. 그러나 밀가루 음식 등 퓨전음식을 많이 먹는 요즘은 입장이 바뀌었다. 사람들이 귀한 흰 쌀밥보다 누런 좁쌀밥을 선호해 값이 더 비싸기 때문이다. 보리, 조, 수수, 콩 등 잡곡들이 오히려 사람들의 아스라한 추억을 건드리기 때문이다. 이러니 노는 땅이 있어도 벼농사를 포기하는 농가가 늘어날 수밖에 없다.

4. 건강한 해학과 리비도적 상상력

이번 시집에는 핍진한 농촌의 현실과 애환을 드러내는 데 그치지 않고 그것을 리비도적 상상력과 해학으로 끌어올린 시편들이 많다. 이는 힘들고 어려운 농촌 현실을 이겨내는 건강하고 유머러스한 삶의 활력소로 받아들여진다. 시에서 리비도적 상상력은 제대로만 발휘된다면 건강한 생명력을 드러내는 데 매우 효과적이다. 다만 성 그 자체만 탐닉하거나 말초적 신경을 자극할 목적으로 잘못 쓰일 경우 외설 논란에 휘말릴 수 있으므로 주의해야 한다. 김성태 시인은 팔순에 가까운 나이에도 불구하고 젊은 사람 못지않은 리비도적 상상력을 자랑하고 있다. 그만큼 그의 육체와 정신이 건강하다는 증거이다. 그러고 보면 젊음의 척도를 나이로만 가늠할 수 없다.

①
네 이놈 하 소장, 내 며느리 씨값 빨리 내놔라

어안이 벙벙한 종묘사 직원과
함께 있던 경작인들에게 호통치며
재차 다그치는 강 영감

추석이 금방인데 내 며느리 씨값 왜 안 주냔 말이다

가당치도 않습니다 절대로 그런 사실 없습니다

이놈 봐라, 여름에 씨를 가져갔으면
잔금 지불은 이미 했어야지
왜 지금까지 미루고 있느냔 말이다

제가 언제 며느리와 씹을 했다고 자꾸 이러십니까

내가 언제 씹했다고 했느냐고
눈 부릅뜨고 노려보는
개구리 같은 강 영감

그제서야 이해했는지
뒤집어 쓴 누명보자기 속에서 나와
휴, 한숨을 내쉬는 하 소장

말투에 너무 짜게 간을 쳤는지
씨값을 씹값으로 잘못 들은 사람들
잠시 혼돈 속에 빠졌다가 박장대소하더니

자, 본사에서 종자 아니 씹값이 왔습니다
각자 제 몫을 드릴 터이니 추석명절 잘 쇠시기 바랍니다
― 「씨값 혹은 씹값」 전문

②
뻐꼬 뻐꼬,
앞산 소나무 숲에서 뻐꾸기 운다
멀리 있는 짝에게 벗고 있음을 알리나보다
벗고의 간절한 소리 뻐꼬

다시 뻐꼬 뻐꼬 뻐꼬
애가 타는지 뻐꼬 뻐꼬 뻐꼬 뻑뽀꼬

잠시 후 다른 한 마리 소나무에 든다

　　바람이 지나가다 멈춘다
　　이슬 터는 소리 들린다
　　내 얼굴에 야릇한 미소 걸린다
　　　　　　　　　　　　　　　―「벗고」 전문

　김성태 시인의 리비도적 상상력은 단어의 발음이나 어감의 유사성에서 촉발되는 경우가 많다. ①은 "씨(種子)"를 "씹(性交)"으로 잘못 발음한 데서 싹튼 오해를 매우 해학적으로 묘사하고 있다. 원래 '씹'의 어원이 '씨의 입(種口)'에서 비롯됐다는 설도 있는 만큼 이 두 단어는 발음이나 어감의 유사성뿐만 아니라 어의(語義)의 유사성도 배제할 수 없다. "며느리"를 두고 "강 영감"과 종묘사 직원 "하 소장" 사이에 벌어진 "씨값(種子貸金)" 혹은 "씹값(花代)" 논쟁은 추석 명절을 앞둔 농촌을 배경으로 하고 있다는 점에서 매우 흥미로운 개연성을 지닌다. 그러나 "말투에 너무 짜게 간을" 쳐서 벌어진 이들의 "눈을 부릅뜬" 싸움 혹은 논쟁은 이 발음의 차이를 알아차린 주변 사람들의 "자, 본사에서 종자 아니 씹값이 왔습니다"라는 유머러스한 멘트로 인해 "박장대소"로 평정된다. 척박한 농촌생활의 분위기를 한순간에 확 바꾸어놓은 건강한 시가 아닐 수 없다.
　②역시 마찬가지다. 뻐꾸기 울음소리 "뻐꼬"(의성어)를 "벗고"(동사)로 연결시켜 리비도적 상상력을 한껏 발산하고 있다. 봄은 짝짓기의 계절이다. 뻐꾸기도 마찬가지다. 그러고 보면 뻐꾸기가 유독 봄에 울어대는 것은 슬프거나 심심해서가 아니라

짝짓기를 위해 님을 부르는 소리임을 이 시를 통해 알 수 있다. 따라서 1연의 "뻐꼬"는 모두가 암컷이 수컷(짝)을 부르는 울음소리이다. "벗고 있음"(사랑할 준비가 다 되었음)을 알리는 신호이다. 그래서 시인은 "벗고의 간절한 소리"가 곧 "뻐꼬"라고 말하고 있는 것이다. 참으로 그럴듯하다. 2연은 암컷의 간절한 소리가 "뻐꼬"로는 모자라서인지 "뻑뻐꼬"까지 나아가자 드디어 "다른 한 마리"(이는 필시 수컷이다)가 그에 화답하는 모습을 보여준다. 이 시의 압권은 3연이다. 새로운 생명을 잉태하기 위해 암수가 사랑을 나누는 황홀하고도 성스러운 순간을 보여주기 때문이다. 이를 위해 "바람이 지나가다 멈"추고, "이슬 터는 소리"(절정에 이른 소리)까지 들린다. 이 얼마나 절묘한 표현인가. 그래서 이를 감지한 "내 얼굴에 야릇한 미소 걸"리는 것이니 온 우주가 함께 교감하는 물아일체 혹은 자연합일의 순간이라 함은 무릇 이를 두고 하는 말일 터이다.

5. 연륜의 깊이와 여유로운 가락

이번 김성태 시집에는 이채롭게도 시조 7편이 포함되어 있다. 그가 시조를 배우기 시작한 지는 시보다 훨씬 짧다. 그래서 처음엔 시조를 제외한 시만으로 시집을 엮는 게 좋지 않겠느냐 조심스럽게 권유하고 싶었지만 읽어보고 나서는 생각을 고쳐먹게 되었다. 비록 짧은 수련임에도 불구하고 상당한 수준에 올라와 있다고 판단되었기 때문이다. 특히 연륜의 깊이를 동반한 여유로운 가락에서 시조 특유의 고전적 품격이 느껴졌다. 게다가 시에서처럼 섬세한 언어감각이 도드라졌다. 앞으로 형식과 내용에 있어서 다양한 변화를 꾀한다면 그 가능성이 충분하다고 생각한다.

①
황금색 가을 들녘 사립문 열고 들어온다
가지 끝에 매달려서 타는 듯 붉은 홍시
땅 위를 응시하던 솔개 하늘 손을 잡는다

고치가 토해내는 가는 실 감고 돌아
타래에 빼앗기는 낭창한 물래 가락
세월도 함께 감겼다 풀리는 듯 감긴다
―「감기는 세월」전문

②
누군가 가만가만 문 열고 오는 기척
한 치 앞 안 보이는 어둔 밤 여린 바람
먼 길을 흰 저고리 입고 남모르게 오는가
―「문풍지 유희」1연

김성태 시인의 시조는 3·4조 음수율과 4음보율을 바탕으로 한 평시조가 대부분이다. ①은 실을 감고 돌아가는 "물래"의 모습과 "세월"의 흐름을 "가락"으로 연결한 수작이다. 우선 감각적 표현이 눈에 띤다. 1연은 깊어가는 가을의 농촌 풍경이 한 폭의 그림처럼 펼쳐져 있다. 사립문을 열자 눈앞에 펼쳐지는 가을 들녘을 "황금색 가을 들녘 사립문 열고 들어온다"로, 솔개가 가을 하늘을 향해 날아오르는 모습을 "솔개 하늘 손을 잡는다"고 감각적으로 의인화함으로써 직설을 피하고 있다. 노랑(가을 들녘), 빨강(홍시), 하늘(파랑)의 색채감각의 조화도 엿보인다. 2연은 누에고치에서 명주실을 뽑아내는 물레질을 리드미컬하게 묘사하고 있다. 고치에서 실을 뽑기 위해 감고 돌아가는 물레와 그 물레가 뽑은 실을 타래에 다시 촘촘히 감는 모습을 "타래에 빼앗기는 낭창한 물레 가락"으로 멋지게 표현하고 있다. 물레의 쳇바퀴는 크고 느리지만, 감아 들이는 실꾸리는 작고 빠르다. 그래서 '빼앗'긴다는 표현이 가능하며, 그 길게 늘어뜨린 실타래는 낭창한 가락이 되는 것이다. 그런데 시인은 이 낭창하고도 여유로운 가락에서 안 보이는 세월의 흐름 또는 세월의 가락까지 들여다보는 연륜의 깊이를 보여준다. 그 감고 풀리는 가락을 반복하다 보면 어느새 우리 인생도 종점에 도달할 것이다.

② 역시 감각적 표현이 눈에 들에 들어온다. "여린 바람"(실바람)을 멀리서 몰래 찾아오는 손님(혹은 연인)으로 의인화하고 있다. 그런데 그 "가만가만" 다가오는 손님의 기척을 화자는 창호지를 바른 문의 "문풍지" 소리를 통해 듣고 있다. "한 치 앞 안 보이는 어둔 밤"에도 그 손님이 "흰 저고리"를 입었음을 알아차리는 것은 창호지가 흰색이기 때문이다. "가만가만", "남모르게"는 ①의 "낭창한"과 어울려 얼마나 느리고도 여유로운 곡선의 가락을 드리우는가.

6. 에필로그

지금까지 살핀 대로, 김성태 시인은 황혼의 나이에도 불구하고 젊은 시인 못지않은 시적 자질을 두루 갖고 있다. 그것은 ① 섬세한 언어감각, ② 현실인식의 눈, ③ 건강한 리비도적 상상력과 해학, ④ 여유로운 가락으로 요약할 수 있다.

그러나 이 자질들이 수준 높은 작품성으로 이어지기 위해서는 지금보다 훨씬 강도 높은 시적 수련이 필요하다. 특히 언어의 운용에 있어서 아직 세기가 부족하고 군더더기가 많은 점은 최대 약점이다. 절차탁마의 내공이 필요하다. 또한 이번 시집에 실린 시적 소재들이 주로 자연이나 풍경에 쏠려 있거나, 그 주제가 화해·조화·평화를 지향하고 있는 점도 마음에 걸린다. 시란 이상향을 위한 아름답고 행복한 노래일 수도 있지만, 인생의 희로애락과 우여곡절을 모두 보여주는 갈등과 고통의 양식에 더 가깝기 때문이다. 자신과 세상의 상처를 언어로 위무하고 치유함으로써 비로소 감동을 안겨주는 양식이다. 따라서 필자는 그의 시가 객관화된 자연이나 현실을 묘사하는 데 그치지 말고, 지금껏 자신이 살아온 이야기와 앞으로 살아갈 이야기를 자신만의 방식으로 들려달라고 주문하고 싶다.

앞에서도 누누이 언급한 바대로, 그는 아직도 여전히 젊고 팔팔하다. 따라서 이번 시집이 처음이자 마지막 시집이 아니다. 생을 갈무리하는 입장에서 쓴 시가 단 한 편도 없음이 이를 증명한다. 어찌 보면 이제 시작이다. 이제 시작이므로 멀리 보고 가야 한다는 말씀을 드리면서 앞으로도 변함없이 건강·건필하시길 바라마지 않는다.

고전의 계승과 남도문화의 숨결
— 이윤선 시집, 『아무 글자든 쓰거라』

1. 프롤로그

이윤선은 민속학을 전공한 학자요 판소리와 무가 등 남도소리에 밝은 예인이다. 필자가 그를 처음 만난 것은 1999년쯤으로 기억된다. 진도를 매혹적인 마음의 고향으로 생각하는 소설가 김훈과 진도의 신명에 홀려 서울에서 진도까지 천릿길을 9년 동안 오르내린 사진작가 허용무가 『원형의 섬 진도』(2001)를 쓰기 위한 현장 취재차 목포에 사는 필자를 찾아온 적이 있다. 그들은 이 일에 필자가 동행하기를 원하였으나 적합지 않다고 판단하여 당시 진도문화원 사무국장으로 근무하고 있던 이윤선을 불러 역할을 대신 부탁한 바 있다. 그때까지만 해도 필자가 그를 직접 만난 적은 없었지만, 진도향토문화관 토요민속마당을 기획·연출한 사람이 그라는 사실을 소문을 통해 알고 있어 적임자라고 생각했기 때문이다. 그는 처음 만나는 자리임에도 불구하고 우리들 앞에서 자신의 출생 내력을 스스럼없이 털어놓았다. 필자는 그때 그가 나이답지 않게 한이 깊은 사람이라는 인상을 받았다.

그 후 그는 목포로 이주, 민속학을 공부하기 위해 필자가 재직하는 목포대학교 대학원 국문학과에 진학함으로써 다시 만나게 되었다. 박사학위를 받은 그는 목포대학교 도서문화연구원 연구교수로 재직하면서 국문학과 강의를 맡는 한편 시민운동에도 참여하여 목포문화연대 공동대표로 활동한 바 있다. 뜻이 맞지 않아 직장을 때려치운 이후로는 그간 축적한 전공에 대한 지식과 식견을 바탕으로 일간지에 다년간 컬럼을 연재하고 있으며, 최근엔 목포문학박람회 프로젝트에 필자와 함께 참여하면서 더욱 가까워졌다.

그랬던 그가 최근 목포문학상 남도작가상 소설 부문에 당선함으로써 문학에도 뜻이 있음을 드러냈다. 필자는 살아온 과정에 파란이 많고 남도문화에 두루 정통한 그가 가슴에 간직하고 있는 이야기를 소설로 풀어낸다면 더없이 좋겠다는 생각에 쌍수를 들어 환영하였다. 그러면서 앞으로 펼쳐 나갈 문학 활동에 대해 문단 선배로서 나름의 조언을 아끼지 않았다. 그런데 이번엔 그가 느닷없이 시집을 출간하겠다고 해설을 써달라며 전화를 걸어 왔다. 참으로 뜻밖의 요청에 잠시 주저하였다. 등단이라는 요식도 거치지 않은 그가 소설집도 아닌 시집을 먼저 출간하겠다며 달려들었기 때문이다. 물론 이전에도 그는 술자리에서 가끔 요즘 습작하고 있는 시라며 불쑥 내밀곤 하였다. 그러면서 그는 자신이 시나 소설을 쓰는 이유나 목적이 문단이라는 제도권에서 벗어나 자유롭게 자신의 이야기를 기록하고 싶은 열망에 있음을 분명하게 밝혔다. 그제서야 필자는 그 뜻을 충분히 이해하고 이를 흔쾌히 수락하였다.

다들 알다시피, 시집 해설은 전문적인 평론이라기보다 사적인 내용이 많이 들어가는 글이다. 그래서 그 시인과 인간적으로 가까운 사람이 쓰는 경우가 대부분이다. 그런 측면에서 필자는 개인적으로 인간 이윤선이 지닌 매력에 푹 빠져 있는 사람이다. 첫째, 그는 아버지가 늘그막에 어렵사리 얻은 자식으로서, 생모 부재와 이복형제들 속에서 가난하고 어렵게 자라온 성장 과정을 지니고 있다. 이와 유사한 가족사를 지닌 필자는 태생적인 동병상련의 감정을 느낀다. 둘째, 그는 세속에 물들지 않은 초연한 선비적 풍모와 성정을 지니고 있다. 필자는 그가 전라도 촌놈으로서 소탈한 풍모와 인간적인 의리, 가난에도 불구하고 아니다 싶으면 직장도 과감하게 때려치우는 결단력 있는 성정의 소유자라는 점이 부럽다. 셋째, 그는 진도 출신으로서 성장 과정에서 남도의 원형적 삶을 직접 체험하고 그 문화를 몸으로 터득한 사람이다. 특히, 판소리와 무가 등 남도소리에 제 개인적인 한의 그늘을 드리워 구성지게 풀어낼 줄 아는 소리꾼이다. 필자는 이따금 들려주는 그의 소리에 매혹되어 깊은 감동과 위안을 받곤 한다. 넷째, 남도문화의 계승·보존 차원에서 그 스스로 지닌 소중한 가치이다. 필자는 그가 첨단문명의 위세에 밀려 속절없이 사라져가는 남도의 원형적 삶을 증언하고 기록해야 할 어쩌면 마지막 사람이라는 사견을 갖고 있다.

아무튼 필자는 이러한 인간적인 장점과 매력 때문에 그를 가까이하고 좋아한다. 작품성 여부를 떠나 그의 처녀시집 해설을 기꺼이 쓰겠다고 나선 이유가 여기에 있다(그렇지 않다면 잡문을 쓰기 싫어하는 필자가 수락했을 리 없다). 그러면 지금껏 그가 살아온 생에 대한 반추와 세계관이 녹아 있는 처녀시집의 면모를 몇 가지로 나누어 들여다보기로 한다.

2. 가족사 혹은 사부곡

이윤선의 이번 시집에는 창작 시기와 내용을 구분치 않은 총

63편의 시가 실려 있다. 그러나 굳이 이를 둘로 나눈다면 앞부분은 주로 습작 초기에 쓴 시들, 뒷부분은 비교적 근자에 쓴 시들임을 알 수 있다. 시집 원고 일별 후 필자의 소감을 말한다면, 시의 틀에 구애되지 않고 자유롭게 썼을 것이라는 예상과는 달리 매우 기본기가 충실한 시들이 많았다는 점이다. 이는 그가 이미 오래전부터 시를 쓰기 위해 제 나름의 습작 훈련을 해왔다는 증거이다. 달리 말하면, 그가 애초부터 소설보다도 시를 쓰고 싶은 열망이 훨씬 강했다는 뜻이다. 이번에 소설집보다도 시집을 먼저 내겠다는 판단도 이런 차원에서 이해된다.

여러 가지 관심사 중에서도 맨 앞자리를 차지하는 것은 아버지를 중심으로 한 가족사이다. 가족사는 이윤선뿐만 아니라 시를 쓰고자 하는 대다수의 시인들이 가장 먼저 맞닥뜨리게 되는 공통 관심사이다. 가장 근원적인 기억에 해당하는 가족사를 털어놓지 않고서는 다른 이야기로 결코 넘어갈 수 없기 때문이다. 그만큼 가족사의 기억은 개인의 의식 저변에 뱀처럼 살아서 또아리를 틀고 있다. 그 기억은 대체로 충족(행복)보다는 결핍(불행) 쪽에 가깝다. 그런 의미에서 결핍은 무궁한 시적 자산이다. 그래서 어느 시인은 "행복은 누추하고 불행은 찬란하다"(장석주, 『행복은 누추하고 불행은 찬란하다』, 현암사, 2016)고 말한 바 있다. 다시 말하면 시인에게 있어 불행은 곧 행복이라는 뜻이다. 시는 불행의 산물이며, 그 불행을 극복하고자 하는 치유의 양식이다.

그렇다면 이윤선의 시에 드러난 아버지를 중심으로 한 가족사의 기억은 어느 쪽인가. 결론부터 이야기하면 일단 결핍 쪽에 가깝다. 앞에서도 잠시 밝힌 바대로, 그의 출생 내력과 성장 환경이 정상적이라기보다 기구하기 때문이다. 그러나 정작 그가 시 속에서 소환하는 아버지를 비롯한 어머니, 누이 등은 비록 가난하고 힘들었지만 애틋함과 그리움의 대상이라는 점에서 결핍이라고 단정하기 어렵다. 왜냐하면, 그 결핍은 가부장적인 아버지의 폭력이나 부모의 이혼, 가난으로 인한 가출과 방황 등 과거의 끔찍했던 기억과는 사뭇 다르기 때문이다.

> 땅거미 내리고서야 아부지
> 윗목 걸어둔 초꼬지에 불을 켜십니다
> 등잔지름 애낄라고 손이 떨리면서도
> 늘쌍 내게 이르시는 말씀
>
> 아무 글자든 쓰거라
>
> 머슴살이 버신 돈으로
> 깽이 삼도추 돔배 사서 사래 긴 밭 일구실제
> 단지 송쿠죽 암만 떠 넣으셔도
> 그라고 배가 고프셨답니다
> 일자무식 우리 아부지
>
> 예순여섯 고부랑 나이에사
> 씨받이 내 어미 보셔 나를 낳으시곤
> 내 걸음걸이도 하기 전부터 성화셨답니다
> 달력이며 거름포대며 종이만 보면 주워 오셔
>
> 아무 글자든 쓰거라

> 꼼지락 손 내가
> 무슨 글을 쓰든 무슨 그림을 그리든
> 아부지가 아실 리가 있을랍디요
> 그저 망뫼산 꼭대기 성근 별들
> 우리집 마당으로 싸목싸목 내려앉았을 뿐이지요
>
> ―「아무 글자든 쓰거라」 부분

 이번 시집의 표제시에 해당하는 이 시에는 화자인 '나'의 출생 관계와 가족사의 중심인 '아버지' 그리고 이 둘의 관계가 어떠했는지를 진술하게 보여준다. 먼저, '아버지'는 '머슴'·'일자무식'에서도 알 수 있듯이 신분이 낮은 사람이다. 게다가 '등잔지름 애낄라고', '단지 송쿠죽 암만 떠 넣으셔도/그라고 배가 고'픈 가난한 사람이다. 그리고 '나'는 그런 아버지가 '예순여섯 고부랑 나이에사/씨받이 내 어미 보서' 어렵사리 낳은 귀한 아들이다. 여기에서 우리는 이 둘의 관계가 어떠한지를 어렵지 않게 짐작할 수 있다. 다만, 한 가지 궁금한 것은 그런 가난하고 못난 아버지가 왜 굳이 늦은 나이에 씨받이까지 들여 아들을 낳으려 했을까이다. 그 이유는 아마 아들이어야만 집안의 대를 이을 수 있다는 당시의 풍습에서밖에 달리 찾을 수 없을 듯하다. 따라서 아버지는 나를 세상에서 가장 소중하고 귀한 자식으로 여길 수밖에 없으며, 나 또한 비록 가난하고 못난 아버지지만 나를 이 세상에 존재하게 한 애틋하고도 소중한 존재로 여길 수밖에 없을 터이다. 그런 아버지가 평생토록 나에게 애달아하며 강조한 말은 '아무 글자든 쓰거라'이다. 이는 일자무식했던 아버지가 자식만큼은 자신처럼 살지 말기를 바라는 간절한 소망과 한이 서린 말이다. 그런 아버지의 뜻을 알기에 나는 어린 시절부터 '달력이며 거름포대'에 열심히 뭔가를 쓰고 그리며 오늘에 이른 것이다.

　이 시를 통해 필자가 새삼 놀라는 점이 하나 있다. 그것은 다름 아니라 가족사의 비밀을 이야기하는 시적 화자인 '나'의 태도이다(시에서 화자는 가공의 인물이기에 시인 자신이라고 단정할 수는 없지만, 이윤선 시집의 경우엔 '나=시인'으로 봐도 무방하겠다). 흔히 가족사를 시로 쓸 때 자기와 무관한 것처럼 시치미를 떼거나 에두르기가 일쑤인데, 이윤선의 경우 그 태도나 말하는 방식이 매우 자연스럽고 거침이 없다는 점이 그것이다. 이는 그가 가족사를 결코 감추고 싶은 부끄러움이 아니라 당당하게 드러낼 수 있는 자신의 근원으로 여기고 있다는 증거이다. 참으로 용기 있는 태도가 아닐 수 없다(필자는 시를 쓰고자 하는 학생들에게 자신을 드러낼 수 있는 용기가 필요함을 강조한다. 그럴 수 없다면 시 쓰기를 포기하라고까지 한다).

　이 시집 속에는 위의 시 외에도 아버지를 대상으로 쓴 시가 8편이나 실려 있다. 그만큼 아버지에 대한 그리움의 기억이 깊다. 그리고 어머니, 생모, 누님, 이모 등과 이웃 사람들에 관한 시편도 상당수에 이른다. 그럼에도 불구하고 앞에서도 지적한 바대로 이 가족사 관련 시편이 담고 있는 것은 최종적으로 결핍이다. 그 결핍은 상반된 양상을 보이는데, 하나는 기구한 출생과 가난으로 인한 결핍이고, 다른 하나는 그럼에도 불구하고 애틋한 그리움으로 남아 있는 가족 부재로 인한 결핍이다. 이 결핍이 그의 시를 낳은 출발점이고, 이 결핍을 채우고자 하는 것이 그의 삶의 목표요 종착일 터이다.

3. 고전의 인유와 전통적 율격

이번 시집에서 가족사 다음으로 중요한 비중을 차지하고 있는 것은 고전의 차용 혹은 인유의 시편이다. 이에 대한 관심은 원래 학부에서 국악을 공부했던 이윤선이 대학원에 진학하여 고전민속을 전공하면서부터 비롯된 것으로 보인다. 시를 써보겠다는 욕망도 그때부터였을 것이다. 이들 시편은 의외로 기본기에 충실하다. 그러나 율격이나 말투 등이 고전시가의 그것을 충실하게 따르고 있는 것을 보면 현대시작법을 전혀 공부한 적이 없음이 분명하다. 따라서 그의 시는 현재로선 어쩔 수 없이 예스런 한계를 지니고 있다고 할 수 있다.

먼저, 고전의 인유를 보자.

> 달 밝은 어떤 밤 슬피 울던 자규(子規)야
> 얇디얇은 홑잎들 창꽃 보니 알겠다
> 일지춘심 밤을 새워 잎마다 물들인 뜻
> 토한 피 얼마길래 연분홍이 되었더냐
> 위증즐가 대평성대

> 벌령 앉혀 홍수 다스리게 했더니
> 두우의 아내마저 차지하고 말았다더라
> 접동접동 소쩍꾹 죽은 망제왕 기려 우니
> 다정도 병인양 하여서였나 겨우내 잠 못 들었구나
> 위증즐가 대평성대

두견총 진달래 꽃무덤으로 오너라
처녀총각 귀신들에게 꽃 바치는 꼬까비 무리들
우리가 고작 해꼬지 때문에 까끔에 오르겠느냐
자청비도 너를 맞아 시름을 잊었다는데
위증즐가 대평성대

날러는 어찌 살라 하고 바리고 가시었더냐
약산 진달래꽃으로 가시난 듯 다시 오셨구나
속살 비추는 홑잎들 창꽃 개창꽃 보니 알겠다
처녀총각들 다투어 올라 쌓는 춘몽(春夢)
위증즐가 대평성대

―「꼬까비(杜鵑塚)」 전문

 이 시는 '진달래 꽃무덤'(杜鵑塚)을 뜻하는 말 '꼬까비'를 노래하기 위해 관련 설화와 전설, 시가 등의 원전을 모두 끌어들이는 방식을 취하고 있다. 이는 고전 시작법의 '용사'用事, 현대시작법의 '인유'引喩에 해당한다. 원전의 의미를 비틀거나 풍자하지 않고 계승·유지한다는 점에서 포스트모더니즘의 모방 기법으로 말하면 '패러디'(parody, 풍자적 모방)가 아닌 '패스티쉬'(pastiche, 혼성적 모방)에 가깝다고 할 수 있다.

 시 속에 나오는 '두견화', '창꽃'('참꽃'의 사투리)은 진달래꽃의 이명이며, '개창꽃'은 철쭉꽃을 가리킨다. '자규'子規, '접동'새도 두견새(뻐꾸기과에 속함)의 이명이다. 다만 '소쩍'새는 올빼미과에 속하는 전혀 다른 새이다(오래전부터 우리나라 사람들은 이를 같은 새로 착각하고 있음). 이 밖에도 두견새의 이명으로 귀촉도歸蜀途, 망제혼望帝魂, 불여귀不如歸, 두우杜宇, 원조怨鳥, 제결鶗鴂 등이 있다.

　인유한 원전을 들여다보면, 1연은 '자규'와 관련하여 고려시대 이조년의 시조 「다정가多情歌」와 조선시대 단종의 「자규시子規詩」를, 2연은 '망제왕'과 관련하여 중국 촉나라의 「망제 설화」(혹은 「귀촉도 설화」)'와 '접동접동'과 관련하여 우리나라 「접동새 설화」와 김소월의 현대시 「접동새」 그리고 이조년의 같은 시조 구절을, 3연은 제주도 서사무가 세경본풀이에 나오는 「자청비 설화」를, 4연은 고려가요 「가시리」와 김소월의 현대시 「진달래꽃」을, 그리고 매연마다 「가시리」의 후렴구 '위증즐가 대평성대'를 반복하고 있다. 이들 원전의 공통된 주제는 한恨, 그것도 원한怨恨이다.

　그렇다면 이윤선이 이들 원전을 다소 장황하게 인유한 문학적 이유나 목적은 어디에 있을까. 그것은 아마도 전통적 정서의 현대적 계승에 있을 것이다. 그는 그 계승의 맥락에 고향 진도의 산야에 널려 있는 '꼬까비' 즉 억울하게 자살한 처녀·총각들의 무덤을 올려놓고 있는 것이다. "반세기 넘어 까끔에 오르면 그들이 토해놓은 핏덩이들인지 붉은 진달래 지천이에요."(「거름포대기에 쓴 유서」)라는 구절에서 보듯이, 1960년대 산업화 이후 피폐해진 농촌현실 때문에 농약을 먹고 자살한 이들의 무덤이 바로 '꼬까비'이기 때문이다. 그러나 이 시는 그들의 한을 반영하고 증언하는 것에 그치지 않는다. 극복이나 승화의 단계로 나아간다. '약산 진달래꽃으로 가시난 듯 다시 오셨구나'라는 구절이 억울하게 죽은 그들의 넋을 위한 진혼곡에 그치지 않고 재생이나 부활의 의미로 읽히는 이유가 그것이다.

다음으로, 전통적 율격이나 말투를 보자.

앞에서 인용한 「꼬까비」의 경우, 고전시가를 집중 인유해서인지 몰라도 각 연마다 반복 후렴구를 차용하고 있다. 고려가요 「가시리」의 후렴구 '위증즐가 대평성대'가 그것이다. 후렴구는 각 연의 마지막에 반복되는 구절로서 흥을 돋우거나 음악성을 배가시키기 위한 장치이다. 고려가요 등 고전시가뿐만 아니라 요즘 유행가 가사에서도 종종 사용한다. 그러나 형식상 자유시를 추구하는 현대시에서는 좀처럼 사용하지 않는다. 현대사회나 현대인의 삶의 구조가 복잡다단할 뿐만 아니라 불규칙적이고 무질서하여 이를 담기엔 부적합하기 때문이다. 그래서 요즘엔 행과 연을 무시한 산문시나 형태파괴적인 시들로 바뀌고 있는 추세이다. 각 연마다 예스런 서술어를 사용하고 있는 말투도 그렇다. 수미쌍관을 이루는 첫 연과 마지막 연에서 '~알겠다'라는 서술어를 사용하고 있는 것은 그렇다 치더라도, 각 연마다 '~되었더냐', '~말았다더라', '~들었구나', '~가시었더냐', '~오셨구나'와 같은 의고투를 사용하고 있는 것은(의도적인지는 모르지만) 현대성을 저해하는 요소에 속한다. 그리고 후렴구를 제외하고는 각 연마다 일정하게 4음보를 취하고 있는 것도 그렇다. 물론 4음보를 취하면 안 된다는 말이 아니다. 그러나 그것이 처음부터 끝까지 반복·지속된다면 현대시가 아니라 시조(그것도 현대시조가 아니라 고시조)를 읽고 있다는 느낌을 갖게 만든다. 다시 말하자면, 4연으로 이루어진 1편의 현대시가 아니라, 독립된 평시조 4수나 연작 형태의 평시조 1편으로 읽힐 가능성이 있다는 뜻이다.

① 제화 좋소 좀도 좋을시고야
일몰의 끝자락 해는 어디서 지는 것일까
아마도 서해 어딘가 멈춰선 부상(扶桑)의 함지(咸池)
낯선 어느 무인도 지는 것일 게다
그러지 않고서야 저녁놀 저리 고울 수 없다.

제화 좋소 좀도 좋을시고야
해 따라간 바람은 끝도 없이 흐르는 것일까
아마도 새 떼들처럼 내려앉은 어떤 섬
차마 두고 떠나지 못해 멈춰 서는 것일 게다
그러지 않고서야 아득히 먼 이곳까지
잔바람 아직 남아 있을 리 없다.
—「화전을 부치며」 1·2연

② 우리 벙어리 이모가 그러했답니다
깔크막 까끔에 갈쿠나무 할 때도 어버버
나락배늘 헐어내 홀테질 할 때도 어버버
미사여구 감언이설 왼갓 말들 두고도
평생 어버버 어버버
손짓발짓만 하셨더랍니다
하고 싶은 말들은 그냥 늦가을 낙엽 아래 묻어두셨던 게지요

우리 어머니가 그러했더랍니다
깔 비고 소 띠끼고 쇠죽 쓰고 또 저녁 짓고
삶은 보리에 흰 쌀 한 주먹 보깨 얹어 밥 짓고
까지노물 무쳐 소반상 들여놓으시고도

본인은 정작 정재 부숭에 앉아

그저 응응응 흥그레소리만 흥얼거리셨더랍니다

하고 싶은 말들은 그저 흥그레타령 깊은 어디 숨겨놓으신 게지요.

─「벙어리 바람」 1·2연

③ 영산강 굽이굽이 돛 올려라 유랑 가자

추월산 용소 지나 무진벌 바라보니

면앙정 소쇄원 바람 어디서 불어오나

─「영산강」 첫 부분

    그렇다면「꼬까비」처럼 여러 문학작품을 인유한 고전풍의 시가 아니라 현대적인 소재를 다룬 경우엔 어떨까. 결론부터 이야기하면 대동소이하다. 원래 4연이지만 편의상 2개의 연만 인용한 ①은 각 연의 첫 행을 고려가요의 후렴구나 판소리의 시김새처럼 '제화 좋소 좀도 좋을시고야'라는 구절을 일정하게 반복하고 있다. 그뿐만 아니라 2행의 서술어가 '~것일까'와 4행의 '~일 게다'(3·4연은 약간 변형을 취함), 5행의 '~없다'로 끝나고 있다. ②의 경우도 ①과 마찬가지로 각 연의 첫 행이 '~했더랍니다', 마지막 행이 '~게지요'로 끝나고 있어 마치 유행가 가사 1·2절을 듣고 있는 듯한 느낌을 준다. 말투도 예스럽다. 원래 4연 28행의 비교적 장시에 속하는 ③의 경우는 3·4조(혹은 4·4조)의 음수율에 4음보의 음보율을 장착한 평시조나 가사처럼 읽힌다. 말투도 의고스럽기는 마찬가지다. 이처럼 이윤선의 시적 틀은 고전시가의 그것을 따르고 있다. 이는 앞에서도 지적한 것처럼 그의 전공 영향 탓이다. 그러나 최근에 쓴 것으로 보이는 작품이나 서사적인 내용을 담고 있는 산문시들은 비교적 이러한 고정된 틀로부터 자유롭다. 이미 그가 눈치를 챘다는 이야기다.

4. 남도의 가락 · 설화 · 사투리

필자는 프롤로그에서 진도 출신인 이윤선이라는 인간 자체가 하나의 남도의 문화적 자산으로서도 소중한 가치가 있다는 견해를 밝힌 바 있다. 이는 그가 남도문화 전반을 아우르는 해박한 지식을 갖춘 학자여서가 아니라, 그 스스로가 어쩌면 생래적 자질을 타고났거나 아니면 진도라는 특수한 지역 환경 속에서 성장하면서 자연스럽게 그 문화적 자질을 습득한 사람이라는 판단이 들기 때문이다. 다들 알다시피, 진도는 남도에서도 그 문화적 원형이 지금도 살아 있는 곳이다. 특히 독특한 민속과 소리의 고장으로 유명하다. 필자는 처음에 그의 시집 원고를 읽으면서 이에 관한 시편들이 많을 것으로 짐작했다. 그러나 막상 읽어보니 고전문학에 관한 것이나 개인적인 시편이 더 많았다. 그래도 진도의 소리, 설화, 사투리 등을 형상화한 시편이 포함되어 있어 그나마 다행스럽고 기뻤다고나 할까.

이제 그 시편을 차례로 들여다보자.

> 따닥따닥 타들어간다
> 고저장단 그윽하니 계면조(界面調)의 선율이다
> 눈 내리지 않던 지난 겨울 때문일 것이다
> 아버지 헛기침하시던 불규칙 리듬

때때로 밑둥거리 타다가 튀어 오르는 리듬
대삼소삼 장단들이 앞서거니 뒤서거니 한다
필시 뒤늦은 여름장마 때문일 것이다
어머니 정재서 딸그락거리시던 소리

봄가뭄 여름장마 한 몸에 겪고도
반성 한 되 콩알 만들어낸 것이 가상하다
콩알 모아 간장 되고 된장 되고 고추장 된다
껍질은 모여 외양간 쇠죽솥으로 간다

마지막 남은 콩대 모아 태운다
니람에 콩재 섞고 무명배 풀어 쪽물 들였더니
쪽빛보다 그윽한 남빛 가을이 내려왔다
한 봄 불살라 만드신 그윽함 때문일 것이다

―「콩대를 태우며」 전문

    위의 시는 콩대를 태우며 남도문화의 본질인 곰삭음의 미학을 육화시킨 명편이다. 1연과 2연에서는 타들어가는 콩대에서 나는 소리를 판소리의 '계면조界面調 선율'로 연결시킨다. 판소리가 몸에 배인 사람이 아니고서는 불가능한 감각적 발견이다(이윤선은 고수이자 소리꾼이다. 참고로 필자는 발견이 있는 시를 높게 친다). '따닥따닥' 소리가 마치 고수의 북장단 같다. 2연의 '어머니 정재서 딸그락거리시던 소리'도 마찬가지다. 다만 선율이 '그윽'할 수 있는 것은 '눈 내리지 않던 지난 겨울'과 '뒤늦은 여름장마' 때문임을 적시하고 있다. 이는 수많은 신산고초를 겪은 후에야 비로소 '그늘'(한)이 있는 소리를 얻을 수 있다는 판소리 득음의 과정을 의미한다. 3연도 '봄가뭄 여름장마'를 겪은 '콩알'이 모여 '간장 되고 된장 되고 고추장' 되는 과정을 보여준다. 전라도 사투리 중에 표준어로도 등재된 '게미'라는 독특한 말이 있다. 이 말은 판소리로 치면 앞에서 말한 '그늘'과 맞먹는다. 이는 오랜 발효(숙성)의 과정을 거쳐야만 '게미'(깊은 맛)가 있는 남도음식이 만들어짐을 의미한다. '반성'(발효) 없는 소리는 그냥 '떡목'에 불과할 것이다. 4연은 콩대가 마지막까지 '한 몸 불살라' 나온 '콩재'와 '니람'(천연 쪽 염료)을 섞어 '쪽물'을 들어야만 숭고한 '남빛'이 탄생하는 과정을 보여준다. 그것을 '쪽빛보다 그윽한 남빛 가을(하늘)이 내려왔다'라고 표현한 솜씨가 예사롭지 않다. 이렇듯 이윤선은 소리나 음식이나 색깔이 모두 최고의 경지에 이르기 위해서는 시련의 과정이 반드시 필요함을 잘 알고 있는 사람이다. 그것이 곧 남도문화의 본질인 곰삭음의 미학이 아니고 무엇이겠는가.

    지력산 용둠병 동백사의 수도승
    천일기도 완수하려던 999일째였다
    한 아가씨 나타나 유혹하니 어찌하였을까
    구백아흔아홉 날의 정진 따위 까맣게 잊어버리고
    매혹에 엉켜 하룻밤을 유하고 말았다더라.

    천지신명 노하셨던지 수도승에게 벼락을 내렸다는데
    머리는 날아가 불도가 되고 겉옷은 날아가 가사도가 되고

손가락은 날아가 손꾸락섬이 되고 발가락은 날아가 발꾸락섬이 되었다
　바지는 날아가 하태도가 되고 저고리는 날아가 상태도가 되었다
　유혹에 못 이긴 마음 휑한 구멍 뚫려 혈도가 되었다.

　방구도, 돈도, 접우도, 가덕도, 외공도, 우이도
　지력산 용둠벙 자락 세방마을에서 바라보는 서해 섬들은
　수도승 몸 산산이 부서져 날아 앉아 만들었다
　궁금하다 이 광포 설화, 정진의 중단을 문제 삼은 것인가
　서해 같은 조도, 섬들의 기원을 말하고자 함인가.

　세상의 모든 해 받아 안은 낙조의 땅
　어느새 솟대새들 무지 지어 음(陰)의 정점 태궁으로 오르는 시간이다
　애통할 필요 있겠는가, 그저 붉은 노을 실려 그윽하게 스며들 수 있다면
　언제였던가, 아득한 꿈결 같은 구백아흔 아홉째날
　오늘이 그날이다 매혹의 장엄 위에 몸 산산이 뿌릴
　나는 비로소 북새의 유혹 받아 섬이 된다.
　　　　　　　　　　　　　　　—「내 삶의 마지막 여행지」 전문

　이번 시집에서 이윤선이 시로 풀어내고 있는 남도의 설화는 주로 '섬'에 집중되어 있다. '섬'의 탄생설화가 그것이다. 위의 시는 그의 고향인 진도의 부속 섬들의 탄생에 얽힌 설화를 자세히 들려주면서 자신도 마지막엔 그 근원으로 돌아가 섬이 되고 싶은 소망을 드러낸다. 무인도(무명도)를 제외하면 세상에 존재하는 섬들은 모두 이름이 있듯이 탄생과 관련한 이야기가 있을 것

이다. 그러나 진도의 섬들, 그것도 본도가 아닌 부속 섬들, 특히 장엄한 낙조로 유명한 '세방마을에서 바라보는' 주변 섬들은 그 탄생설화가 유별나게도 불교와 관련이 깊다. 1연의 탄생배경에 이어 2연에 나오는 '불도', '가사도', '손꾸락섬', '발꾸락섬', '하태도', '상태도', '혈도' 등은 벼락 맞아 흩어진 '수도승'의 심신이나 의상과 직결된 이름들이며, 3연에 나오는 '방구도', '돈도', '접우도', '가덕도', '외공도', '우이도' 등도 '수도승'의 생활과 관련이 깊은 이름들이다. 필자는 이들 섬에 대한 탄생설화를 누가 만들었는지는 모르지만, 참으로 대단한 문학적 상상력의 소유자임이 분명하다는 생각을 지울 수 없다. 4연에서 시적 화자는 '낙조의 땅' 진도 세방에서 '세상의 모든 해'가 빠져죽 듯이, 천일기도를 완수하지 못해 천지신명으로부터 노여움을 받은 수도승의 몸이 벼락을 맞아 산산조각이 나서 섬이 되었듯이, 자신도 그때가 이르렀음을 직감한다. 그렇게 '북새의 유혹'을 받아 섬이 될 수 있다면 전혀 '애통할 필요'가 없다는 초연한 삶의 자세를 보여준다. 이른바 물아일체, 자연합일의 세계관이요 인생관이다. 필자는 머지않아 때가 오면 이윤선이 이를 이행할 것 같아 한편으론 염려스럽고, 한편으론 부럽다.

> 어머니, 생각나시는 게라
> 모방 두대통 가득 늦감자 쌓아두고
> 무수싱건지 국물 삼아 끼니 때우던 일
> 그때는 어쩌 그리 내키지 않았을께라.
>
> 어머니, 댓마지기 사래 긴 밭

사십일감자 물감자 심어두시고

동짓달 이르면 안 된다고 몽땅 썰어 널으셨지라

판매날짜 기다리던 일 어째 이리 아득할께라.

―「늦감자를 캐며」 전반부

『혼불』의 작가 최명희는 "모국어라는 우리의 문화유산 속에는 반만년 이어져온 인간과 자연의 모습, 전통, 역사, 문화, 예술의 혼이 살아 숨 쉬고 있다."고 했다. 여기에서 '모국어'는 방언(전북 사투리)을 가리킨다. 방언은 그 지역 공간에 사는 가족과 친구와 동네 사람들을 하나로 묶어주는 끈이다. 그래서 우리는 우리가 사는 지역 토착어인 방언을 통하여 서로 연대감과 동질감을 느끼고 자신의 정체성을 확인하면서 살아간다. 특정 지역의 정서를 드러내기 위한 문학작품의 창작에 있어서 방언의 활용은 어쩌면 필수적이다. 방언이 아닌 표준어로 그 지역의 독특한 정서나 문학적 리얼리티를 제대로 살려낼 수 없기 때문이다. 이를테면, 전라북도를 배경으로 하고 있는 최명희의 소설 『혼불』이나 전라남도 강진을 배경으로 하고 있는 김영랑의 시 「오-매, 단풍들것네」를 표준어로 썼다고 가정해보라. 그 실감이나 리얼리티는 아연 반감되고 말 것이다. 따라서 무조건 모든 작품을 방언으로 써서는 안 되겠지만(그럴 경우 자칫 천박성으로 떨어짐), 지역을 배경으로 한 문학작품을 창작할 경우 방언의 활용은 적극 권장해야 할 사항이라는 것이 필자의 생각이다.

이윤선의 이번 시집에서 가장 도드라지는 특징은 전라남도 방언의 적극적인 활용을 통해 남도 정서와 문화적 숨결을 잘 드러낸 데에 있다고 해도 과언이 아니다. 그야말로 전라도 사투리의 경연장이라고 할 만하다. 같은 전라도 사람이라도 지금은 잊어버렸거나 사용하지 않는 사투리가 상당수의 시편에서 간단없이 출몰한다. 필자는 시 속에서 그가 구사하는 사투리를 통해 같은 전라도 촌놈으로서 무한한 정서적 동질감을 느끼며 아득한 유년시절의 기억 속으로 새록새록 빠져든다.

구어체로 쓴 위의 시는 '않았을께라', '아득할께라', '닐으셨지라' 같은 전라남도 사투리의 종결어미 '~라(우)'를 통해 독특한 눙침의 말맛을 보여준다. 또한 그 앞의 '~께'도 전라남도 사투리에서만 볼 수 있는 된소리의 깡깡한 말맛을 보여준다. '두대통'(나락이나 고구마를 넣어두는 뒤주), '무수'(무), '싱건지'(물김치, 동치미) 같은 명사나 '어째'(왠지) 같은 부사들이 오랜만에 만난 고향친구처럼 반갑고 정겹다.

이밖에 지금은 잘 쓰지 않거나 사라진 전라남도 사투리만 골라 조금만 소개하면 다음과 같다. '유제'(이웃), '초꼬지불'(등잔불), '애끼다'(아끼다), '암만'(아무리), '있을랍디요'(있을까요), '싸목싸목'(천천히), '숭키실라고'(숨기시려고)(이상 「아무 글자든 쓰거라」에서). '까끔'(산), '깔'(풀), '노물'(나물), '정재'(부엌), '부숭'(부뚜막), '뻬'(뼈)(이상 「벙어리 바람」에서). '개옹'(개울), '갱번'(썰물 때 드러나는 바닷가), '차꼬'(자꾸), '현몽하시는디'(현몽하시는데), '어짜든지'(어쩌든지), '물괴기'(물고기), '따복하게'(다복하게, 소복하게)(이상 「적금도 밥무덤」에서). '지스락'(처마끝), '쇠죽'(소죽), '소 띠긴담시로'(소 풀 먹인다며), '작신'(흠씬)(이상 「안개」에서). '부삭'(부엌), '비땅'(부지땅), '동우'(동이)(이상 「감자엿」에서). '쪼가리'(조각)(이상 「거름포대기에 쓴 유서」에서).

5. 우주적 상상력과 초연한 삶

이번 시집에서 또 한 번 필자의 주목을 끈 것은 신화적 상상력이나 우주적 상상력으로 노래한 시편이다.「꼭두닭」,「마당밟이」,「비로소」,「윤슬」,「가을 북새」,「그윽이 내 몸에 이르신이여」,「갯벌」등과 같은 시들이 여기에 해당한다. 이들은 천지개벽과 만물 생성의 이치를 신비스럽고 영험하게 노래하거나 세계를 역학적, 기하학적 발상으로 접근한 시들이다. 창세 신화, 주역, 노장사상 등 인문학적 지식과 무속신앙 등 종교적 지식을 바탕에 깔고 있는 이들은 매우 광대무변하고 심원한 시의 넓이와 깊이를 보여준다. 이러한 시는 도저한 인문학적 인식력이 갖추어지지 않으면 쓸 수 없다. 지금까지 시인들이 거의 발을 들여놓지 않은 영역이라는 점에서 앞으로 이윤선이 여기에 시의 닻을 내린다면 좋을 것이라는 전망을 해본다.

> 낮은 개옹 썰물 갱번에는
> 거대한 나무 한 그루 자란다
> 바다 깊숙이 뿌리 두고
> 달을 향한 연모 키우다
> 사릿발 간조(干潮) 때 이르러서야
> 잔가지들 생육한다
> 지상의 숲을 향해 만개하는
>
> 물의 수목들 잎 피고 꽃 피고
> 가지 치던 계절

찬바람 불어 지상의 꽃들 열매 맺으면
　　　포래, 감태, 모자분, 미역 오만 해초들
　　　비로소 심해(深海)의 나무 되어
　　　잎 피고 꽃 피워 숲을 이룬다

　　　계절 바꾸어 거꾸로 자라는
　　　시어핀스키 피라미드 대칭성 기하학
　　　지상과 해저의 나무들이 말해준다
　　　나무와 나무가 바꾸어 서고
　　　물과 불이 바꾸어 서는 계절
　　　대대(待對)의 거대한 우주목 따라
　　　비로소 남자와 여자가 바꾸어 선다

　　　　　　　　　　　　　　　　—「갯벌」 전문

　위 시는 바다의 '갯벌'을 '지상의 숲과 대칭을 이루는 하나의 '거대한 나무'로 본 역발상 혹은 우주적 상상력이 발현된 작품이다. 갯벌을 바다생명들의 자궁이요 요람으로 노래한 시는 있어도, 하나의 거대한 나무 그것도 '우주목'으로 본 시는 처음이다. 1연은 갯벌이 '사릿발 간조 때'(바닷물이 가장 많이 빠지는 물때)가 돼야만 제 모습을 드러내는 광경을 설명한다. 그것을 '잔가지들 생육한다'고 비유하고 있다. '달을 향한 연모를 키우다'라는 구절은 달의 인력에 따라 바다의 물때가 정해지는 밀접한 상관관계를 말한다. 그러므로 신화적 상상력에서 달과 바다는 여성을, 해와 육지는 남성을 상징하는 것이다. 그래서 바다의 숲은 '지상의 숲을 향해 만개'하는 것이다. 2연은 '지상의 꽃들 열매

시간의 반추와 생태적 사유
— 김충경 시집, 『타임캡슐』

1. 프롤로그

김충경은 환갑이 지나서야 시단에 얼굴을 내민 늦깎이 시인이다. 비록 오랜 공무원 생활을 갈무리한 시점부터 시를 쓰기 시작했지만, 시인이 되고 싶은 꿈은 그보다 훨씬 이전부터 꾸고 있었던 것으로 보인다. 그리하여 자신의 삶을 차분히 성찰할 수 있는 나이에 이르러 시에 입문하게 되었으니, 그에게 있어 시야말로 여생을 받쳐 줄 버팀목이요 속마음을 터놓고 이야길 할 수 있는 다정한 친구인 셈이다.

필자가 김충경 시인을 처음 만난 것은 그가 전남도청 문화관광과장으로 재직하던 시절로 거슬러 올라간다. 당시 필자는 전라남도문화상 문학 부문 심사를 맡았던 것으로 기억한다. 그러나 공식적인 만남은 3년 전 필자가 강의를 맡고 있던 목포문학관 문예대학 시창작반 강의실에서 이루어졌다. 사적으로 보면, 필자의 고향(강진) 선배이기도 한 그는 부담스러운 관계임에도 불구하고 나이를 초월하여 지극정성으로 배움을 구하였다. 게다가 작년부터 시창작반의 회장을 맡아 궂은일을 마다 않고 솔선수범함으로써 수강생들의 든든한 버팀목 역할을 하고 있다. 그의 일 처리는 공무원 출신답게 빈틈이 없으며, 인간관계에 있어서도 원만하고 돈독하다. 시 또한 이전의 낡고 고정된 틀을 깨부

수는 진전을 보이고 있어 앞날을 기대하게 한다. 그리고 그는 보기와는 달리 매우 유머러스한 사람이다. 특히 성적 언어유희는 그의 전매특허다. 때와 장소를 가리지 않고 터져 나오는 성적 언어유희는 좌중을 폭소의 도가니로 몰아간다. 필자는 그의 이러한 언어감각이 시 창작에 있어서 건강한 리비도적 상상력으로 발현되면 좋겠다는 조언을 하곤 하지만, 정작 본인은 시를 쓰려고 하면 점잖고 진지해져 버린다고 하니 안타까울 뿐이다. 그러나 좀 더 과감하게 기존 틀을 벗어버린다면 불원간 이를 활용한 좋은 시를 창작할 수 있으리라 생각한다.

아무튼 김충경 시인은 이러한 인간적인 장점과 시적 자질을 지니고 있는 사람이다. 그런 그를 필자는 신뢰하고 좋아한다. 작품성 여부를 떠나 그의 처녀시집 해설을 기꺼이 맡게 된 이유도 여기에 있다. 그러면 지금껏 그가 살아온 생에 대한 반추와 세계관이 녹아 있는 처녀시집의 면모를 몇 가지로 나누어 일별하기로 한다.

2. 가족 이야기-아버지라는 결핍의 근원

김충경의 이번 시집은 총 4부로 구성되어 있다. 제1부 가족 이야기, 제2부 주변 이야기, 제3부 함께 사는 이야기, 제4부 내 이야기가 그것이다. 이렇게 구분한 것은 뚜렷한 시적 특징에 따른 것이라기보다는 편의상 관련 소재를 기준으로 삼은 듯하다. 어찌 보면 가족이나, 주변이나, 더불어 사는 공동체가 나와 무관한 것이 아닌 이상 모두 내 이야기로 수렴될 수 있기 때문이다. 이 중에 가족 이야기를 제일 먼저 배치한 것은 시간상으로 볼 때

가장 근원적인 기억에 해당하기 때문이다. 대부분의 시인들이 처음 시를 쓸 때 가족사부터 시작하는 것도 이 때문이다. 그만큼 가족사는 우리 기억의 저변에 지울 수 없는 또아리를 틀고 있다. 그 기억은 언제나 충족(행복)보다는 결핍(불행) 쪽에 가깝다. 그런 의미에서 결핍은 무궁한 시적 자산이다. 그래서 어느 시인은 "행복은 누추하고 불행은 찬란하다"(장석주, 『행복은 누추하고 불행은 찬란하다』, 현암사, 2016)고 말한 바 있다. 다시 말하면 시인에게 있어 불행은 곧 행복이라는 뜻이다.

그렇다면 제1부에 드러난 김충경 시인의 가족에 대한 기억은 어느 쪽인가. 결론부터 이야기하면 결핍 쪽에 가깝다. 그러나 가부장적인 아버지의 폭력, 부모의 이혼, 가난으로 인한 가출과 방황 등 과거의 끔찍했던 기억으로 인한 결핍보다는 비록 가난하고 힘들었지만 과거의 단란하고 행복했던 기억이 사라진 데 따른 결핍이라고 보아야 더 타당할 것 같다. 이는 그가 비록 농촌 출신이긴 하지만, 농사체험을 공유하고 있는 다른 농촌 출신들의 결핍에 대한 기억과는 약간 다르다는 것을 의미한다. 이 차이는 그가 고백한대로, 아버지가 직접 농사를 지었던 사람이 아니라 정미소 등 여러 사업을 전전하다가 실패한 자영업자라는 사실에 기인한 듯하다. 말하자면 그는 가난한 농촌 자영업자의 장남으로 태어나 아버지를 대신해 가족들을 건사하며 오늘에 이른 것이다. 따라서 그의 가족사에는 아버지가 늘 중심에 꽂혀 있다. 장남으로 태어나 공무원 생활을 하며 힘겹게 살아온 그의 생이 아버지와 겹치기 때문이다.

길이 보인다

인공위성에서 촬영한 듯
남북을 관통하는 국도 1호선이
동서를 연결하는 영동고속도로가
확연하게 드러나 보인다

시골장터 진흙탕처럼 질펀하고
고비사막처럼 모래먼지 일기도 하는
세상에 처음 발을 디딜 때는 뵈지 않던 길

어머니 젖가슴처럼 부드러운 흙을 만나면
아기의 해맑은 미소 짓다가도
낙타 발바닥처럼 날선 자갈밭을 만나면
얼굴 찡그리는 발바닥이 남긴
족적(足跡)이 나를 키우고 있다

가파른 능선을 만나면 헤어졌다
내리막길에서 다시 만나기를 수천 번
세상의 가장 낮은 곳에서
침묵을 지키고 있는 한 뼘 반의 공간

이따금씩 불어오는 회오리바람이
고원의 우뚝 솟은 봉우리에 걸려 울기도
시냇물소리 졸졸 흐르기도 하는 발바닥에
지나온 길이 고지도처럼 새겨져 있다

발바닥은 늙은 아버지의 타임캡슐이다

—「타임캡슐」 전문

    이번 시집의 표제시이자 등단작인 이 시는 김충경 시의 출사표로 보인다. 또한 가족사와 관련한 그의 시의 중심에 '아버지'가 놓여 있음을 극명하게 보여준다. '다음백과'에 따르면, 타임캡슐이란 "후세에 전하기 위해 그 시대를 대표·기념하는 기록이나 물건을 넣어서 땅속에 묻어 보관하는 용기"를 뜻한다. 따라서 이 시에서는 '나의 발자취'이자 '아버지의 발자취'가 새겨진 "발바닥"을 가리킨다.

    이 시의 발상과정은 흥미롭다. 어느 날 시적 화자는 자신의 발바닥을 살피다가 거기에 새겨진 '발금'을 자신이 걸어온 '길'(발자취)로 인식하게 된다. 1연의 "길이 보인다"는 진술이 그것이다. '길'로 인식하는 순간 그것은 자신이 살아오면서 겪어야 했던 파란만장한 인생의 발자취로 확산되어 나간다. 2·3·4·5연에서 펼쳐지는 수많은 시간과 공간을 거슬러 오르는 흔적들이 그것이다. 이른바 '플러스 상상력'의 발동이다. 그리하여 마지막 연에서 발바닥을 타임캡슐로 연결하는 비유(은유)가 탄생하게 된다. 인생의 축소판 같은 "고지도"가 담겨 있는 "타임캡슐"이자, "나"의 발바닥과 "아버지"의 발바닥이 겹치는 "타임캡슐"이다. 이렇듯 한 편의 좋은 시는 좋은 발상의 과정을 통해 탄생한다. 그 발상을 가능케 하는 것은 상상력의 힘이다. 기발한 상상력을 발동한다면 더욱 좋은 시로 연결될 것이다.

    온몸이 불덩이 같은 아들 등에 업고

> 반딧불이가 앞장서는 들판을 가로질러
> 십리 길 읍내병원으로 한달음에 내달리던 아버지
> 학교 갔다 온 아들 마루에 앉혀 발 씻어주던
> 사람이 좋아 본인 호주머니 다 털어
> 제 식구보다는 남 먼저 챙기시던 아버지
> 마흔아홉 고개 못 넘고 돌아가신 아버지
> 그런 아버지가 안 계셔서
> 입이라도 덜어 참 다행이라고 생각했던
> 소년가장 시절이 있었으니
> 돌이켜보면 내 마음 속에 품었던 불효의 기억이
> 봄날 감자 순처럼 자라나는 지금
> 아버지 쿵쾅거리는 심장소리 온 들판에 울려 퍼지고
> 발바닥을 간질이는 부드러운 손길 그리운 날
> 어느덧 성장하여 일가를 이뤄 객지로 떠난
> 두 아들을 떠올려 봅니다
> ―「아버지」 전문

 이 시는 아버지에 대한 회한과 그리움은 물론 가난했던 가족사의 전모를 엿볼 수 있게 해준다. 그렇다면 이 시에서 호명되는 '아버지'는 어떤 아버지인가. 일단, 김충경 시인의 아버지는 그 당시 대부분의 가부장적인 아버지와는 달리 자식들에게 한없이 자애로웠던 듯하다. 이는 "온몸이 불덩이 같은 아들 등에 업고/반딧불이가 앞장서는 들판을 가로질러/십리 길 읍내병원으로 한달음에 내달리던 아버지", "학교 갔다 온 아들 마루에 앉혀 발 씻어주던" 아버지에서 잘 드러난다. 그런가 하면 "사람이 좋아

본인 호주머니 다 털어/제 식구보다는 남 먼저 챙기시던 아버지"에서 보듯이 타자본위의 인정 많은 아버지다. 그렇지만 "마흔아홉 고개 못 넘고" 단명하면서 장남인 시인에게 "소년가장"이라는 무거운 짐을 떠넘겨준 어쩌면 원망스러운 아버지이기도하다. 말하자면 자식에겐 애증이 교차하는 아버지인 셈이다. "그런 아버지가 안 계셔서/입이라도 덜어 참 다행이라고 생각"했다는 구절에서 그 시절 겪어야 했던 가난이 어느 정도였는지 절절하게 묻어난다. 그러나 시간은 추한 기억마저 아름다운 추억으로 탈바꿈시킨다고 했던가. 그런 아버지가 막상 안 계시니 불효의 마음을 품었던 기억이 후회가 되고, "발바닥을 간질이는 부드러운 손길 그리운" 것이다. 게다가 이제 자신이 아버지가 되어 "객지로 떠난/두 아들"을 떠올리며 3대(아버지-나-아들)의 삶을 회한의 눈길로 성찰해보는 것이다.

이렇듯 김충경 시인의 가족사 관련 시는 '결핍'으로 가득하다. 그 결핍은 두 가지 양상을 보이는데, 하나는 아버지로 인한 가난이라는 결핍이고, 다른 하나는 바로 그 아버지를 향한 그리움이라는 결핍이다. 이 결핍이 그의 시를 낳은 출발점이고, 이 결핍을 채우고자(아버지를 극복하고자) 하는 것이 그의 삶의 목표요 종착점일 터이다.

3. 주변 이야기-목포권 사람들의 삶과 애환

제2부 주변 이야기는 주로 김충경 시인이 현재 살고 있는 목포권(목포, 무안 등) 지역민들의 삶과 애환 등을 담고 있다. 그가 태어나 자란 곳은 강진이지만, 오랫동안 지방공무원 생활을 한

곳은 목포권이다. 그런 의미에서 목포권은 그의 삶의 터전이자 제2의 고향이라고 해도 과언이 아니다. 그는 정년퇴임을 하고 현재 무안 일로의 산자락에 기대어 살고 있다. 그러니까 여기서 '주변 이야기'라 함은 그가 살고 있는 이웃의 구체적인 삶의 서사도 있지만, 그냥 목포권 관련 시편을 모아놓은 쪽에 더 가깝다. 여기서는 목포권 사람들의 삶과 애환을 노래한 시들을 보자.

①
무작정 상경했던 소년이 돌아와
빈 소라껍질처럼 우웅~ 소리 나는 몸으로
정적이 감도는 대합실을 서성이고 있다
가파른 삶의 길 오를 때마다 떠오르던
고향 푸른 바다가 눈앞에 출렁거리고
비릿한 갯내음 낮게 깔린 목포역 광장
날개 꺾인 한 마리 새가 된 사내가
바닷가 등대마냥 우뚝 서 있는
호남선 종착역 표지석을 바라보고 있다
끝은 시작의 반환점이라는 것을 아는 양
용산행 무궁화호 첫 열차가
하얀 선로 위에 검은 수평선을 그으며
왔던 길 휘적휘적 되돌아가고 있다
―「목포역」 부분

②
유달산 보리마당 우뚝 솟은 전봇대
사방으로 얼기설기 얽힌 전깃줄이 팽팽하다

갈 곳 잃은 개미들이 모여 사는 마을
여름이 눌러앉아 개미 목을 조이고 있다
여름은 개미들에게는 힘겨운 나날
종일 돌아가는 선풍기 숨소리 거칠고
하루치 삶이 저장된 냉장고가
쿨럭쿨럭 동맥경화를 앓고 있다

(중략)

세상의 중심이 된 전봇대 얼굴이
노을빛에 벌겋게 달아오르고 있다
　　　　　　　　　　　　—「서산동 전봇대」부분

　①은 호남선의 시발점이자 종착역인 "목포역"을 배경으로 한 "사내"의 우울하고 쓸쓸한 귀향의 풍경을 그리고 있다. 여기서 사내는 이른바 고향을 잃어버린 이촌향도 세대 전체의 비애를 담고 있다는 점에서 보편성을 지니고 있다고 할 수 있다. 주지하다시피 목포역은 산업화시대로 일컫는 60~70년대 목포권(목포, 신안, 해남, 강진, 영암, 진도, 완도 등) 사람들이 조상 대대로 농사를 지으며 살아온 고향을 등지고 수도권 등 객지로 떠나는 열차에 몸을 실었던 곳이다. 시 속에서 사내를 지칭하는 "무작정 상경했던 소년"이 바로 그런 부류이다. 배경도 돈도 없는 사내는 낯설고 험한 객지에서 살아남기 위해 아등바등 살다가 어느 날 문득 "고향 푸른 바다가 눈앞에 출렁거"려 "빈 소라껍

질" 같은 몸으로 귀향한다. 그러나 정작 찾아갈 옛집도 없거니와 "날개 꺾인 한 마리 새"가 되어버린 자신을 발견하고 다시 "용산행 무궁화호 첫 열차"를 타고 왔던 길을 되돌아갈 수밖에 없는 것이다. 이렇듯 김충경의 시에는 마지막 농본세대가 지닌 고향에 대한 따뜻한 잔영들이 남아 있다는 점에서 다분히 과거 추수적이고 회고적이다. 사내가 그러하듯이 김충경의 고향 상실감(결핍) 또한 그렇다고 할 것이다.

②는 목포 "서산동" 사람들의 핍진한 삶을 "전봇대"를 통해 읽어내고 있다. 서산동은 온금동과 더불어 목포에서 가장 가난한 달동네이다. 직접 가본 사람들은 잘 알겠지만, 가파른 언덕에 다닥다닥 어깨를 포갠 낡고 허름한 집들과 거미줄처럼 얼키설키 이어진 "전깃줄"은 이 동네의 가난을 상징하는 아이콘이다. 시인은 이곳 주민들을 "갈 곳 잃은 개미들"로 비유하고 있다. 실제로 이곳은 섬을 등지고 떠나와 어업 등으로 힘들게 생계를 유지해가는 바지런한 주민들이 사는 동네이니 개미들이란 표현이 적절하다. "여름"은 에어컨이 없는 이곳 주민들에게 견디기 힘든 계절이다. 그러나 풍광만큼은 뛰어난 곳으로 소문이 나 있다. 특히 저녁 무렵 목포 앞바다와 다도해를 벌겋게 불태우며 떨어지는 "노을빛"은 목포 제1경이라고 해도 과언이 아니다.

4. 함께 사는 이야기-생태적 상상력과 사유의 깊이

제3부 함께 사는 이야기는 이국여행에서 얻은 시편과 생태적 사유를 담은 시편들로 채워져 있다. 흔히 함께 사는 이야기라함은 내 주변의 공동체적인 삶을 노래한 내용들로 이해되는데,

왜 여행시편이나 생태시편들을 이러한 제목으로 묶었는지 얼른 이해가 되질 않는다. 그래서 생태적 공존과 순환의 원리를 뜻하는 이야기로 이해하고자 한다. 김충경 시인의 시적 관심사가 첫 시집임에도 불구하고 생태적 세계관에까지 이른 점은 커다란 시적 변화로 읽힌다. 이는 그의 생태적 세계관에 대한 사유의 깊이가 상당한 수준에 이르렀음을 뜻한다.

①
고속도로 1차선과 2차선 사이
황금분할 중립지역 한가운데 귀가 열렸다
오체투지의 자세로 사지가 납작하게 눌린
얼룩무늬 고양이 한 마리 귀만 쫑긋 세운 채
푸른 하늘과 내통하고 있다
붉은 혀 날름거리며 아스팔트 바닥을 핥고 가는
바퀴와 바퀴 사이 한 뼘 공간에서
귀가 쟁쟁할 정도로 주파수를 높이고 있다
살아생전보다 죽음을 관통한 육신에서 더 밝아진 귀
하늘과 땅을 가로지른 시멘트 담을 뛰어넘어
새끼들 울음소리 갇힌 폐가를 떠나지 못하고 있다
밤이면 허공에 떠도는 이슬이 되어
목마른 새끼들 목을 적셔주는 어미의 마음이
상여의 뒤를 따르는 만장처럼 길다
　　　　　　　　　　　　　　　　　　　　　—「내통」 부분

②
바람 한 점 없는 날

허공에 걸린 푸른 나뭇가지
미세한 떨림을 본다

천적으로부터 자신을 보호하기 위해
나뭇가지처럼 생겼다는 대벌레가
나뭇가지 위를 한 땀 한 땀 기어오르고 있다

그것도 잠시
대벌레가 갈색여치에게 잡아먹히는 순간
꼬리에서 갈색 알갱이 하나 툭,
떨
어
진
다

(중략)

보라, 죽음 직전에 벌어지는
종족 번식의 한 순간을
바람도 발걸음 멈춘 채 지켜보고 있다

─「알갱이 하나 툭,」 부분

　①은 인간문명의 이기(자동차)와 자연(고양이)의 충돌을 주제로 삼고 있다. 이른바, 우리가 포장도로에서 흔히 목격하게 되는 '로드킬'이 그 제재이다. 로드킬은 인위와 자연의 대립이라기보다 '스스로 그러하다'는 뜻을 지닌 자연에 대한 인위의 일방적

가해에서 기인한다. 주지하다시피, 조물주가 창조한 세상의 모든 생명은 지배와 피지배의 구분이 없이 서로 평등해야 하고 공존해야 한다. 그러나 그 균형을 무너뜨린 것이 인간의 이기심이다. 속도의 상징인 "고속도로"를 건너다 고양이가 차에 치여 죽은 것은 고양이의 부주의나 잘못이 아니다. 고양이가 늘 지나다니던 원래의 길 위로 고속도로가 놓이고, 그 위를 무소불위의 빠른 속도로 지나가는 자동차들 때문이다. 다시 말하자면 인간의 속도 경쟁이 고양이의 죽음을 야기한 것이다. 따라서 이 시는 생태계의 공존원리를 파괴하는 인간문명을 비판한 것이다. 그런데 시인은 죽은 고양이가 "귀만 쫑긋 세운 채/푸른 하늘과 내통하고 있다"고 말한다. 여기서 '내통'은 '교감' 혹은 '순응'으로 대체할 수 있는 말이니, 푸른 하늘과 내통한다는 것은 하늘의 뜻 또는 우주의 순환원리에 따른다는 뜻으로 받아들일 수 있다. 반대로 말하면 문명에 대해 죽음으로써 저항한다는 의미도 포함된다. 또한 고양이의 귀는 죽어서도 "새끼들 울음소리 갇힌 폐가를 떠나지 못하고 있다". 이것이 조물주가 부여한 모성본능이다.

②는 "대벌레"의 산란을 통해 "죽음 직전에 벌어지는/종족 번식의 한 순간"을 포착하고 있다. 시 쓰기에서 말하는 관찰과 발견의 원리를 적실하게 보여주는 시다. 이러한 시는 현미경처럼 "미세한" 관찰의 눈을 들이대지 않고서는 쓸 수 없다. 그리고 생명존중의 마음가짐이 없이는 보아도 보이지 않는다. 특히 이 놀랍고도 거룩한 장면은 "대벌레가 갈색여치에게 잡아먹히는 순간"에 일어난다. 죽음과 탄생이 교차하는 순간이다. 인간이라고 해서 대벌레와 다를 게 없다. 아이를 낳다가 죽는 어머니가 그런 경우이다. 그래서 우리가 산고의 순간을 숨죽이며 지켜보듯이,

"바람도 발걸음 멈춘 채" 지켜보는 것이다. 어디 바람뿐이겠는가. 우주의 삼라만상이 모두 교감하며 지켜볼 수밖에 없다. 이 미세하고도 은밀한 세계를 보는 눈, 이 우주의 들릴락 말락한 숨소리를 듣는 귀가 바로 시인의 눈과 귀이니, 일단 김충경 시인은 시인으로서 자질을 갖추었다고 할 수 있다. 따라서 우리는 이 시를 읽을 때 초긴장하지 않을 수 없다. 좋은 시는 이렇듯 독자를 휘어잡는 팽팽한 긴장감이 있어야 한다.

5. 내 이야기-존재론적 성찰과 열망

제4부 내 이야기는 주로 '나'에 대한 존재론적 성찰과 시를 향한 자세와 열망의 시편들로 채워져 있다. 서두에서 이야기했듯이, 김충경 시인의 시 쓰기에 대한 열망은 은퇴 이후부터 촉발된 것으로 보인다. 그 이전까지는 장남으로서 아버지를 대신하여 동생들과 처자식을 건사하기 위해 정신없이 살아오느라 자신을 돌아볼 여유가 없었을 것이다. 그러나 은퇴 이후 그러한 여유가 비로소 생겼고, 그것을 가능케 하는 대상이 시라는 것을 발견하게 된 것이니, 시야말로 은퇴 이후 그의 삶을 이끌어주는 구세주라 아니할 수 없다. 따라서 시를 향한 열망이야말로 그의 모든 것인 셈이다.

밤새 눈이 내린다

세상과 단절되어 더욱 좋은 밤

밖에서 들려오는 나무대문 두드리는 소리

세상으로 나가는 길 끊긴 지 오래인데

누구일까?

눈 오는 소리 차곡차곡 마당에 쌓이는데

귀는 벌써 일어나 대문가에 앉아있다

─「은퇴」 전문

"은퇴"는 지금껏 살아온 생을 갈무리하고, 앞으로 살아갈 생을 준비하는 분기점이다. 사람은 누구나 오랫동안 길들여진 생활 패턴을 내려놓았을 때 무력감과 단절감에 빠진다고 한다. 위의 시는 그러한 상황에 처한 화자의 심경이 잘 드러나 있다. "밤새 눈이 내린다"는 구절에서 '눈'은 세상과의 단절감을 부추긴다. "세상으로 나가는 길 끊긴 지 오래"라는 인식이 그것이다. 그런데 이러한 상황에 대응하는 화자의 정서나 태도는 그러한 부정적 인식들로부터 벗어나 있다. 오히려 "세상과 단절되어 더욱 좋은 밤"이 된다. 게다가 "밖에서 들려오는 나무대문 두드리는 소리"가 들린다. "누구"인가 안에 있는 나를 밖으로 불러내는 것이다. 물론 이 현상은 환청이다. 따라서 모두 내 안에서 들려오는 소리이자, 스스로 밖으로 나아가고자 하는 열망의 소리이다. 그래서 "귀는 벌써 일어나 대문가에 앉아있"는 것이다. 여기에서 은퇴를 대하는 김충경 시인의 태도나 각오가 매우 긍정적인 쪽으로 열려 있음을 읽을 수 있다. 은퇴 이후로도 세상과 단절하지 않고 더욱 적극적으로 활동하며 살겠다는 각오를 암시한 것이다. 아마도 그 활동의 중심에 시 쓰기가 놓여 있을 것이다.

> 날이 무딘 도끼로
> 강철로 된 손목을 잘랐다
> 돌아서면 너에게로 향하는 손목을
>
> 돌로 만든 목도 꺾었다
> 눈 먼 망부석처럼
> 네게로만 향해있는 목을
>
> 발목도 부러뜨렸다
> 봄날 졸고나면 한 뼘씩 자라나는 칡넝쿨처럼
> 너에게로 향하는 발목을
>
> 아, 그러나 한 밤 자고나면
> 다시 자라나는 손목으로
> 다시 꿈틀거리는 발목으로
>
> 나는 너에게 가고 있다
> 하늘을 지긋이 밀어 올리는
> 저, 미류나무 중심의 힘 물관부처럼
> ―「하늘을 지긋이 밀어 올리는 힘으로」 전문

위의 시는 시를 향한 김충경 시인의 열망(혹은 욕망)이 잘 드러나 있다. 동시에 시를 쓰기 위해 겪은 좌절이나 절망도 포함되어 있다고 보아도 좋다. 1~3연은 그러한 과정의 의미로 읽힌다. 그러나 4~5연은 결코 포기할 수 없는 의지와 열망이 살아있음을, "미류나무 중심의 힘 물관부처럼" "하늘을 지긋이 밀어 올리"고 있음을 여지없이 드러내고 있다. 필자가 보기엔, 내가 그토록 향하고자 하는 "니"는 '시'이다. 이처럼 시를 향한 열망과 의지는 다른 시 「너를 내 안에 가두고 싶다」에 이르면 시를 향한 연인관계로까지 확대된다. "다시는 길을 나서지 못하도록/사지(四肢)를 쇠사슬로 칭칭 동여매/오직 나 혼자만을 위해 숨 쉬는 사람으로/사랑이라는 이름의 달콤한 미명 아래/솜사탕처럼 부드러운 입맛으로 길들여/내 너를 오래도록 가두고 싶다" 다짐한다. 그리고 시를 사랑하기 위한 방법론으로 "철저히", "오래도록", "천천히" 등과 같은 부사들을 동원한다. 이는 시를 제대로, 영원토록, 단계적으로 사랑할 것임을 천명한 것이라고 할 수 있다.

사진 속 유채꽃 위에 앉아있는 노랑나비
양 날개 합장하듯 가지런하다

사진으로 찍힌 순간부터 묵상 중인 듯
절대 부동자세를 취하고 있다

더듬이 긴 대롱을 타고 들어오는
근원을 알 수 없는 유채꽃 향기

금방이라도 세상 밖으로 날아오를 것 같은
상상의 나래 끝 간 데 없다

나를 수 없는 박제된 나비일 뿐임을 알지만
어쩔 수 없이 꿈틀거리는 비상(飛翔)의 욕망

오늘도, 되돌아갈 곳 잃은 노랑나비 한 마리
액자 속 바깥세상을 꿈꾸고 있다

―「봄날」 전문

    그런가 하면, 위의 시는 시를 향한 치열한 자세와 간절한 열망(욕망)을 드러내고 있다. 액자 속 사진으로 찍힌 노랑나비를 시인 자신과 연결시켜 "나를 수 없는 박제된 나비일 뿐임"이라고 한 것은 냉철하고 통렬한 자아성찰의 결과이다. 그럼에도 불구하고 그가 시를 향한 꿈을 포기할 수 없는 것은 "근원을 알 수 없는 유채꽃 향기"와 "어쩔 수 없이 꿈틀거리는 비상飛翔의 욕망" 때문이다. 전자를 나비가 꽃을 사랑하듯 시가 지닌 근원적인 매력(매혹)이라 한다면, 후자는 좋은 시인이 되고 싶은 인간적인 상승 욕망이라고 해도 무방하다. 그렇다면 시를 대하는 자세는 어떠한가. "양 날개 합장하듯" 간절하고, "절대 부동자세"를 취할 만큼 집요하고 치열하다(필자는 최근 김충경 시인의 습작시를 읽으면서 이러한 자세를 분명히 확인하고 있음). 이러한 자세는 시인으로서 꼭 필요하고도 바람직한 자세임은 말할 것도 없다. 시인은 자신이 액자 속에 갇혀 "되돌아갈 곳 잃은 노랑나비"라는 사실도 알고 있다. 어차피 되돌아갈 곳이 없으니 "액자 속 바깥

세상을 꿈꾸"겠다는 것이다. 그러나 그렇게 집요하고 간절하다면 노랑나비가 꿈꾸는 세상이 어찌 액자 속뿐이겠는가. 부활하여 액자를 깨부수고 바깥세상으로 훨훨 날아가야 하지 않겠는가.

6. 에필로그

지금까지 일별한 대로, 김충경 시인의 첫 시집은 여러 관심사를 품고 있다. 과거의 가족사를 필두로, 현재의 삶과 주변 이야기, 생태적 세계관, 자아성찰과 욕망 등이 혼재해 있는 양상이 그것이다. 이는 그뿐만 아니라 첫 시집을 펴낸 시인들에게서도 공통적으로 보이는 어쩌면 당연한 현상이다. 누구나 처음엔 자신의 목소리를 찾아가는 탐색의 도정에 있기 때문이다. 필자는 그를 오래 지켜본 사람으로서 이제 그가 여러 관심사 중에서 버릴 것은 버리고, 계속 심화할 것은 심화해가야 할 단계에 이르렀다고 본다. 이번 시집에서 가장 필자의 관심을 끈 것은 후반부(생태적 세계관과 자아성찰)의 시편들인데, 그에게 여러모로 어울린다는 판단이 든다. 따라서 당분간 이와 관련한 시 쓰기를 지속하라고 주문하고 싶다. 여기에 불교적 상상력과 건강한 리비도적 상상력을 곁들인다면 금상첨화라는 말도 곁들이고 싶다.

그리고 이번 시집에서 눈에 띠는 것은 「타임캡슐」, 「알갱이 하나 툭,」, 「봄날」처럼 발상법을 이해하고 쓴 시들이다. 이제 그도 무작정이 아니라 발상에 의한 시 쓰기를 실천하고 체득한 단계로 조금씩 접어들고 있다는 생각이 든다. 그러나 아직도 기본기를 더 다듬어야 할 점이 많다. 어색한 제목 달기, 불필요한 진술, 구성의 느슨함, 문맥의 부자연스러움, 자신만의 목소리 부족 등이 그것이다. 이러한 점들을 꼼꼼히 보완해간다면 머잖아 탄탄한 자기만의 시세계를 갖춘 시인으로 재탄생할 수 있을 것으로 확신한다. 이번 시집은 그 가능성을 충분히 보여주고 있다는 점에서 다음 시집에 대한 기대가 매우 크다.

일상의 성찰을 통한 깨달음
— 박금희 시집 『물들다』

1. 프롤로그

　박금희는 2016년 계간 『시에』 신인상으로 등단한 시인이다. 지천명에 들어서야 시단에 얼굴을 내밀었으니 늦깎이인 셈이다. 그러나 시에 대한 열정이 불꽃처럼 뜨거워서 이제는 시가 없는 삶을 상상할 수 없는 시인이 되었다. "선잠 자는 이유가 너라면/ 꼭 당신이라면//뜬눈으로 이 밤을 지새운다 하여도/나는 좋겠다"(「불면증」)라고 밝힌 시적 각오가 이를 방증한다.
　박금희 시인과 필자의 인연은 약 10년 전으로 거슬러 올라간다. 당시 필자는 목포대학교 국문과에 부임 이후 줄곧 평생교육원 현대시 창작반 강의를 맡고 있었는데, 거기에 수강생으로서 얼굴을 내민 사람이 그녀이다. 현대시 창작반 수강생들의 경우 시에 갓 입문한 '초짜'들이 대부분이었고 그녀도 예외가 아니었던 것으로 기억한다. 시 창작법은 고사하고 문장 등 기본기부터 바로잡아야 했으니 말이다.
　그 후로 필자는 평생교육원 강의를 그만두고 목포문학관 문예대학 시 창작반(줄여서 '시창') 강의를 맡게 되었는데, 거기에도 변함없이 앉아 자리를 지키는 사람이 그녀였다. 더욱이 그녀는 '시창'의 총무를 맡아 지금껏 궂은일을 묵묵히 수행하였다. 그녀는 신안 팔금도 출신답게 억척스러운 생활력과 따뜻한 인간미를 동시에 지녔다. 그러나 필자가 그녀를 특별히 미쁘게 여긴 것은 변함없는 의리 때문이다. 그녀인들 어찌 난감한 경우가 없으리오만 싫은 기색 하나 없이 그림자처럼 필자를 따랐다. 게다가 필자가 가르쳐준 내용을 성실하게 익혀서 이젠 제 나름의 시적 발상을 할 수 있는 수준에 이르렀다는 점이다. 이는 시에 대한 독한 열의가 없이는 어려운 일이다.

그리고 그녀는 상당한 애주가이다. 수강생 중에서는 가장 술이 세다. 역시 애주가에 속하는 필자는 가끔씩 그녀와 대작한다. 그러므로 그녀는 필자의 술벗 중 한 사람이기도 하다. 그런가 하면 그녀의 남편도 애주가이자 낚시꾼이어서 셋이 어울려 술도 마시고 바다낚시도 하곤 한다(필자가 보기엔 아무래도 그녀는 남편 복을 타고났다고 생각한다). 이래저래 필자가 그녀의 시집 해설을 맡지 않을 수 없는 이유이다.

그러면 지금부터 그녀의 처녀시집의 세계를 여행해보기로 한다.

2. 어머니와 고향이라는 근원

누구에게나 어머니는 자신을 세상에 있게 한 근원이다. 태어날 때 어머니로부터 탯줄을 자르고 스스로 독자적인 삶을 살아가지만, 그렇다고 완전히 독립적인 것은 아니다. 비록 보이지 않지만 여전히 모태를 향한 견고하고 질긴 끈을 달고 있다. 세상에서 가장 잘라버리기 힘든 끈이 어머니다. 자궁회귀본능설의 주인공도 마찬가지다. 특히 딸에게 있어서 어머니는 삶을 되비추는 거울이다. 박금희의 시는 바로 이 어머니라는 근원에서부터 출발한다.

①
거친 뱃길 헤치며
살아왔단다

묶인 배처럼 꼼짝없이
발목이 잡혔더란다

험난한 세상 차마
죽지 못해 살았더란다

남강 선착장 바라보는
회한의 어머니

―「남강 선착장」 전문.

②
어머니는 빨랫비누다
녹아서 작아지는 비누처럼
쓸 때마다 뼈와 살과 지문이 닳아간다

걸레를 빨며 어두운 삶을 문지르고
나무토막같이 거칠고 뻣뻣한 청바지를 빨며
가족들의 묵은 때를 벗겨내신다

대야 가득 부풀어 오른 비누거품

  불어나는 빨랫감
  빨래를 짜듯 삶을 풀었다 짜내신다

  손목 힘 다하는 날은
  비누 한 조각 구석으로 버려지는 날

  그 비누 한 조각 사랑으로 나는
  누군가를 더 맑게 사랑할 수 있겠다
―「빨랫비누」 전문

 짤막한 시 ①은 한평생 '남강 선착장'에서 벗어날 수 없었던 어머니의 삶을 극명하게 보여준다. '남강 선착장'은 암태도에서 팔금도로 건너가기 위해 배를 기다리는 곳이다. 그러니까 시적 화자의 어머니는 이 선착장을 통해 팔금도로 시집을 온 후 '묶인 배처럼 꼼짝없이/발목이 잡혀' 살았다는 이야기다. 그것도 섬에 사는 아낙네들이 죄다 그랬듯이 파란만장의 '거친 뱃길 헤치며', '죽지 못해' 살았다는 이야기가 된다. 시적 화자인 딸은 남강 선착장을 통해 어머니가 살아온 회한의 삶을 한없는 연민의 눈길로 바라보고 있다.

 '어머니'의 존재를 '빨랫비누'에 비유한 시 ②는 어머니와 나의 삶이 도플갱어임을 시사한다. 그러면서도 '비누 한 조각'으로 버려지는 어머니의 삶이 나의 삶으로 연결되어 '누군가를 더 맑게 사랑'할 수 있는 힘이 된다. 그렇다. 이 세상 모든 어머니는 빨랫비누와 같다. 가족을 위해 제 살점을 기꺼이 덜어내는 빨랫비누이다. 그런 헌신과 희생이 가족의 삶을 떠받친다. 그러고서

결국 비누 한 조각으로 버려져 생을 마감한다. 이것이 어머니라는 존재가 지닌 아름다운 모성 본능이요 숙명이다. 이렇듯 박금희 시인은 어머니가 살아온 생애를 통해 자신을 돌아본다. 이제 스스로 어머니가 되어 어머니가 걸어간 길을 따라가려고 한다. 따라서 그녀의 삶은 어머니의 삶과 겹칠 수밖에 없지만, 그 삶을 기록하고 성찰하는 시인이라는 점에서 어머니와는 다르다.

　박금희 시인의 또 다른 시적 근원은 고향이다. 고향은 자신이 처음으로 이 세상에 태어난 곳이자 탯줄을 묻은 곳이다. '처음'이라는 말은 강렬한 새로움과 충격의 의미를 담고 있다. 아이가 처음으로 태어나 눈을 떴을 때 보는 세상 풍경은 충격 자체라고 한다. 그러니 죽을 때까지 기억 속에 각인되지 않을 수 없다. 늙어서도 어릴 때 기억은 생생하다거나, 첫사랑의 기억은 무덤까지 가져간다거나 하는 말들이 모두 이에 근거한다. 이는 인간에게만 국한된 말이 아니라 다른 동물들도 그렇다고 한다. 수구초심이 그것이다. 한없이 그리운 곳이 고향 산천이고, 한없이 반갑고 정겨운 사람이 고향 친구인 것이다.

　　팔금도 동창 모임
　　한 친구가 뜬금없이 묻는다

　　야, 느그들은 남편을 부를 때 어떻게 부르냐
　　난 여보, 난 자기, 난 오빠, 난 아무개 아부지

　　그런데 한 친구가 말이 없어 이유를 물으니

호칭 없이 그냥
먹읍시다, 잡시다, 다녀오소, 고생했소 한다고 대답한다

친구들이 무뚝뚝해서 정떨어지겠다고 하자

무슨 말이 더 필요하냐
이 안에 다 들어 있그만 하며 살짝 입꼬리를 올린다

생각해보니 맞는 말이다 입꼬리는 따스함이 있고
생고무처럼 질기고 끈끈하지 않은가

27년 부부로 제각각 살아와 무던한 시간처럼
말하지 않아도 눈빛만 봐도 알아차리는

소중한 팔금도 친구들
―「동창회」 전문

동창회의 경험을 통해 고향 친구들의 따스함과 질기고 끈끈한 인연을 이야기하고 있는 위 시는 재미있는 에피소드를 담고 있다. 박금희 시인의 고향은 신안군 '팔금도'이다. 그 팔금도의 고향 동창들이 '27년' 만에 만나 남편의 호칭에 대한 이야기를 나누는데, 유독 한 친구만이 색다른 대답을 한 것이 화제가 되고 있다. 내용은 다들 남편을 부르는 호칭이 제각각인데 비해 한 명만 호칭을 생략한 채 '먹읍시다, 잡시다, 다녀오소, 고생했소'라고 한다는 것이다. 상식적인 입장으로 보면 남편도 아닌 아내의

말투로선 참으로 '무뚝뚝해서 정떨어'진다. 하지만 곰곰 생각해 보면 부부간의 정이 훨씬 깊게 느껴지기도 한다. 하긴 부부는 일심동체라 했거늘 굳이 상대를 구분하여 따로 호칭을 쓸 필요가 없기 때문이다. 그만큼 사이가 가깝다는 뜻이다. 그럼에도 불구하고 이 동창들은 서로의 생각의 차이는 친구의 '입꼬리' 하나로 쉽게 풀어진다. 그 '입꼬리' 속에는 '말하지 않아도 눈빛만 봐도 알아차리는' 팔금도 친구들로서의 '따스함'과 '생고무처럼 질기고 끈끈'한 우정의 끈이 들어있기 때문이다. 그래서 모든 기억을 공유할 수 있는 고향 친구는 소중할 수밖에 없다. 이외에도 이번 시집에는 「어머니와 술」, 「깨꽃」, 「물텀벙」 등 어머니와 고향의 기억을 소환하는 시편들이 많다.

3. 가족과 이웃에 대한 사랑과 연민

어머니와 고향으로부터 시작된 박금희의 시세계는 가족과 이웃에 대한 사랑과 연민으로 이어진다. 가족과 이웃은 현재 박금희의 생활과 시의 중심 현장이다. 먼저 가족은 가장 끈끈한 혈연공동체이자 운명공동체이다. 필자가 알기로 박금희의 가족 구성원은 부부와 두 아들이다. 이 구성원 속에서 그녀의 위치는 아내이자 어머니이다. 아내로서 남편을 소중히 여기고, 어머니로서 두 아들에게 한없이 자애로워야 한다. 다음으로 이웃은 상생과 협력으로 이루어진 협동공동체이자 지역공동체이다. 그러므로 친근함을 바탕으로 서로의 행복과 불행을 함께 나눌 수 있어야 한다. '이웃사촌'이란 말이 그것이다.

먼저 가족에 대한 사랑의 시편을 보자.

①
어머니, 아버진 왜 자꾸
내 방에서 자는 거야?

왜,
자면 안 돼?

아니, 방에서 자꾸
아버지의 술 냄새가 나,

그래,
세상에 아버지 냄새가
술 냄새뿐이더냐,

아버지로 살아온
고된 삶의 냄새란다

―「냄새」 전문

②
그는 알고 있다
내 마음의 온도를

오늘도 그는 커피 한 잔
내게 건네고 현관문을 나선다

집안 공기가 서서히 데워질 즈음
　　커피는 알맞게 식는다

　　아침 햇살이 비엔나커피 속 크림처럼 녹아들어
　　까닭 모를 감미로움이 밀려온다

　　일상의 무거운 억압이 사르르 풀리고
　　커피처럼 기분 좋은 문자 한 통 보낸다

　　그냥
　　따뜻하다고

　　　　　　　　　　　　　　　—「커피 타는 남자」전문

　①은 '냄새'라는 촉매를 통해 가족 간의 사랑과 혈연의식을 확인할 수 있는 시이다. 다시 말하면 어린 아들과의 대화를 통해 자식과 남편에 대한 사랑을 엿볼 수 있다. 이 시의 키워드는 '아버지 냄새'이다. 어린 아들로선 자꾸만 자기 방에 들어와 자는 아버지를 이해할 수 없을뿐더러 방안에 남아 있는 술 냄새도 싫을 것이다. 문제는 그런 투정을 하는 아들을 대하는 시적 화자(어머니)의 태도이다. 보통 다른 어머니들 같으면 아버지를 이해 못 하는 아들의 태도를 나무라거나, 아들 방에 들어가 자는 남편을 다짜고짜 비판할 것이다. 그러나 이 시의 화자는 혈연인 아들 방에 들어가 자고 싶은 남편의 마음과 고달픈 삶을 달래고자 마시는 남편의 술 냄새의 의미를 잘 알고 있다. 그래서 '아버지의 냄새'는 곧 '고된 삶의 냄새'임을 아들에게 알려준다. 참으

로 현명하고 사려 깊은 어머니의 태도이자 가르침이다. '아들은 아버지의 냄새를 맡으며 자란다'는 말이 바로 이것이다. 이 시 외에 아들이 스스럼없이 어머니와 술잔을 주고받으며 "어머니, 저는 어머니를 닮았나 봐요 대학생 시절에 마신 맥주 일곱 잔에 친구들을 볼링 핀처럼 쓰러져 눕는데 저만 끄떡없이 앉아 있었어요 그런데 이건 분명 술을 잘 마시는 어머니의 좋은 유전자 덕인 것 같아요"(「한잔의 말」)에서도 자식을 대하는 어머니의 태도와 혈연의식이 잘 드러난다.

②는 남편이 타주는 '커피 한잔'을 통해 부부간의 사랑을 확인할 수 있는 시다. 부부는 '상호 존중'의 관계라고 한다. 처음엔 사랑이 전부일 것 같지만, 세월이 흐르면서 퇴색할 수 있다. 이 퇴색한 사랑을 극복할 수 있는 덕목이 존중과 정(情)이다. 무엇보다도 존중하는 마음이 없으면 서로 싸우게 되고, 부부 관계는 언제든 금이 갈 수 있다. 박금희 시인도 예외는 아닌 듯하다. "태풍"이 몰아치듯 서로 싸우다가도 언제 그랬냐는 듯 "거짓말같이 바람이 자"(「해밀」)는 경우가 있기 때문이다. 서로 다른 남녀가 만나 가정을 이루었으니 어찌 갈등과 마찰이 없겠는가. 그런 의미에서 부부싸움은 자연스럽다고 할 수 있다. 오히려 안 싸우는 부부가 비정상인지도 모른다. 그렇게 싸우면서 조금씩 서로를 배려하고 존중하는 마음이 생기기 때문이다. 따라서 ②에는「해밀」로 말미암아 자연스럽게 형성된 부부간의 따뜻한 배려와 존중의 커피향기가 넘쳐난다. '그'가 '내 마음의 온도'를 알 수 있는 것도, 그리하여 '그'가 타준 '커피 한잔'으로 '내'가 지녔던 '일상의 무거운 억압이 사르르 풀리고' '커피처럼 기분 좋은 문자 한 통'을 보낼 수 있는 것도 모두가 부부싸움 덕일지도 모른다. 참으로

잔잔한 여유와 평화로움이 흐르는 따뜻한 시다. ② 이외에도 "구슬땀 흘리는 여름/당신을 사랑합니다"라고 남편에게 사랑과 격려의 편지를 전하는 시「당신에게」는 또 얼마나 아름답고 감동적인가(참고로 박금희 시인의 남편은 무더운 여름날 가장 일을 많이 하는 설비 기술자이다).

다음으로 이웃에 대한 연민의 시편을 보자.

> 온금동과 유달산 자락을 두고 입술 갈라지듯
> 갈라져 형상은 사라지고 이름만 남은 째보선창
>
> 이곳을 지날 때면 친구는 늘 말했지
> 우리 아들 미국에서 오면 초대 한번 할게
>
> 그 아들
> 태어날 때부터 윗입술이 떨어져 있는 구순구개열
> 남의 시선 털어내지 못해
> 외국으로 보내야만 했던
>
> 29년 동안 보름달처럼 차오른 성장의 빛
> 앉은 자리가 환하다
>
> 달그림자에 감춰진
> 삭혀온 두려움과 그리움
> 그늘에 가려져 곪아 있는 것들 웃음으로 토해낸다
>
> 맺힌 것과 마음 섞는 일

> 버린 자와 버림받은 자, 아무리 애써 웃어 본들
> 메워진 선창처럼 디귿 자로 깊이 파여 떨어져 운다
> ―「구순구개열」전문

    인용한 시는 '구순구개열' 아들을 둔 이웃(친구)의 아픔과 슬픔에 대한 연민의 정이 진하게 묻어나는 작품이다. 시 속에서 설명한 대로, '구순구개열'이란 '태어날 때부터 윗입술이 떨어져 있는' 선천성 기형 장애이다. 이 장애를 앓고 있는 사람을 우리는 소위 '째보' 또는 '언청이'라고 부른다. 이 시는 옛날에 '디귿'(ㄷ) 자로 갈라져 있었다는 목포의 '째보선창'에서 시적 발상을 얻고 있다. 비유의 원리인 닮은 꼴 찾기가 이 시의 발상을 이루고 있는 셈이다. 시인은 째보선창을 걸을 때마다 구순구개열 아들을 둔 친구(엄마)가 건네던 딱한 사연을 떠올린다. 그러니까 째보선창은 '째보'나 '언청이'로 불리던 이들을 상기시키는 아픈 장소성을 지녔다고 볼 수 있다.

    지금은 메워진 '째보선창'처럼 '남의 시선 털어내지 못해' '미국'으로 보내야만 했던 친구 아들의 입술도 이제는 '보름달처럼 차오른' 듯하지만, 그래서 '우리 아들 미국에서 오면 초대 한번 할게'라고 말하지만, 그 말속에는 말 못 할 사연이 여전히 감추어져 있다. 그동안 '삭혀온 두려움과 그리움'을 애써 '웃음'으로 바꾸어 토해내지만 '메워진 선창처럼 디귿 자로 깊이 파여 떨어져' 울 수밖에 없는 것이다. '맺힌 것과 마음 섞는 일'이란 타인의 불행을 내 것으로 받아들여 동참하는 일이다. 시적 화자는 기꺼이 친구의 아픔에 동참하려고 한다. 그렇다고 해서 맺힌 친구의 아픔이 사라질 수 없는 노릇이지만, 개인주의가 만연한 작금의 세태를 감안할 때 다친 마음의 상처 위에 위로와 연민의 손길을 얹는 일이야말로 가까운 이웃으로서 우리가 할 수 있는 최선의 사랑이다.

    이러한 박금희 시인의 시적 관심은 가까운 친구를 넘어 가난하고 불행한 이웃으로까지 확대된다. "다리"가 없어 "팔꿈치"로 날마다 "고해의 삶을 헤엄치" 듯 "시장 바닥을 온몸으로 쓰는"(「바닥」) 장애인의 삶에 대한 관심과 연민이 그것이다. 이는 그녀가 남의 불행을 나 몰라라 하지 않지 않는 따뜻한 인간미의 소유자임을 입증해준다.

4. 일상의 성찰과 깨달음

    이번 박금희의 시집에서 필자가 가장 주목한 것은 일상의 성찰을 통해 깨달음에 이르는 시편들이다. 사소하고 번잡한 것 같지만 나날의 삶이 펼쳐지는 일상은 가장 중요한 시의 현장이다. 시는 인간의 생각과 감정의 반영이면서 무엇보다도 삶의 반영이기 때문이다. 혹자는 인간의 삶과 동떨어진 무슨 특별한 소재나 경험을 이야기해야만 좋은 시라고 평가하기도 하지만, 이런 시야말로 뜬구름 잡는 듯한 느낌을 주어 독자로부터 공감을 불러일으키기 어렵다고 생각한다. 필요 이상으로 언어를 비틀어 난해성을 부추기는 난해시도 독자와의 사이를 더욱 멀게만 할 뿐이다. 김수영의 말처럼 모름지기 시는 나의 삶에 뿌리를 내린 견고한 '닻'이어야 한다. 그런 의미에서 박금희의 시는 일단 가장 바람직한 현장에 닻을 내렸다고 생각한다.

①
길에 떨어져 밟히고 차이며 수모를 겪는
화투장을 본다 주워 담으려 손을 내미는 순간
지나는 시선들이 탁, 가로막는다

한번 내놓으면
다시 집어들 수 없는 화투패처럼
한번 내뱉은 말도 마찬가지
판문점 공동경비구역보다 더 위험지대가
입이라는 말의 출입구이니
함부로 드나들지 말자

모나고 뾰족한 말이라도
깊은 심연 속에 오래 가라앉혔다가
둥글게 다듬어 내보낼 일이다

돌아보면 우리는
화투패처럼 주워 담을 수 없는 말들을
얼마나 많이 길바닥에 흘리며 살아왔는가
비수처럼 날 선 말들로 얼마나
타인의 가슴 한복판을 무수히 찔러댔던가
그리고선 스스로 후회하며
얼마나 많은 생을 낭비하고 있는가

길에 떨어진 화투패를 보며
낙장불입의 우리 생을 다시 돌아본다

―「낙장불입」 전문

②
눈 내리는 날
우연히 내려다본 구두는

어디에서 굽을 잃어버린 채
종일 내 뒤를 따라 뒤뚱거렸다

후들거린 굽의 호소를 무시하고
내내 걸어온 나의 무심함

터덜터덜 소리 지르다 지친 듯
굽은 구두를 그만 놓아 버렸다

나를 스쳐간 어떤 인연 중에서도
내 손길을 원했던 아우성은 없었을까

내가 귀를 막고 듣고 싶은 소리만
들으려고 무시해버렸던 것은 아닐까

굽이 나에게 잠시
걸음을 멈추라 한다

ㅡ「구두 뒷굽」 전문

①은 길바닥에 떨어진 화투장을 통해 말의 중요성과 위험성을 성찰한 시다. 소위 화투판의 규칙인 '한번 내놓으면/다시 집

어들 수 없는' '낙장불입'이라는 용어를 우리가 함부로 내뱉는 '말'로 연결한 발상이 좋다. 시인은 '말의 출입구'인 '입'을 '판문점 공동경비구역보다 더 위험지대'라고 진단한다. 그러므로 '함부로 드나들지 말자'고 역설한다. 그렇다. 우리는 '화투패처럼 주워 담을 수 없는 말들을' 얼마나 많이 길바닥에 흘려왔고, '비수처럼 날 선 말들로 얼마나/타인의 가슴 한복판을 무수히 찔러' 상처를 주거나 심지어 죽음에까지 이르게 했으며, 그래놓고 얼마나 평생을 '후회'하며 살고 있는가. 그렇다면 이러한 낙장불입의 생을 살지 않으려면 어떻게 해야 할까. 시인은 이에 대해 '모나고 뾰족한 말이라도/깊은 심연 속에 오래 가라앉혔다가/둥글게 다듬어 내보낼 일'이라는 해결책을 제시한다. 이른바 판소리에서 말하는 '그늘의 미학'이나 남도 음식에서 말하는 '발효의 미학'이다. 보이진 않지만 '말'이야말로 이 세상에서 가장 치명적인 무기이니만큼 꺼내놓을 때 신중에 신중을 기하자는 이야기다.

①이 '나'의 경험을 바탕으로 '우리' 모두에게 던지는 준엄하고 통렬한 메시지를 담고 있다면 ②는 '나'의 경험을 통해 '나'를 성찰하는 시이다. 어느 날 시적 화자는 자기가 신고 있는 구두에 '굽'이 없음을 발견한다. 그것을 굽을 활유하여 '굽은 구두를 그만 놓아 버렸다'고 표현하며 그렇게 된 잘못이 '굽의 호소를 무시하고/내내 걸어온 나의 무심함'에 있음을 알아차린다. 그러면서 문득 나의 인간관계를 돌아본다. '나를 스쳐간 어떤 인연 중에서도/내 손길을 원했던 아우성은 없었을까'하는 성찰이 그것이다. 즉 타인의 어려운 처지나 상황에 애써 무관심하거나 무시해버리며 살아온 적이 없는지에 대한 반성이다. 굽이 없으면 구두가 제 기능을 발휘할 수 없는 것처럼 상호 협력의 인간관계도 마찬가

지이기 때문이다. 그래서 '굽'이 '나'의 삶의 방식에 급브레이크를 거는 것이다. 이렇듯 대상(구두와 굽의 관계)에 대한 눈길을 자아(나와 타인의 관계)로 전환하는 순간 싹트는 시의 씨앗(성찰과 깨달음의 발견). 이것이 이번 시집을 관통하는 박금희 시의 시적 발상법이다.

③
낡은 침대와 쇼파를 내보낸 빈자리가
허전함을 밀어내고 오히려 넉넉하다

진리라는 것도
때가 되면 버려야 한다는 법문처럼
지금은 버려야 할 때

양손 가득 움켜쥔 군살처럼
몸에 붙어 자리 차지한 빵빵한 물욕을
빼고 보니 집이 홀쭉하다

켜켜이 쌓인 묵은 먼지를 털어내고
오래된 잡동사니들도 모두 갖다 버리니
소유를 감량한 곳에 숨통이 트인다

가부좌를 틀고 앉은 쇼파 눌린 자국에
침묵의 살이 뽀얗게 차올라 오히려

몸이 가볍다
— 「다이어트」 전문

④
서둘러 초읽기를 하는 신호등
도시락 가방을 들고 어그부츠를 신고 뛰는 여인
눈길에 미끄러져 사람도 도시락도 만신창이다

김칫국물은 문어발처럼 부끄러운 줄 모르고 뻗어나가고
홍당무가 돼버린 얼굴을 감싸 안고 도망치듯 달리는 여인

그녀를 보고 있는 동안,

미끄러운 것이 어디 눈길뿐이던가
미끄러진다는 것이 뭐 그리 부끄러운 일이던가
생각한다

입사 시험 몇 차례 미역국에 미끄러운 맛보았고
미니스커트에 하이힐 갈아 신고 휘청거리지 않으려
안간힘을 쓰는 순간 확, 미끄러지는 일 여러 번 있었다

미끄러져 보니 알겠다
넘어지지 않고 미끄러진다는 것이 얼마나 다행인지를
오히려 한 번 더 일어설 수 있는 기회인지를
—「미끄러지다」 전문

  앞에서 살펴본 두 편의 시가 주로 성찰에 초점이 맞추어져 있다면, 위에서 인용한 두 편의 시는 한 걸음 더 나아가 성찰을 통한 깨달음을 얻고 있다. 그러나 모두가 시인이 직접 겪은 일상

적 경험이라는 점에서 공통점을 지니고 있다. 다만 ③과 ④는 역발상을 취하고 있다는 점이 이채롭다. 각각 '버려야 넉넉하다'거나 '미끄러져야 일어선다'는 깨달음이 그것이다.

　③의 경험은 누구에게나 있을 것이다. 그러나 이사를 할 때가 아니라면 실천하기가 그리 쉽지 않은 경험이다. 우리 주변에는 오래된 옷가지나 살림살이를 절대로 못 버리고 켜켜이 쌓아두기만 하는 사람들이 의외로 많다. 특히 유행이 지난 옷 같은 경우 재활용 가게에 기증이라도 하면 필요한 사람에게 도움이라도 될 텐데 그저 아까워 쌓아두기만 할 뿐 결국엔 입지도 않는다. 그러다 보니 집안 구석구석이 숨 쉴 틈 없이 빼곡하고 답답하다. 주로 가난하게 살아온 사람들에게서 자주 보이는 현상이다. 책도 마찬가지다. 읽지도 않을 거면서 산더미처럼 쌓아두니 발 디딜 틈이 없다. 그래서 필자도 연구실을 정리하면서 소장한 책의 절반을 내다 버린 적이 있다. 그랬더니 연구도 잘 되고 몸과 마음이 한결 깨끗해져서 글도 잘 써졌다. 그렇다. '진리라는 것도/때가 되면 버려야 한다'고 가르치는 불가의 법문처럼, 무소유를 실천하며 마음 부자로 살다 간 법정 스님처럼 '비우고' '버려야' 채우고 얻는다. 박금희 시인은 '낡은 침대와 쇼파를 내보낸' 경험을 통해 많은 것을 깨달아 얻고 있음을 알 수 있다. '빵빵한 물욕을/빼고 보니 집이 홀쭉'한 것처럼, 우리 몸도 살을 빼야 '가볍다'는 원리를 터득한 것이다.

　④는 다른 사람의 경험을 목도하다가 나의 경험을 소환하는 시다. 즉 신호등 앞에서 '도시락 가방을 들고 어그부츠를 신고 뛰'다가 '눈길에 미끄러져' '만신창이'가 되어버린 '여인'을 통해 '입사 시험'에 떨어지는 등 여러 번 '미끄러진' '나'의 경험을 돌아

보는 것이 그것이다. 그런데 주목할 만한 점은 '미끄러진다'는 부정적인 의미를 오히려 '다행'이라거나 한 번 더 일어설 수 있는 '기회'로 여기는 사고의 반전에 있다. 이른바 '역발상'에 따른 깨달음이다. 시 쓰기는 물론이거니와 우리의 일상생활에서 이 역발상(뒤집기)은 매우 중요한 원리이다. 세상을 긍정적으로 볼 것이냐 부정적으로 볼 것이냐를 가름하는 세계관으로도 통한다. 사물이나 풍경을 새롭게 해석하는 원리이기도 하다. '끝은 또 다른 시작'이라거나, '절망은 희망의 어머니'라거나, '슬픔은 기쁨의 원천'이라거나, '넘어져야 일어선다'거나 등등의 경구들이 모두 이에 해당한다. 박금희 시인이 이제 이 역발상을 통해 깨달음에 이르는 시적 원리를 제대로 터득하고 있는 것을 보니 시 창작의 원리를 가르친 한 사람으로서 기분이 좋다.

5. 시간의식과 소박한 불교의식

끝으로 시간의식과 불교의식을 노래한 시편들이다. 사람이라면 누구나 시간으로부터 자유로울 수 없다. 태어나고-성장하고-성숙하고-죽는 삶의 과정이 모두 시간 속에 놓여 있기 때문이다. 그러나 젊었을 때는 시간을 의식하지 못하는 경우가 많다. 생이 영원할 것으로 여기기 때문이다. 그러다가 어느 정도 나이가 들면 자연스럽게 의식을 하게 된다. 이번 박금희의 시집에는 현재의 관점에서 과거를 되돌아보고 미래의 삶을 가늠하는 시편들이 종종 눈에 띈다. 이제 그녀도 중년에 접어들었기 때문이다. 인용할 「뫼비우스 길」, 「가을」과 "초대하지 않았거늘 나이는 들고/허락하지 않았거늘 청춘은 가네"라고 늙어감을 한탄한 「넋두리」 같은 시들이 이에 해당한다. 그리고 주로 일상에 닻을 내리고 있는 박금희 시인의 시가 가끔씩 집(속세)을 벗어나 절간을 기웃거리는 경우가 있다. 필자가 알기로 그녀는 불교 신자이다. 그렇다고 불교의 교리에 심취해 무슨 심오한 불교시를 쓰는 사람은 아니다. 평범한 불자나 처사(處士)쯤이 정확할 것이다. 따라서 소박한 불교의식을 담은 그녀의 시는 중생의 관점을 결코 넘어서지 않는다. 인용할 「절합니다」, 「둥이」와 「절간 밥상」, 「뜸들이기」 등이 이에 해당한다.

①
시계가 돌고 있다
오전이 오후의 바통을 받아 쥐고 달린다
분침이 시침을 천천히 뒤따라간다

학교와 학원, 회사와 집을 오가는 일상
잠시 속도를 줄여 뫼비우스 길을 따라 걸어본다
길을 따라 사라진 풍경들이 다시 살아나고
잃어버린 과거의 시간까지 낱낱이 보인다

먼저 가는 사람과 뒤따라가는 사람이
같은 곳에서 만나고 헤어지는 뫼비우스 길처럼
시간은 살짝 비틀어보면 언제나
같은 자리에서 맴돌고 있는 것

멈춰 세울 수는 없지만

흘러가는 것 또한 아닌 시간임을
뫼비우스 길을 끝없이 돌고 도는 것이
우리네 인생임을
―「뫼비우스 길」 전문

②
가을은 많은 것을 태운다
낙엽과 시간, 사람에게서도 타는 냄새가 난다
나는 그 냄새에 취해 갈대처럼 흔들린다

뜨거운 여름을 무성하게 건너온 잎들이
지친 손을 내려놓고 허공으로 흩어진다
나도 욕망을 비우고 잠시 휴식에 든다

가을걷이 끝난 빈 들판에 연기 오른다
볏짚 타는 냄새에서 중년의 깊은 맛이 난다
지나온 길을 조용히 되돌아볼 시간이다

가을이 깊었다
햇살의 몸매도 많이 야위었다
머잖아 겨울의 발자국소리가 들릴 것이다
―「가을」 전문

①은 '뫼비우스 길'을 통해 시간이 강물처럼 흘러 가버리는 것이 아니라 '끝없이 돌고 도는 것'임을 보여준다. 대부분의 사람들이 시간이란 과거-현재-미래의 단위(시간의 과정)를 거쳐

한쪽 방향으로만 흘러갈 뿐이라는 수평적 시간관을 가진 것과는 달리 박금희 시인의 시는 '뫼비우스 길'처럼 끝없이 되풀이되는 반복적 혹은 순환적 시간관을 보여준다는 점에서 특이하다고 할 수 있다. 이는 4계절로 이루어진 1년이 봄-여름-가을-겨울로 끝없이 순환한다는 원환론적 세계관과 불교의 윤회설과도 맞닿아 있다. 이렇게 보면 인생을 포함한 만물의 생성과 소멸의 과정은 끝없이 돌고 돈다. 생성이 소멸이고 소멸이 곧 생성이니, 죽음은 끝이 아니라 또 다른 탄생을 예비하는 삶의 한 과정일 뿐이다. 달리 말하면 만남이 있으면 헤어짐이 있고, 헤어짐이 있어야 또 다른 만남이 있는 것이다(불교 용어로 말하면, 會者定離 去者必反이다). 박금희 시인은 이러한 순환론적 시간관을 '뫼비우스 길'을 걸어보는 체험을 통해서 인식한다. 그래서 '길을 따라 사라진 풍경들이 다시 살아나고/잃어버린 과거의 시간까지 낱낱이 보인다'고 말할 수 있게 되는 것이다. 그리하여 '멈춰 세울 수는 없지만/흘러가는 것 또한 아닌' 것이 시간임을, 그것이 곧 '우리네 인생임을'을 깨닫게 되는 것이다. 결론적으로 '같은 자리에서 맴돌고' 있다는 그녀의 시간관은 우리에게 중요한 시간은 과거도 미래도 아닌 지금, 여기 곧 현재임을 강조하는 것이다.

②도 순환론적 시간관에 입각해 있다. 앞에서 말한 계절의 순환과 인생의 순환을 같은 자리에 앉히는 시간관이 그것이다. 이렇게 볼 때 '가을'은 사람으로 치면 '중년'에 해당한다. 1연에서는 가을이 '많은 것을 태'우는 계절임을 말한다. 메마른 '낙엽'도 태우고, 봄과 여름을 거쳐 온 시간도 태우고, 중년에 이른 사람도 태우는 시간인 것이다. 그래서 예부터 '가을 탄다'는 우리 말도 있지 않던가(이 관용적 표현은 중년에 미치지 못한 사람들이

쓰면 부적절하다는 것이 필자의 생각이다). 2연에서는 '뜨거운 여름을 무성하게 건너온 잎들'이 낙엽이 되어 욕망을 비워내듯이 시적 화자인 '나'도 욕망을 덜어내고자 한다. 3연에서는 '가을 걷이 끝난 빈 들판'의 '볏짚 타는 냄새'를 통해 중년에 접어든 자신을 성찰한다. 4연은 가을이 깊었음을 인식하면서 머잖아 다가올 죽음의 계절 '겨울'을 예비하는 것이다. 필자는 유독 '냄새'에 초점이 맞추어져 있는 이 시를 통해 박금희 시인이 후각에 민감한 시임임을 알게 되었다.

①
불법처럼 쌓아 올린 사성암 돌계단
소원바위 앞에 서노라면 탐욕이 사라진다

부처님 전에 불공드리는 도반들
팔꿈치에 마음을 다잡는다

처마 끝에 간절한 풍경처럼
간절한 가피의 소리를 얻을 수 있을까

해탈의 지혜가 저 멀리 내려다보이는
구례 곡성 평야까지 닿을 수 있을까

속세의 기름진 쾌락에서 얻은 마음의 병을
하동 섬계천에 쉽사리 씻어낼 수 있을까
저 높이 더 멀리 나는 새들의 날개처럼

끝없이 펼쳐진 평야 같은 진리와 법문으로
보리심이 커지기를 기원하며 절합니다
　　　　　　　　　　　　　　─「절합니다」 전문

②
사찰 초입부터
몽당연필 짧디짧은 버선발로 날 반기며
안내라도 하려는 듯 앞장서
탁구공처럼 이리저리 날뛰는 천둥벌거숭이
둥이

치맛자락을 휘감아 살빛 내 다리를 핥고
호흡은 또 어찌나 거칠게 헐떡거리는지
열없는 이를 혹여 부처가 내려다볼까 싶다

배롱나무 간지럼을 타듯 혼자 웃고 뒤집히며
몸 개그와 익살로 내 웃음보를 터뜨리지만
정작 그런 둥이를 보며 내게 스미는
재밌고 엉뚱한 상상은

절간 생활의 외롭고 답답함을 감추려 분장한
어릿광대 같은 스님의 가면 놀이가 아닐까
하는 데까지 미치는 것이다

그래서 둥이의 이름에서 바람을 빼버렸다는
생각이 자꾸만 드는 것이다
　　　　　　　　　　　　　　─「둥이」 전문

①은 박금희 시인이 왜 가끔씩 절간으로 외출을 감행하는지를 잘 보여준다. 그것은 한마디로 속세에서 묵은 때를 씻어내고 번뇌로부터 자유로워지기 위해서이다. 이는 출가하여 스님이 되거나 득도하기 위한 목적이 아니라는 점에서 필자처럼 불교에 관심이 있는 사람이나 평범한 불자의 그것과 다르지 않다고 할 수 있다. 1연에서 '소원바위'에 서면 '탐욕이 사라진다'고 말하고 있으나, 거기를 벗어나면 다시 탐욕이 생길 것이므로 탐욕을 완전히 버린 것이 아니다. 그녀가 '절'(필자는 이 시어가 '예배'와 '절간'의 이중적 의미로 보임)을 하는 이유는 세 가지를 얻기 위해서이다. 첫째는 '가피의 소리', 둘째는 '해탈의 지혜', 셋째는 '마음의 병 치유'가 그것이다. 그리고 최종적인 것은 '보리심 키우기'이다. 가피加被는 부처가 자비를 베푸는 일이고, 해탈解脫은 몸과 마음의 고뇌와 번뇌로부터 해방되는 것이며, 보리심(菩提心, Bodhicitta)은 깨달음의 마음을 뜻하는, 지금까지 세속적인 것에만 집착하고 있던 자기 존재를 불도의 실천으로 돌리려는 마음이다. 언뜻 쉬울 것 같지만 평범한 불자로선 매우 지난한 일이 아닐 수 없다. 그러나 끊임없이 이에 가까이 가려는 마음을 갖고 있다는 것 자체만 해도 가상한 일이다. 시를 쓰는 마음도 이와 크게 다를 바 없으리라.

②는 매우 재미있게 읽은 시다. 절간의 개 '둥이'를 통해 성적인 상상력을 발휘하고 있기 때문이다. 절간에서 성적 상상을 한다는 것 자체가 금기로 되어 있음에도 불구하고 왠지 불경스럽다기보다 인간적인 느낌을 준다. 하긴 절간이 불도를 닦는 엄숙한 도량이긴 하지만, 그렇다고 속세를 완전히 초월하거나, 그 옛날 신성불가침의 영역이었던 '소도蘇塗'도 아닌, 어디까지나 인

간이 드나드는 공간이 아닌가. 심지어 요즘은 절간의 입구마다 모텔이며 식당들이 즐비하게 들어서 지지고 볶고 마시고 떠들며 노는 야단법석 요지경 속이 아니던가. 이 시에서 박금희 시인의 궁금증을 유발하거나 상상력을 촉발하는 대상은 개의 이름이다. 왜 절간에 사는 개답지 않게 이름이 하필 '둥이'인가가 그것이다. 원래는 '바람둥이'로 부르고 싶었는데, 절간에 어울리지 않아 '바람'을 빼고 '둥이'로 부르지 않았을까 하는 것이다. 이 추측성 궁금증 혹은 상상력은 혹시 '둥이'가 사람의 변신이 아닐까, 사람이라면 절간에 사는 '스님'이 아닐까로 엉뚱하게 이어진다. 그러다 보니 '몽당연필 짧디짧은 버선발로 날 반기'고 '탁구공처럼 이리저리 날뛰'며(1연의 비유가 매우 적절하고 생생함), '다리를 핥고' 호흡이 '거칠게 헐떡거리는'(3연의 묘사가 매우 성적임) 둥이의 모든 행동이 '어릿광대 같은 스님의 가면 놀이'로 보이기도 하는 것이다. 그래서 '둥이의 현신은 바람둥이 스님'이라는 게 박금희 시인이 내린 상상력의 결론이다. 어떤가. 제법 그럴듯하고 재미있지 않은가. 그런데 필자는 '둥이'야말로 성(聖, 절간)과 속(俗, 속세)을 잇기 위해 부처님이 놓아준 징검다리가 아닌가 하는 재미없는 상상도 해본다.

6. 에필로그

지금까지 살펴본 바대로, 박금희 시인은 첫 시집을 통해 일상을 중심으로 소박하고도 건강한 시세계를 보여주고 있다. 혹자는 내용에 있어서 문제의식과 형식에 있어서 실험의식의 결여를 지적할 수도 있을 것이다. 그러나 필자는 그녀를 지도한 선생으로서 이번 시집이 보여준 시적 성취도를 매우 긍정적으로 보고 싶다. 사실 그녀가 습작한 시를 처음 보았을 때는 실망감이 컸다. 문장은 물론 시에 대한 기초가 너무 부족했기 때문이다. 하지만 약 10년 동안 각고의 노력을 기울인바, 이러한 약점을 대부분 극복하고 이젠 자기 나름의 시작 기반을 마련한 것으로 보인다. 한마디로 일취월장했다고 격려의 말을 건네고 싶다. 그래서 필자는 이번 시집이 보여준 일상을 통한 자기성찰과 깨달음의 세계를 앞으로도 그대로 밀고 나가라고 권유하고 싶다. 그녀가 감당하기에 가장 적합한 시적 관심사라고 판단하기 때문이다. 그러니 일부러 욕심을 부리거나 남의 눈치를 볼 필요가 없다. 무슨 거창하고 특이한 시도 좋지만, 무엇보다 자신에게 어울리고 쓰고 싶은 시를 쓰는 것이 바람직하다고 생각한다. 다만, 지금의 시적 기조를 유지하되 표현과 주제의 깊이를 더했으면 한다. 또한 문맥이나 시적 구성의 긴밀성을 위해서도 좀 더 노력을 기울여야 한다.

    그리고 무작정 시를 쓰기 전에 나는 무엇 때문에 시를 쓰는가를 늘 자문해야 한다. 이 점에 대해 진지하게 생각지 않고 막연한 생각으로 시에 덤벼드는 사람이 너무 많기 때문이다. 심지어 정작 잘 나간다는 시인들마저도 이 질문을 던지면 말문이 막히는 경우가 있다. 주객이 전도된 셈이다. 모름지기 시를 무슨 출세와 명예의 수단으로 쓰지 말고, 자기 존재와 삶을 확인하는 방법으로써 써야 한다. 그러지 않으면 진정성 있는 시인이라고 볼 수 없다.

| 고요아침 叢書 037 |

남도 시문학의 어제와 오늘 김선태 평론집

초판 1쇄 발행일·2024년 12월 13일

지은이 | 김선태
펴낸이 | 노정자
펴낸곳 | 도서출판 고요아침
편　집 | 정숙희 김남규

출판 등록 2002년 8월 1일 제 1-3094호
03678 서울시 서대문구 증가로 29길 12-27, 102호
전화 | 302-3194~5
팩스 | 302-3198
E-mail | goyoachim@hanmail.net
홈페이지 | www.goyoachim.net

ISBN 979-11-6724-224-2(04810)

* 책 가격은 뒤표지에 표시되어 있습니다.
* 지은이와 협의에 의해 인지는 생략합니다.
* 잘못된 책은 교환해 드립니다.

* 이 책은 전남문화재단의 지원을 받아 제작되었습니다.

ⓒ 김선태, 2024